基于系统视角的民族村寨旅游发展研究

杨建春 著

科学出版社
北京

内 容 简 介

本书通过对国内外民族村寨旅游相关研究成果进行梳理，在田野调查的基础上，在民族学、经济学、旅游学等相关学科理论指导下，采用系统分析、比较分析、定性与定量分析相结合等方法，基于系统的视角，运用一般系统论、耗散结构理论、协同理论等系统科学理论对民族村寨旅游发展进行研究，探索民族村寨旅游可持续的协同发展路径。

本书适用于研究旅游管理、旅游经济、民族经济的研究人员参阅，也可供高等院校相关专业学生阅读。

图书在版编目（CIP）数据

基于系统视角的民族村寨旅游发展研究 / 杨建春著．—北京：科学出版社，2017.2

ISBN 978-7-03-051820-0

Ⅱ.①基… Ⅱ.①杨… Ⅲ.①民族地区-乡村旅游-旅游业发展-研究 Ⅳ.①F590.75

中国版本图书馆 CIP 数据核字（2017）第 032454 号

责任编辑：郭勇斌　周　爽　欧晓娟 / 责任校对：邹慧卿
责任印制：张　伟 / 封面设计：蔡美宇

科学出版社 出版
北京东黄城根北街 16 号
邮政编码：100717
http://www.sciencep.com

北京教图印刷有限公司 印刷

科学出版社发行　各地新华书店经销

*

2017 年 2 月第　一　版　开本：720×1000　1/16
2017 年 2 月第一次印刷　印张：12 3/4
字数：242 000

定价：75.00 元

（如有印装质量问题，我社负责调换）

序　　言

随着我国旅游业快速发展和旅游市场快速增长，人们的旅游需求也日趋多样化。我国很多民族村寨周边生态环境优越，拥有丰富多样且风光优美的山地田园风光，留存了各具特色且极具观赏价值的民族村寨建筑，还保留了独特的民族习俗、民族节庆活动等人文旅游资源，这些都吸引了很多游客到民族村寨欣赏美丽的村寨景观、探访独特的民族文化、感受质朴的民风民俗，民族村寨旅游迅速成为一种旅游时尚。

我国的民族村寨多位于偏远地区，这些区域生态环境脆弱，交通不便，生产力水平低，人口集聚和经济集聚效应低，不适合通过大规模发展工业带动区域经济发展和增加当地居民收入，这些区域的民族村寨居民长期以来基本依靠农牧业勉强维持生计，当地政府也主要依靠国家财政拨款维持区域经济社会的各项工作。这些地区的居民和当地政府长期面临如何发展区域经济，通过什么途径增加就业机会和当地居民收入的困扰。

民族村寨旅游的兴起为民族地区经济发展和居民增收带来新的机遇。大量游客到民族村寨旅游为这些旅游村寨及其周边的居民带来很多就业机会和远超农业收入的经济收益，区域内旅游相关产业也得以被拉动发展、区域经济快速增长，地方政府财政收入也有了新的来源。很多民族村寨通过发展旅游业摆脱了原本困扰当地居民和当地政府多年的贫穷落后问题，越来越多具有发展旅游条件的民族村寨把发展旅游业作为脱贫致富的重要途径。作为我国民族地区特定的经济文化空间，民族村寨旅游具有特殊的意义。

贵州省是我国民族村寨旅游发展较早的省份，自 20 世纪 80 年代以来充分利用区域丰富的民族文化旅游资源，选择一些景观较好且特色建筑保存较完整、民族习俗和民族传统文化保持较好、具有一定交通和区位优势的民族村寨作为旅游开发实验点，成功打造了贵州黔东南的郎德上寨、西江千户苗寨等闻名国内外的民族旅游村寨。经过 30 多年的发展，无论是贵州的民族村寨旅游还是全国的民族村寨旅游，都取得了卓越的成就。然而，目前我国民族村寨旅游发展中所出现的各种经济、社会、文化和生态问题日益凸显，不利于民族村寨经济持续增长、民族文化传承和生态环境的良性循环。这些问题已经成为我国民族村寨旅游发展地区环境与经济社会发展面临的一个重大而紧迫的现实课题，并且引起了民族地区地方政府和旅游界人士广泛关注，也成为旅游研究领域值得探讨的重要学术研究问题。

民族村寨旅游可持续发展是一项经济、社会和生态整体协调发展的复杂系统工程，关系到民族村寨人口、资源、环境与发展等多种要素的整合协调。对民族村寨旅游可持续发展研究也应该对其所涉及各要素的演化规律及各利益主体的行为特征等方面进行多角度、多层次的研究，以便据其独特的运行规律和演变特征制定科学合理的民族村寨旅游开发和管理策略，促进其可持续发展。本书作者以促进民族村寨旅游经济与社会文化、生态环境均衡可持续发展为目的，以民族学、经济学、旅游学等多学科知识和研究方法为指导，站在全面整体的高度，基于系统视角，构建了民族村寨旅游系统的整体构架，综合运用一般系统论、耗散结构理论、协同理论等系统科学理论研究民族村寨旅游系统的整体特征和运行规律；并依据构成民族村寨旅游系统主体的村民具有的“经济-文化人”双重属性，以“经济-文化人”假设作为研究的逻辑起点，探讨了民族村寨旅游系统运行的特殊性。针对目前民族村寨旅游发展过程中面临的如何实现产业经济增长、生态环境保护、民族文化传承等各方面均衡持续发展，如何保障各利益相关主体的利益均衡等一系列关键问题，作者从规划与统筹发展策略、制度化建设与监督途径、各利益主体的利益保障机制、民族文化的传承与保护措施、旅游市场扩大与服务质量提升对策、投融资途径拓展及多层次产品开发途径等方面提出了一系列民族村寨旅游系统协同发展的途径及对策建议。这种系统性、整体性、多角度、多学科知识融合研究民族村寨旅游发展的研究思路和研究方法不但为民族村寨旅游理论研究提供了新的研究视角，拓展了民族村寨旅游研究的深度和广度，而且在民族村寨旅游开发和管理的实践工作中，如果借鉴该书的研究思路、研究方法和研究成果，将更易于深入、全面地理解民族村寨旅游发展中呈现出的各种特征和运行特点，准确地把握民族村寨旅游发展中出现的各种问题的关键症结，从而科学地制定解决民族村寨旅游现存诸多问题的对策。

本书的研究内容和研究方法注重点面结合，既注重应用研究也注重理论研究，强调定性研究的同时也重视定性与定量研究相糅合，研究成果具有一定的创新性，不仅对发展和丰富民族学、经济学、旅游学理论具有重要意义，而且对优化民族地区产业结构、转变经济增长方式、保护生态环境、宏扬民族文化等方面具有重要的实践意义。本书的研究思路、研究方法和研究成果也显示出作者善于思考，勇于创新的精神。作为杨建春的博士生导师，我为他所取得的成就感到欣慰，故欣然为之作序，希望他今后取得更加突出的成绩。

刘晓鹰

2016 年 12 月 30 日

目　录

1 绪　　论

1.1 民族村寨旅游发展的现实问题及本书的研究意义

经过60多年的社会主义建设，尤其是改革开放后，我国的经济获得了巨大的发展，社会面貌发生了巨大的变化。但是从目前情况来看，经济发展中存在着两大差距：

一是城乡差距（图1-1）。1978年，农村家庭联产承包责任制拉开了中国改革开放的序幕。家庭联产承包责任制对农村生产关系变革影响重大，使农村经济中被旧有计划经济体制所压抑的巨大能量得以短时间内迅猛爆发，农村经济空前发展[1]。尽管如此，由于种种因素的综合影响，“三农”问题接踵而至：①农业基础薄弱；②农民收入增长缓慢；③农村面貌落后。在此背景下，虽然农村居民收入在逐年小幅提升，但与城市居民的收入差距却有逐步加大的趋势。

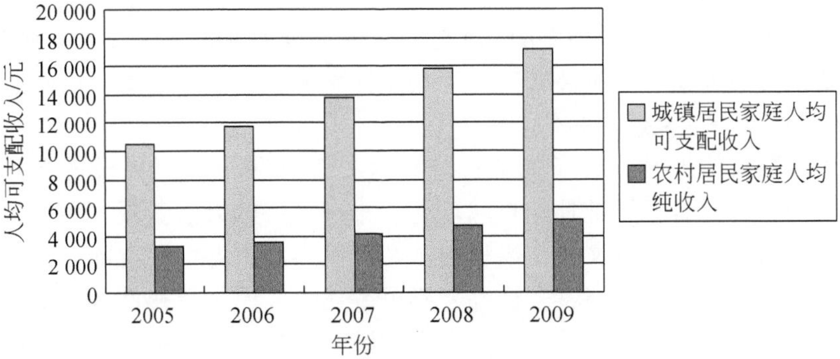

图1-1　城乡居民家庭人均可支配收入对比图

资料来源：《中国统计年鉴》（2006～2010）

二是东西部差距（图1-2）。我国经济发展呈东西地带性差异，表现为东部经济的快速增长和西部经济的迟缓爬坡，有学者指出“从民族关系上看，其实质就是东部以汉族为主的聚居区和西部以少数民族为主的聚居区的差异”[2]。由于自然和历史等多方面原因，西部少数民族聚居区的经济社会发展面临诸多问题和困难，明显滞后于东部发达地区。

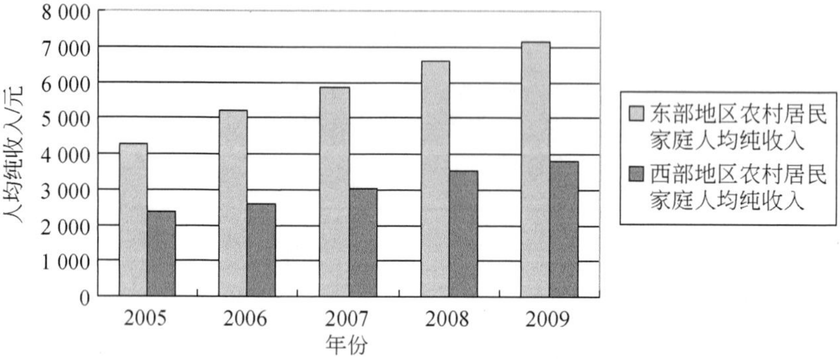

图 1-2　东西部地区农村居民家庭人均纯收入对比图

资料来源：《中国统计年鉴》（2006～2010）

2000 年全国人口普查数据表明，少数民族人口为 10 643 万人，占总人口的 8.41%。其中，少数民族乡村人口占少数民族总人口的比例为 76.64%；西部地区少数民族人口占少数民族总人口的比例为 71.92%[3]。由此可见，我国民族地区主要位于西部，并且大部分少数民族人口居住在农村。因而民族村寨的发展对我国经济社会发展及缩小东西部发展差距具有极其重要的战略意义。

旅游业作为关联度高、就业门槛低的产业，具有综合带动性强、辐射牵引力大的特点。发展旅游业，有助于转移农村劳动力、增加农民收入，促进农村产业结构的多元化、农村乡风文明的建设，保持农村的村容整洁，对解决“三农”问题具有重大意义。2006 年国务院副总理吴仪在全国旅游工作会议上强调：“旅游行业要认真贯彻落实中央关于建设社会主义新农村的战略部署，以旅游促‘三农’，为建设社会主义新农村做贡献。”

我国少数民族地区（以下简称民族地区）经济发展相对比较落后，社会发展程度较低，却有着原始纯朴的自然环境、雄奇独特的天然景观、古老神秘的历史遗迹、风格迥异的民族文化，堪称中国乃至世界的旅游资源宝库。民族地区旅游资源优势集中体现在其丰富多样性、不可替代性、原始神秘性等方面，不仅品位高、垄断性和独特性强，而且由于受人为破坏较少，大多保留着未经雕饰的原始风貌，符合世界旅游“求新、求异、求乐、求知”的需求和趋势，具有强烈的吸引力[4]。

作为民族地区旅游资源之一的民族村寨，一方面是民族地区农村的基本社区，由于位置偏远、交通不便等原因长期封闭、鲜于对外交流，受现代文化和都市生活的影响较少，保留着发达地区难以企及的自然环境和自然景观。另一方面，民族村寨也是传承少数民族文化的基本空间载体。民族村寨除了具有优美的自然景观，人文景观亦颇为独特，不仅保存着从渔猎、采集到畜牧、农耕等人类历史上不同阶段的生产、生活方式，而且展现出不同类型的信仰、习俗、节庆、仪典、音乐、歌舞、语言、文字、建筑等各具特色的民族传统文化。正是由于民族村寨能够全面、系统、集中、原生态地展示地方民族传统文化，故极具旅游开发价值。

伴随着人民生活水平、文化素质的不断提高和旅游业的纵深发展，旅游者的旅游需求不断更新，民族村寨旅游成为许多“求新、求异、求乐、求知”的游客的选择。因此，民族村寨旅游成为当今旅游开发和游客选择的新热点。从1992年的“少数民族风情游”到1995年的“中国民俗风情游”；从1998年的“华夏城乡游”到2006年的“中国乡村游”，再到2007年的“中国和谐城乡游”，民族村寨旅游的浪潮是一浪高过一浪。

很多民族地区的村寨迫切需要通过产业转型寻求新的发展道路，部分民族村寨依靠各自的民族文化特色或村寨周边的自然旅游资源，加大了旅游开发的力度，形成了一大批全国知名的民族村寨旅游景点。诸如贵州的郎德上寨、西江千户苗寨、六枝梭嘎苗寨、黎平肇兴侗寨，四川的桃坪羌寨、甲居藏寨，云南的泥戈哈尼族村、大沐浴傣族村、雨崩藏族村，以及湘西的德夯苗寨，等等。多年的实践证明，对于民族地区而言，大力发展民族村寨旅游，在提高农民收入、增加农民劳动就业、改善农民生活质量、促进农业升级、保护生态环境和弘扬民族文化等方面有着积极的推进作用。

正在逐步蓬勃兴起的民族村寨旅游，在为民族地区经济注入生机和活力的同时，也带来了不可小觑的负效应。民族村寨旅游资源的利用如果不是立足于对文化和环境的保护性发展，而是只一味追求经济效益的掠夺式开发，对民族文化的传承发扬将带来毁灭性打击。目前民族村寨旅游资源开发利用过程中存在的“重规模、轻效益；重本位、轻协调；重利用、轻保护”做法，使一些民族村寨旅游发展表现出可持续发展能力不强的问题，部分民族村寨甚至产生了“反可持续发展”的问题。资源破坏、文化损伤、环境脆化、利益纷争、管理滞后等问题日益成为阻碍民族村寨旅游进一步发展的绊脚石。

民族村寨旅游发展，既有一般乡村旅游发展的共性，又在其经济文化内涵之中蕴藏着特殊性。围绕民族村寨旅游活动出现的文化变迁和环境变化不是由某个单一特定因素所引起，而是取决于一系列的社会、文化、经济和环境因素。民族村寨和旅游发展之间存在的复杂双向互动关系，迫切需要引入相关理论来彻法底源，条分缕析之后提出治理方案。因此，笔者尝试基于系统视角来研究我国民族村寨旅游的相关发展问题：运用系统的观点去理解民族村寨、旅游业和可持续发展三者之间的长期动态影响模式，采取系统的方法解决潜在的社会、文化、经济和生态问题。研究视角放大至整个民族村寨系统，而不仅仅局限于其中的某一节点；注重探析民族村寨系统的内涵变化，而不拘泥于外延增减。如何将系统理论与民族村寨旅游发展相结合，这既是一个实践问题，又是一个理论问题，值得深入探究。

民族村寨属于小型社区，尽管规模小，但却完整地包含着“社”（即社会生活）和“区”（即人群地域分布与聚集）的基本内容和相互关系，从最基本的方面具体、直观、完整地体现着人类共同经营社会生活的组织结构和活动规律，反映着人类生存与发展的一般格局[5]。诚如费孝通先生指出的：“以全盘社会结构的格式作为研究对象，这对象并非不能是概然性的，因为联系着各个社会制度的是人们的生活，人们的生活是有时空的坐落，这就是社区。”[6]每一个社区有它一套社会结构和各制度配合的方式，对这样一个小的社会单位进行深入研究而得出的结论并不一定适用于其他单位。但是，这样的结论却可以用作假设，也可以作为在其他地方进行调查时的比较材料。这就是获得真正科学结论的最好方法[7]。

鉴于民族村寨旅游发展的实践是先于理论出现的，目前学术界对民族村寨旅游发展的理论研究仍处于探索阶段。本书通过对国内外民族村寨旅游发展相关研究成果进行梳理，并在田野调查的基础上，在民族学、经济学、旅游学等相关学科理论指导下，采用系统分析、比较分析、定性与定量分析相结合等方法，基于系统的视角，运用一般系统论、耗散结构理论、协同理论等系统科学理论对民族村寨旅游发展进行研究，以探索民族村寨旅游可持续的协同发展路径。

本书的研究路径是由行到知再回到行的多个实践—理论周期，研究意义体现在理论和实践两个方面。

本书研究的理论意义在于：一是尽管目前民族村寨旅游研究正逐渐成为热点，但理论研究相对薄弱，总体来看，对此领域的研究仍处于起步的阶段。本书运用多学科的相关理论，基于系统视角对民族村寨旅游进行研究，以丰富民族村寨旅游发展研究的学科体系；二是本书从宏观和微观两个层面对民族村寨旅游发展进行探讨，突破了传统仅从单一层面分析的局限性，通过深入的田野调查，积累大量的第一手资料，以拓宽该领域的研究视野；三是运用计量经济学的方法，对收集到的数据分析处理，研究变量的内在联系和变化规律，有利于增强民族村寨旅游定量研究的薄弱环节。

本书研究的实践意义在于：首先以民族村寨旅游发展作为解决民族地区“三农”问题的一个突破口，对民族地区增加农民就业机会、拓宽农民增收渠道、优化农村产业结构、推进社会主义新农村建设和促进民族和谐发展都具有十分重要的现实意义；其次民族村寨旅游发展对进一步保护生态环境和弘扬民族文化，优化民族地区经济结构和旅游产品结构都将发挥积极的作用；最后通过对贵州省民族村寨旅游的案例研究，总结民族村寨旅游发展的相关经验，探索民族村寨旅游发展的规律及其趋势，为贵州省政府相关部门发展民族村寨旅游提供决策依据，也为其他民族地区发展民族村寨旅游提供参考借鉴。

1.2 相关学术研究综述

1.2.1 民族村寨旅游与民族旅游、乡村旅游的关系

民族社区既可以是一个民族聚居的较大区域，也可以是一个民族聚居的村寨，或是一个民族相对集中的城镇，甚至可以是一个民族较为集中居住的街区。一个个民族聚居地、村镇和街区，往往是历史上形成的一个个民族的“共同地域”，就是一个民族的人们长期共同生活，形成各种内部联系的空间条件[8]。

民族村寨作为民族社区的一种类型，其民族传统文化通过民族村寨的建筑、构筑物、传统工艺品、服饰、家居、饮食等物化形态的民俗，以及生产过程、人生礼仪、岁时节日、信仰、歌舞、游戏等非物化形态的民俗得以全面、系统、集中、原生态地展示。

我国的民族村寨旅游主要有两种形式：实地展示型和异地仿制型。实地展示型民族村寨旅游就是在少数民族聚居区选择具有典型代表性的单个村寨发展旅游业，向游客展现其民族的现实生活状况。实地展示型民族村寨旅游的特点是能将民族文化真实自然地展示在其原生的自然和社会环境中，它的优点是保留了原生的自然风貌、民居建筑、饮食、节庆和其他民俗事物，能较好地满足旅游者欣赏和体验异族文化的需要，如贵州省黔东南州雷山县郎德上寨的民族村寨旅游。异地仿制型民族村寨旅游是指在原生环境之外的地方，因博览、旅游等经济目的而将各民族的民居建筑、民间艺术和民族风情仿制、集中于新打造的村寨或主题公园等民族文化旅游景区，向游客多角度、多层次地展示少数民族文化的大型文化旅游景区或主题公园，如深圳的中国民俗文化村[9]。本书的研究范围限定于实地展示型民族村寨旅游。

民族旅游（Ethnic tourism）在国外被称为 Aborigina tourism（土著民旅游）或 Indigenous tourism（原住民旅游），是一种根据当地人口社会文化特征来命名的旅游形式。我国台湾地区称其为异族观光[10]。民族旅游指人们以观赏、领略、感悟、探索民族文化、民族社区甚至民族共同体为主要目的的旅行和暂时停留中所进行的物质与精神活动的总和。民族旅游资源按民族社区分类可分为城镇和村寨两个亚类[11]（表 1-1）。

表 1-1 民族旅游资源分类系统表

类	亚类	基本类型
民族社区	城镇	中心城市、特色城镇、特别街巷、传统建筑、遗迹遗址、公共设施、接待设施、社会风气、名胜生态环境
	村寨	乡土建筑、遗迹遗址、公共设施、接待条件、特色村寨、村规民约、传统民风、生态环境、风景、农林牧副渔业场景、村容村貌、典型家庭

因此，与民族村寨旅游相比，民族旅游包括的内容更为广泛。从旅游资源的角度尤其是旅游的核心吸引物来看，民族村寨旅游属于民族旅游的范畴。

乡村旅游指在乡村地区开展的，以特有的乡村人居环境、乡村民俗（民族）文化、乡村田园风光、农业生产及其自然环境为基础的旅游活动，即以具有乡村性的自然和人文客体为旅游吸引物的旅游活动。以具有乡村性的自然客体为吸引物的旅游活动属于环境旅游范畴，以具有乡村性的人文客体为吸引物的旅游活动属于文化旅游范畴。因此，乡村旅游包括了乡村性的环境旅游和乡村民族文化旅游。在某一乡村地区开展乡村旅游活动，活动内容究竟是以环境旅游为主，还是以文化旅游为主，取决于该地区的本质特征[12]。客源地的城市性（Urbanity）与目的地的乡村性（Rurality）级差或梯度是乡村旅游的动力源泉，乡村旅游生存的基础是乡村性或乡村地格（Rural placeality）。乡村性是乡村旅游的中心和独特的卖点[13]。从旅游目的地的地理区位来看，绝大多数民族村寨处于山高路远、交通不便的偏远乡村；从客源角度来看，目前我国的民族村寨旅游游客主要是来自城市。因此，从旅游目的地的地理区位和客源角度看，民族村寨旅游又具有乡村旅游的特点，可归为乡村旅游的范畴。

综上所述，民族村寨旅游既有乡村旅游的特点又有民族旅游的属性。民族村寨旅游与民族旅游和乡村旅游之间表现出以下交叉关系（图 1-3）。

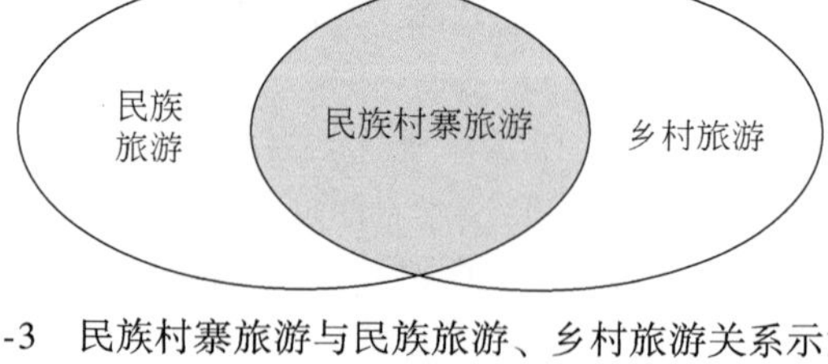

图 1-3 民族村寨旅游与民族旅游、乡村旅游关系示意图

1.2.2 国外对民族村寨旅游的研究

国外针对民族村寨旅游研究的文献较少，关于民族村寨旅游的研究主要基于

民族旅游和乡村旅游这两大概念背景下进行，在文献中一般以案例的形式出现。

1.2.2.1 民族旅游研究背景

从民族旅游研究背景来看，国外对民族旅游的研究，多与人类学和社会学研究紧密结合。社会学和人类学是两个密不可分的主导学科，两者的结合，为旅游人类学的出现创造了条件[14]。人类学者进入旅游领域研究可以追溯到20世纪60年代初期，Nunez发表的一篇有关墨西哥乡村周末旅游的文章，分析了周末旅游对当地居民生活方式、社会关系等方面的影响[15]。而在1977年出版的由Smith主编的《东道主与游客：旅游人类学》一书，则被视为旅游人类学研究的里程碑。Smith根据不同旅游目的地提供的旅行体验的类型对旅游进行分类，民族旅游是其中的一种。她认为民族旅游是指以观察异国民族文化及生活方式为目的的旅游。比如，去巴拿马旅游，研究那里的圣布拉斯印第安部落；去印度旅游，观察生活在世外桃源的阿萨姆部落。这种类型的旅游活动一般包括参观当地土著的家、跳舞、出席一些仪式、参加一些宗教礼仪活动等[16]。国外的民族旅游包括两种情形：一种是到土著民族居住的地区旅游，这些土著民族多指不发达国家和地区的土著民族，也包含发达国家保护区的土著民族；另一种是到从其他国家或地区迁徙而来的移民集中生活的社区旅游，他们是在迁入国处于非主流地位的民族成员[17]。从研究视角来看，国外对民族旅游的研究主要从“游客”和“旅游地”这两个切入点出发；从研究内容来看，国外对民族旅游的研究主要集中在民族旅游者、民族旅游的真实性、民族旅游中的“主-客”关系、民族旅游对目的地的影响等方面。

1）民族旅游者

研究民族旅游者，主要目的是为探寻民族旅游的原因及其本质，国外学者主要通过研究旅游者体验与旅游者类型来接近这个目的。MacCannell认为游客与朝圣者在追求真实经验的心态上没有差异，所不同的是朝圣者拜访的地点与宗教有关，而游客则亲自到旅游目的地体验当地社会、历史与文化。在旅游的过程中，游客对真实性的追求程度表现在融入旅游地的生活、看当地人日常的生活方式、了解当地人的后台生活，或以冒险的态度进入当地的后台地区或生活[18]。Graburn认为旅游是一种“现代的仪式”，是使人摆脱日常生活的行为模式，进行必要的休息的一种活动。这样，旅游者摆脱了日常现实社会生活的单一行为模式，主动进入到另一种新鲜的生活之中[19]。Cohen认为对于不同动机的旅游者而言，他们渴望不同模式的旅游体验[20]。国外学者主要从心理和行为特征两个方面对民族旅游者进行分类（表1-2）。

表 1-2　民族旅游者类型及其特征[21]

研究学者	民族旅游者类型	民族旅游者特征
Moscardo 和 Pearce（1999）[22]	关系型旅游者 学习型旅游者 参与型旅游者 猎奇型旅游者	对民族旅游的各种活动内容都很有兴趣 对了解民族文化最有兴趣 对民族食品、手工艺品和民俗活动具有较高的兴趣 对民族文化兴趣的程度最低
Hughes（1995）[23]	后工业旅游者 后现代旅游者	关注旅游的可持续发展和原真性 追求个性化的旅游体验
Stebbins（1996）[24]	大众旅游者 特殊旅游者	探寻不同的民族文化 仅对某类民族文化有游客兴趣，甚至会重复访问

2）民族旅游的真实性

民族旅游的一个重要属性就是真实性。MacCannell 认为真实性是可以根据历史遗留来构建的，并相信适当的舞台化不会丧失真实性[25]。自 1973 年 MacCannell 提出“舞台真实”（Staged authenticity）理论，民族旅游的真实性已成为西方旅游学者们关注的热点之一。Stevenson 研究塔希提岛（Tahiti）的 Hevia 传统文化节庆，他发现此传统文化活动所呈现出的面貌就如同 MacCannell 舞台化真实性理论所述，此文化活动在旅游布景中以舞台化方式呈现[26]。Matheson 以商业化的凯尔特（Celtic）音乐节为对象，研究真实性与其中的社会关系，他建议音乐节中社会关系的后台区可区分为三：首先是在模仿的环境中参与“真实”的文化，其次是透过演奏乐器或演唱，最后则是增强社会关系网络。此外，旅游商品化的过程无法借由社会空间的后台来达成真实的社会关系[27]。Connell 研究坦纳岛（Tanna）的旅游时，发现游客虽然对瓦努阿图（Vanuatu）文化没有深刻的认识，对真实性也有许多不同的印象，但他们认为塔纳民俗村的表演缺乏真实性，因为他们看到村民真实生活的“后台”，并以此来进行比较[28]。

3）民族旅游中的“主-客”关系

“主-客”关系，即旅游者与当地居民之间的互动关系。虽然在主客交往中，旅游者与当地居民之间的影响是相互的，但是更显著的是这种交往过程对当地居民产生的影响，这也是“主-客”关系研究的主要内容。Smith 最早对旅游活动中的“主-客”关系进行了多方位的探讨。近 20 年来，国外学者把“主-客”关系摆在了显要的位置。van Den Berghe 对民族旅游者的偏见进行了分析，指出旅游者一般都生活在自己的文化罩中，只能委屈土著居民来适应旅游者[29]。Anastasopoulos 认为旅游本身既不能导致偏见的自动消除，也不会自动促进社会关系的改善，旅游仅仅为社会接触的发生提供机会[30]。拉克森（Laxson）通过对土著美国人文化博物馆和印第安人村庄纪念点的考察，从白人旅游者的角度，分析了白人旅游者和美国印第安人的交往关系。拉克森认为，白人旅游者和土著人相互持有自己的文化原型和世界观；在诸如民俗旅游这样短暂的交往中，因为文化原型的作用，旅游交往不能增进文化了解；恰恰相反，短暂的交往加剧了民族中心主义（Ethnocentrism）倾向，使主客双方更加认定自己所持的世界观的正确性[31]。Moscardo 和 Pearce 通过对澳大利亚土著文化园 1500 多名游客的调查，指出民族旅游者在进行旅游产品选择时，一般会在自己期望的接触程度与东道主带来的不舒服感之间寻求平衡[32]。Goldberg 研究了为游客所设计的巫毒秀（Voodoo show）表演，发现游客与巫毒秀的表演者对此表演各有不同的定义与诠释，于是造成一种特殊的社会互动形态[33]。

4）民族旅游对目的地的影响

民族旅游对目的地的影响一直是国外学者研究的热点问题之一，众说纷纭、莫衷一是。综合观之，民族旅游对目的地的影响研究从经济、环境、社会文化 3 个视角出发，分成正负影响两个方面进行阐述。

从负面影响来看，Kottak 通过对一个巴西渔村的调查，认为大量度假家庭、钓鱼爱好者等的涌入使人们的公社生活遭受全面破坏[34]。Greenwood 探讨了“地方文化”作为一种旅游商品活动对东道地所产生的影响，如对传统的破坏等[35]。Dyer 通过对澳大利亚 Djabugay 土著人的调查，认为由于经济基础差、缺乏资金投入，旅游业的经济收益很大部分都被外来投资者所获取，土著人获得的收益很少[36]。

从正面影响来看，Jamison 通过对肯尼亚 Maislands 地区的调查，指出旅游业的发展为当地各种族、各民族提供了更多的合作机会，种族关系、民族关系有所缓和[37]。Adams 认为尼泊尔在旅游开发过程中，夏尔巴人并没有向通过旅游一步步渗透进来的资本主义力量屈服，而是成功地把新的生产方式融进了旧的生产关系模式中，当地人民之间的互助协作关系和雇佣劳动关系同时得到了加强[38]。

旅游人类学对民族旅游影响的研究有一个不断深入、完善的过程。在《主人和客人》第一版中，Nunez 就指出，不能把所有的变化都归因于旅游开发，同时研究旅游影响要考虑接触双方的情况[39]。瓦伦·L. 史密斯（Valene L. Smith）指出，不同的游客类型造成的影响也是不一样的，因为他们融入目的地社会、文化、生活的情况不一样[40]。

1.2.2.2 乡村旅游研究背景

从乡村旅游研究背景来看，20 世纪 50 年代后，真正意义上的乡村旅游因其在国际旅游市场中显示出的巨大潜力和在乡村重建中的社会、文化、经济作用，不仅成为了世界旅游组织（World Tourism Organization，UNWTO）关注的焦点，并且成为了国外旅游研究的热点[41]。Lane 提出了界定纯粹形式的乡村旅游要素是：①位于乡村地区；②具有广阔自然环境及传统文化活动；③小规模经营企业；④社会和文化具有传统特征；⑤旅游类型多样[42]。世界旅游组织（UNWTO）界定乡村旅游为旅游者在乡村（通常是偏远地区的传统乡村）及其附近逗留、学习、体验乡村生活方式的活动[43]。Woods 认为乡村旅游是旅游者在乡村地区所从事的所有旅游活动[44]。对于乡村旅游的概念，学术界虽未达成一致，但都认为乡村性是乡村旅游的核心。国外对乡村旅游的研究内容主要集中在乡村旅游需求、乡村旅游影响、乡村旅游管理、乡村旅游发展等方面。

1）乡村旅游需求

从需求角度看，乡村旅游发展的主要动因是城市人逃避城市污染和快节奏的生活方式，渴望回归乡野的心理需要。Greffe 认为固定工作时间制及双休日的实施，收入增加，交通基础设施的改善，各种旅游形式和种类日趋丰富，以及人均寿命延长是乡村旅游得以发展的重要原因；同时对旅游者的需求进行了划分，认为乡村旅游者的主要兴趣集中在右边两个象限（图 1-4），以主题度假和家庭度假为主要目标[45]。Hegarty 等认为乡村旅游者的特征相对城市旅游者而言更不受局限、有质量意识、更难满足，他们更倾向于到有较多旅游体验的地区、有知识发现的地方与当地居民接触；从游客心理来看，乡村旅游者喜欢乡村慢节奏和简单的生活方式，希望了解当地过去和现在的生活，不喜欢与其他旅游者伴行，急切地希望成为当地的临时一员，怀旧传统文化和生活方式[46]。

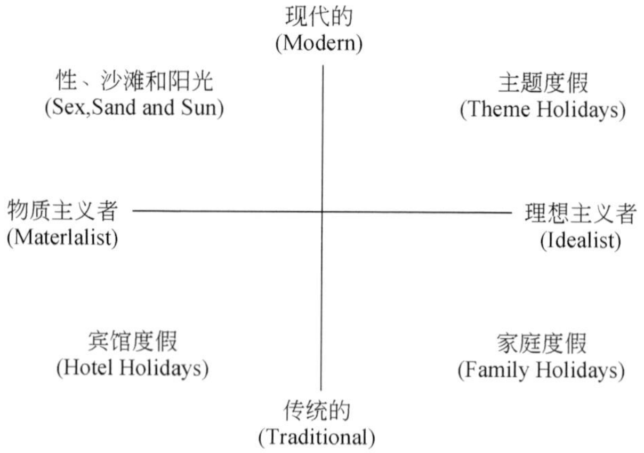

图 1-4　旅游者兴趣分类

资料来源：引自 *Rural Tourism and Sustainable Rural Development*（1994）

2）乡村旅游影响

国外学术界普遍地把乡村旅游影响研究概括为3个方面：乡村旅游对经济的影响、对社会文化的影响和对环境的影响。

（1）乡村旅游对经济的影响

Dernoi认为乡村旅游为农民提供了第二个收入来源，由于增加了对边缘土地的开发给农民带来更多的就业，从而减少了人口的流失；乡村旅游把城市的新观念带到农村，促进了乡村经济的多元化，尤其是手工艺品方面，同时还有利于改造基础设施[47]。Unwin对爱沙尼亚乡村旅游的研究表明，乡村旅游的确对当地人民生活及经济发展起到了推动作用[48]。但是，也有学者认为乡村旅游对地方经济的发展作用不大甚至带来一些副作用。例如，Maude和Rest通过对英国坎布里亚郡（Cumbria County）的调查指出，不仅农场旅游收入在乡村经济生活中的作用微不足道，而且这些收入的获得还要以失去生活的独立性和个人生活隐私为代价[49]。

（2）乡村旅游对社会文化的影响

Macdonald等认为乡村的文化特性和民俗节目等是乡村旅游的重要组成部分，因此发展乡村旅游对保护当地民俗文化有积极影响[50]。Sueo对雅浦岛在旅游发展中传统文化的传承和保护情况进行了研究，发现为了发展旅游业，雅浦岛许多村庄都致力于传统文化的恢复[51]。Besculides等对美国科罗拉多州Los Cominos Antiguos的研究表明旅游发展对当地社会文化具有积极的影响，当地大多数居民认为旅游提供了多样的社会和文化利益，诸如社区基础设施和公共服务设施的改善、社区传统文化复兴等[52]。旅游是一把“双刃剑”，乡村旅游的社会文化影响既有积极的一面也有消极的一面。Brunt等通过对英国Dawlish地区的调查，指出旅游的消极影响主要表现在：犯罪、毒品、赌博、卖淫、物价上涨、邻里矛盾增多、交通阻塞、拥挤、垃圾、噪声及对当地文化艺术的破坏等方面[53]。社会承载力理论指出，当旅游地的发展达到“一定程度的可接受的改变”（a certain level of acceptable change），即超过其承载力后，社区居民在旅游发展初期阶段的支持态度会转为反对[54]。Lawson等关于新西兰10个小镇的研究证实了社会承载力理论，即处于发展初期或中等程度的旅游地居民旅游获益颇高，然而随着旅游进一步发展，其获益感知有下降趋势[55]。

（3）乡村旅游对环境的影响

Wall分析了巴厘岛（Bali）中8个典型乡村的旅游发展后指出，大量旅游接待设施的建设占据了大片有价值的农田，消耗了大量的水资源，农田减少，灌溉能力降低，以自然资源为基础的生存产业受到影响，直接威胁到当地人的生存能力，当地人通过从旅游发展产生的机会中获取的利益并不能弥补损失[56]。Cole认为即使是低水平的旅游利用也会产生影响，除非旅游活动被限制，否则对环境的影响就不可避免，因此，管理者必须确定可接受的影响水平并采取能将旅游使用限制在这种水平上的管理措施[57]。乡村旅游对环境的影响不全是消极的，Garcia 认为乡村旅游发展比较关注周围环境，会尽量维护乡村景观，增加环境的美学价值，这在一定程度上可改善乡村环境[58]。Green 等认为旅游发展促使废弃建筑得以重新利用、历史遗迹得到了修复和保护[59]。Beunen 认为游客活动对环境的影响与游客的规模有重要的关系。少量的游客活动，在环境的承受范围内，并不会引发环境问题。只有在游客达到一定数量后，时空分布不均对环境的影响超过了环境的可承受范围，才造成不可恢复的破坏[60]。

3）乡村旅游管理

乡村旅游管理研究包括管理权与经营权的关系、政府在乡村旅游管理中的作用、社区参与乡村旅游的管理模式等。Vail 等运用产权理论分析了瑞典达拉纳地区和美国缅因州的旅游开发由于产权界定不清楚，使土地拥有者、旅游者、休闲产业等利益相关者在有限的排他和竞争的情况下，在土地利用上联合为动机同盟，从而造成了一定的后果[61]。Cano 等以墨西哥乡村社区的亡灵节为例，说明了不同级别政府组织作为乡村文化旅游的规划者和市场行为及实践的仲裁者，如何协调乡村文化旅游与社区居民的关系。研究指出，尽管政府对社区居民反对发展乡村文化旅游的态度有所重视，但政府为了社区经济发展，仍然提倡发展乡村文化旅游[62]。国外在对乡村旅游进行开发和管理中，积极倡导乡村“社区参与”（Community participation）的管理模式。尽管不同国家国情不同，乡村旅游的管理模式也有较大的差异，有“由下而上”（Bottom-up）、“由上而下”（Top-down）或二者兼而有之的管理模式，但都强调社区参与在乡村旅游中的重要作用[63]。Murphy 最早把社区参与的概念引入到旅游研究中，尝试从社区的角度研究旅游[64]。20 世纪 90 年代中期后，学术界对乡村旅游社区参与的管理模式展开了积极地探讨。Tosun 较全面地分析了发展中国家实施社区参与旅游发展的若干限制性因素，他认为当地社区由于缺乏资金、缺乏旅游专家的指导，加上管理体制和法制结构等因素的影响，导致社区参与很难实现，因此对社区参与方式在发展中国家的有效性和可行性提出质疑[65]。Horn 对新西兰 Rotorua 和 Kaikoura 的社区参与情况进行了比较研究，指出社区对旅游发展的适应情况与当地的社会、政治和地理环境紧密相关，尽管不同的社区发展旅游面临的挑战各不相同，但只要具备相应的条件（如加强管理，使旅游发展的速度控制在当地人能够适应的范围内；使失业和边缘人群能够从旅游发展中受益；通过制定规划帮助当地人处理由于旅游发展带来的不利影响等）社区最终能够很好地适应旅游发展[66]。Mbaiwa 等通过对博茨瓦纳的奥卡万戈三角洲（Okavango Delta）地区 Sankoyo、Mababe 和 Khwai 3 个村庄长期的调查和深入访谈，指出 3 个村庄的居民在放弃如打猎、采集、牲畜和农作物耕种等传统的生计活动，通过社区参与自然资源管理

（Community-Based Natural Resource Management，CBNRM）计划参加乡村旅游发展后，收入得到了提高，生活状况得到了改善[67]。

4）乡村旅游发展

Campbell 关于哥斯达黎加奥斯辛诺发展乡村旅游的研究显示，虽然多数当地居民对旅游持支持态度，但是他们却未能充分把握旅游所提供的就业或投资机会，由于缺乏意识，加之外地投资者的不断涌入，在缺乏有效规划或干预的情况下，社区居民从旅游获益的机会受到限制，乡村旅游缺乏进一步的动力[68]。Brohman 认为乡村性是乡村旅游可持续发展的依托，保持乡村性的关键是小规模经营、本地人所有、社区参与、文化与环境可持续；同时指出在旅游规划中，需要建立一个鼓励政府和社区积极参与的制度机制，制度创新和战略政策应符合形势变化和东道主社区利益，多考虑长远利益而不能有短视行为[69]。Hunter 提出乡村旅游可持续发展的原则：①符合对方社区的需求，即能够使其生活水准及生活质量得以改善；②满足旅游者及旅游业的需求并不断保持对它们的吸引，以实现经济上的可持续；③保护旅游业赖以生存的环境资源基础，包括自然环境资源、人造环境资源和文化环境资源[70]。Grainger 通过对埃及西奈半岛圣凯瑟琳保护区旅游业发展情况的调查，指出旅游业的发展给圣凯瑟琳保护区的山地生态系统和 6 个部落的土著居民带来了很大的压力。为了使这个地区及旅游业能够达到可持续发展，提出要制定综合治理方案来保护该地区的自然和文化遗产，并建议应当允许当地居民尤其是土著居民参与到可持续发展规划与建设的过程中[71]。Sharpley 通过对塞浦路斯的乡村旅游发展调查后指出：乡村旅游面临高发展成本、低收益、低需求、缺乏必要的技能等问题和大众旅游占主要地位的挑战，因此，在制定乡村旅游发展计划时要进行投资、收益分析，拓展客源组织的渠道，除包团旅游外，更应发展散客旅游。他特别强调了政府制定长期的财政投入和技术支持政策的必要性[72]。Sharpley 进一步指出乡村旅游可持续发展的本质就是本地化（Localization），即开放的目的主要是满足本地化社区发展的需要，建设本地化供应链，鼓励地方工艺品生产，保证收益最大程度地保留在本地，确保开发力度在环境与社会承载力之内[73]。Turnock、Hall 认为在乡村旅游起步阶段正确处理财政资助、行政管理和区域合作是实现旅游可持续发展的关键要素[74,75]。

1.2.3 国内对民族村寨旅游的研究

国内对民族村寨旅游的研究是随着民族村寨旅游的蓬勃开展应运而生的，近些年逐渐成为学术界关注的热点。我国学者钟洁[76]、卢宏[77]、肖琼[78]、李瑞[79]等对民族村寨旅游这一领域的相关研究进行了总结和评述，由于分析视角和研究范畴的不同，得出的结论也各有千秋。本书在上述学者研究成果的基础上，进一步梳理了相关文献并进行了归纳总结。

国内的研究从研究内容来看主要集中在：民族村寨旅游的概念及内涵、旅游需求、旅游开发、旅游影响、旅游发展5个方面。

1.2.3.1 民族村寨旅游的概念及内涵

民族村寨是民族地区农村的基本社会生活单位，基本结构完整并且具有一定的自给自足功能。民族村寨属于小型社区，尽管规模小，但却完整地包含着“社”（即社会生活）和“区”（即人群地域分布与聚集）的基本内容和相互关系，从最基本的方面具体、直观、完整地体现着人类共同经营社会生活的组织结构和活动规律，反映着人类生存与发展的一般格局[80]。

学术界目前进行民族村寨旅游相关研究时，出现频率较高的概念有：民俗文化村寨旅游、民族文化村寨旅游、民族村寨旅游及民族旅游村寨、民族文化村、民俗旅游村寨、民俗文化村、民族生态博物馆等。这些概念的内涵和外延相互交叉重复，含义各自不同，反映了对民族村寨旅游这一基本概念的界定还存在一定的分歧，尚未达成一致[81]。从目前研究状况来看，民族村寨旅游的相关概念及含义大体可以根据定义角度的不同分为两类（表1-3）。

表1-3 民族村寨旅游的相关概念及含义

定义的角度	概念及含义
旅游产品的角度	罗永常认为民族村寨旅游是指以少数民族村寨社区为旅游目的地，以目的地人文事象和自然风光为旅游吸引物，以体验异质文化，追求淳朴洁净，满足“求新、求异、求乐、求知”心理动机的旅游活动。它属民俗旅游范畴，又具有乡村旅游和生态旅游的特征[82]
	杨昌儒等认为民族文化村寨旅游是指以民族文化村寨为旅游目的地，以目的地民族文化和自然风光为旅游吸引物，融观赏、考察、学习、参与、娱乐、购物、度假于一体的旅游活动[83]
社区功能的角度	金颖若（2002）认为民族文化村寨是民族文化旅游最好的物质载体，作为一种旅游资源，它全面、系统、集中、原生态地展示民俗，是活生生的正在运行、发展着的民俗；同时指出民族村寨旅游是乡村旅游的一种类型[84]
	黄海珠（2007）认为，民族旅游村寨是指以少数民族乡村或聚居点为旅游接待地，以少数民族群众为旅游参与主体，以民族文化和山水景观相糅合作为主要旅游吸引物，其功能是满足旅游者文化需求的同时，提供行、游、住、吃、娱、购的整套旅游服务[85]

以上定义都隐含一个前提，即开展旅游的民族村寨具备一定的旅游资源和开发基础。本书也是基于此前提对民族村寨旅游发展进行研究。从上述定义可知，民族村寨旅游的概念包括以下几方面内涵。

第一，民族村寨旅游的吸引物。民族村寨旅游的吸引力在于民族村寨特有的民族文化和自然风光所构成的民族村寨景观，其中民族文化是民族村寨旅游的核心吸引物，是区分民族村寨旅游与其他村寨旅游的本质特征。民族文化作为旅游吸引物，既包括民族村寨的传统民居、饮食服饰、劳动工具、生活器物、工艺品等物质文化，又包括风俗礼仪、民族歌舞、民族节庆、人生礼仪、婚姻家庭、生活制度等行为文化，以及体现在村民日常生活中旅游者必须深入体验才能了解到的思维方式、价值观念、道德情操、宗教信仰等精神文化。

第二，民族村寨旅游的空间范围。民族村寨旅游目的地是民族地区的村寨社区，包括民族村寨村民的定居点及周边的空间环境。

第三，民族村寨旅游的参与主体。村民既是民族村寨的社区主人，又是民族文化的传承者。村民参与和支持是民族村寨旅游可持续发展的保障，村民理应成为民族村寨旅游的参与主体。在民族村寨旅游的规划与开发中，应当充分尊重村民的意愿，让村民利用自身的有利条件参与到民族村寨旅游中，成为参与主体。

第四，民族村寨旅游者的旅游动机。民族村寨旅游者主要是为了体验民族文化，满足“求新、求异、求乐、求知”等心理动机。客源地与目的地之间的差异性是产生吸引力的源泉，差异性越大吸引力越强。

综上所述，本书认为民族村寨旅游是指旅游者为体验民族文化，满足“求新、求异、求乐、求知”等心理动机，以民族村寨为旅游目的地的旅行或暂时居留而引起的现象和关系的总和。民族村寨旅游的核心是“以人为本”，在发展民族村寨旅游过程中，对村民和旅游者的需求满足是其出发点和归宿。村民和旅游者的需求不同，旅游者的主要需求是为体验民族文化，满足“求新、求异、求乐、求知”等心理动机，而村民的需求包括经济、文化、环境等多方面。民族村寨旅游在满足旅游者合理需求的条件下，应立足于培育村民的自主发展能力，实现村民的全面发展。

1.2.3.2 民族村寨旅游需求研究

民族村寨旅游需求研究主要是针对游客的研究，包括旅游动机、认知、态度、需求、消费行为及满意度等方面。

薛群慧等提出旅游消费行为是一种社会行为，具有普遍性，但民族风情旅游消费行为除了具有旅游消费行为的共性特征之外，还具有时间性、民间性、大众性、可重复性、文化性等个性特征[86]。李旭东等从旅游者的角度出发分别对四川羌、藏、摩梭族村寨的文化旅游资源的真实性进行调查，指出文化景观越接近真实的传统文化，游客的满意度越高[87]。姚娟等以新疆昌吉回族自治州杜氏农庄为例，通过访谈和游客问卷调查，运用数学方法对数据进行统计分析，认为新疆城郊型乡村农庄旅游质量的游客感知主要表现在外部综合形象、核心吸引资源、接待服务态度与质量、农庄旅游基础设施4个层面，游客的年龄、性别、收入等社会特征会对其质量感知的形成带来一定程度的影响。在此基础上，通过对中西部乡村旅游六要素的游客感知质量的对比研究，发现经济发展状况及乡村旅游开发形式对乡村旅游质量感知有影响[88]。侯玉霞以广西桂林龙脊梯田景区为例，从入境游客的客源地、性别、年龄、职业领域、文化程度、年收入和家庭结构等方面来分析民族村寨入境游客市场结构；从入境游客旅游消费准备阶段、实际消费阶段、旅游消费评价阶段3个阶段的行为整体特征研究民族村寨入境游客的消费行为[89]。沈莹等同样以广西桂林龙脊梯田景区为例，研究民族旅游村寨游客满意度评价。研究发现：民族歌舞民俗节庆活动、村寨整体风貌、旅游环境卫生、停车场和住宿餐饮设施5个变量对景区总体满意度有显著影响[90]。

1.2.3.3 民族村寨旅游供给研究

学术界对民族村寨旅游供给的研究主要集中在民族村寨旅游开发策略、模式等方面。

1）民族村寨旅游开发策略研究

罗永常从民族村寨旅游的发展理念和基本目标出发，对民族村寨旅游开发中现实存在的问题，有针对性地进行对策措施和政策建议研究[91-94]。王莹从旅游体验的角度，运用服务质量期望的理论具体分析了民族村寨的体验要素，并在此基础上对民族村寨的开发建设提出了建议[95]。黄海珠结合旅游在西部民族地区的地位和作用及社会主义新农村建设在西部的发展进程，从旅游的角度研究民族村寨的发展，探讨在西部民族旅游发展的前提下，民族村寨旅游的建设问题[96]。任婵娟认为原生型民族村寨的舞台化是对其进行旅游开发的一种行之有效的方法，而注重舞台化过程中的真实性则是开发成功与否的关键。在此基础上提出了舞台真实理论在实际旅游开发中的应用模型，并指出这一理论对原生型民族村寨旅游开发的几点启示[97]。王汝辉等以四川理县桃坪羌寨为例，基于对资源系统特殊性的深层次考察，解析少数民族村寨旅游开发中的内生困境及深层次根源，在此基础上提出少数民族村寨旅游开发的治理路径选择[98]。贺丹以贵州民族村寨民俗文化的地域特色为切入点，从旅游者的心理、民族文化村寨旅游产品、民俗旅游商品、旅游管理与经营4个方面提出了民族村寨旅游开发的相关措施和对策[99]。

2）民族村寨旅游开发模式研究

余青等认为以社区为基础的生态博物馆作为一种实现保护与开发民族文化双重目标的新形式博物馆是一种民族文化旅游持续发展模式[100]。杨兴洪通过对天龙、郎德与中洞3种开发模式的比较分析，认为天龙模式的股份公司制有利于乡村民族旅游开发的经济可持续性，郎德模式的社区共管有利于乡村民族旅游资源的保护，而中洞模式的需求主导型开发则在经济和人的全面发展方面均存在天然缺陷。他进一步指出市场运作是乡村民族旅游开发获得经济可持续发展的有力保障，正式和非正式制度设计能促进社会和环境的可持续发展，生态移民则是游离于现代文明之外的乡村社区的必然选择[101]。王雯雯对广西民族村寨开发模式进行案例分析比较，找出每种开发模式的优劣，指出广西民族村寨旅游开发存在的问题，提出参与式民族生态村的开发模式[102]。黄亮等提出了傣族园的民族文化生态旅游发展模式，主要涵盖可持续、和谐、辩证的发展理念，村寨、文化、旅游、经济四大发展要素，以及“公司+农户”的经济模式[103]。杨胜明针对贵州的民族村寨旅游的发展状况，总结了民族村寨旅游开发管理模式，如“村支两委+村民”的郎德、南花模式、“政府+村委会+农户”的铜仁云舍模式、“外来企业经营”的地扪模式、“村民组织+专家组织+企业”的下白岩模式等[104]。黄海珠以广西壮族自治区的民族村寨为例，从所有权、管理权与经营权的界定入手，辨析旅游业中的“三权”关系；同时借鉴国内目前比较成功的旅游景区管理模式，提出创建适合民族旅游村寨发展的管理模式的思考[105]。费广玉等以贵州西江千户苗寨为例，指出政府在旅游规划、产业定位、市场宣传、社区参与、人员培训等方面发挥了积极的主导作用，并构成了其特有的运行模式。但政府不是万能的，也存在“政府失灵”现象[106]。王汝辉等以桃坪羌寨旅游为例，总结其开发先后历经的政府引导–社区居民自主经营管理、政府主导–国有开发公司经营管理、政府主导–外来投资商经营管理等 3 种开发模式，认为民族村寨开发模式开发历程是由政府强制注入与“精英分子”带头示范相互作用下的创新生长机制、重复博弈模型下的社区居民学习传播机制、专业化效率要求下的分工合作机制、利益驱动下的选择调整机制四大动力机制相互作用的结果[107]。

1.2.3.4 民族村寨旅游影响研究

旅游影响是指因旅游而发生关联的事物间的相互作用及结果[108]。目前民族村寨旅游影响研究主要涉及因旅游发生、发展形成的社会生活变化，包括民族村寨居民生活状况、文化的变化，民族村寨自然环境、人类社会生活环境的变化等。

付保红等以西双版纳傣族自治州景洪市勐罕镇曼春满村寨旅游开发为例，探讨村民社会角色在传统产业、家庭收入结构、家庭消费观念、村民人际关系、夫妻家庭劳动分工、家庭成员在家庭中的地位变化、思想意识、女性角色等方面的变化[109]。唐雪琼等以云南元阳县箐口村为例，研究了民族村寨旅游对哈尼村寨的经济社会改善、消费观念、思想意识、人际关系等方面的作用，认为在民族文化旅游中社会文化对民族村寨的影响尤为明显[110]。徐克帅以浙江柿林、江西理坑、贵州郎德上寨为例，对同一历史文化村落不同居民群体环境感知的差异，同一人群不同时间的环境感知差异，不同村落居民环境感知的差异三方面作调查研究，通过环境感知差异分析模型，即从时间、空间两个维度研究三对关系产生的矛盾导致的旅游开发对历史文化村落经济、社会文化、自然的影响[111]。薛玉梅等认为贵州西江千户苗寨在发展旅游之后，其经济价值观正在变迁之中，形成了既有别于儒家传统价值观，又不完全等同于市场经济价值观、道德经济价值观的独特的经济价值观[112]。吴忠军等在深入广西龙脊梯田景区的山地少数民族村寨调研的基础上，结合旅游人类学相关理论，切合实际地分析了旅游业的发展对山地少数民族村寨文化遗产保护的现实影响，并提出改善的措施与建议[113]。邹烽认为旅游不仅对少数民族传统道德中各方面因素的影响不尽相同，而且对处于不同旅游发展阶段的目的地影响程度也存在差别。虽然从表象来看示范效应引起了少数民族传统道德的一系列变化，但是旅游带来的经济利益与传统价值的冲突才是导致少数民族传统道德产生变化的根本原因，旅游只是作为催化剂加速了这一进程[114]。

1.2.3.5　民族村寨旅游发展研究

1）民族村寨旅游发展面临问题的研究

民族村寨由于长期封闭，经济落后、社会发育程度低，其社会文化环境和自然生态环境都十分脆弱，在旅游发展过程中面临诸多问题。

曹端波等指出随着旅游业的发展，民族村寨旅游出现了一系列问题，如环境问题、文化保护问题、经济效益问题、利益分配问题、民族发展问题等[115]。罗永常从民族文化认同、价值观的改变、社会结构的变化、民族传统文化的变迁、社区参与和利益分配等角度对民族村寨旅游发展过程中面临的问题进行探讨，认为不同开发阶段、不同开发模式下的民族村寨旅游发展现状都不容乐观。同时指出因外力作用，自上而下发起的民族村寨旅游会导致“旅游扶贫，越扶越贫”的现象[116,117]。陈志永等指出我国一些民族村寨的旅游业在经历了早期的快速成长后，近年来步入了衰退期，表现为游客人次减少、经济效益下滑，从旅游体验视角出发，以贵州镇山村布依族村寨为例，对民族村寨旅游业衰落的原因进行探讨[118]。刘旺等从制度经济学的角度，解析少数民族村寨旅游开发中的“公地悲剧”现象及其产生原因[119]。肖琼认为旅游经济活动所具有的外部不经济性、旅游环境的公产物品特性等因素是引起旅游环境问题的重要经济根源和根本原因[120]。贺能坤认为民族村寨旅游发展的问题主要表现为开发目标错位、开发主体越位、村民精神上的幸福感缺位等[121]。

2）民族村寨旅游产权研究

旅游村寨居民参与旅游利益合理分配的前提是产权明晰，不同的产权制度安排会导致不同的经济行为和资源配置绩效，民族村寨旅游中的产权问题尤为突出。

罗永常认为民族村寨的旅游资源产权未得到明晰，村民难以通过产权入股获取旅游收益，旅游利益分配不均衡，一般只有少数村寨和村寨内的少部分人能介入旅游而获益，由此引发的村寨之间、村民之间的利益冲突日益显现[122]。范莉娜指出目前民族村寨旅游资源处于产权困境，主要原因是产权问题上存在的制度缺陷，制约了民族村寨旅游的可持续发展。为保障旅游社区的和谐构建，保护民族村寨旅游资源，防止资本遮蔽、所有者缺位，在优化民族村寨旅游资源产权结构的基础上建立监督约束机制，提高社区居民的参与度[123]。王汝辉以四川理县桃坪羌寨为典型案例，以巴泽尔产权模型为理论基础，从产权制度层面揭示少数民族村寨旅游资源的产权不断专业化配置在不同相关利益主体手中，各相关利益者互不信任、相互侵权等现象与问题的背后深层次根源，进而提出确保社区参与和居民的“剩余索取权”和“剩余控制权”的真正实现，正确实施对政府、社区和开发商等相关利益主体的限制，高度重视并科学设计产权制度的实施机制等措施[124]。随后引入人力资本产权理论，认为民族村寨中民族风俗习惯等非物质文化资源内在化于居民“活化”载体上，植根于居民的思想态度和言行举止中，其产权天然属于当地居民个人，是典型意义上的人力资本，民族村寨旅游社区居民参与是其人力资本产权的特殊性的内在要求[125]。

3）民族村寨旅游利益相关者研究

民族村寨旅游发展涉及不同的利益相关者，各利益相关者对政治、经济、文化、社会利益的诉求程度不同，相互之间关系的好坏，直接影响民族村寨旅游的可持续发展，甚至关系整个社区的和谐发展。

吴忠军等以桂林龙脊梯田景区的平安壮寨为研究个案，在分析各利益相关者利益关系的基础上，构建了东道主利益相关者基本图谱，提出了东道主利益相关者股份合作制参与管理模式。只有在确保村寨居民利益的前提下，民族旅游开发才能和谐发展，民族文化遗产才能得以保护与传承[126]。张补宏等研究民族旅游中不同主体的地位与关系，以及各利益相关者的不同利益诉求。应用利益相关者理论，对民族旅游目的地政府、社区、旅游者、旅游企业等利益主体进行分析，探讨了相关利益主体在民族旅游发展中的角色和作用，尝试提出测算利益相关者利益诉求影响的数学模型[127]。何明对云南和湘西少数民族旅游村寨艺术展演研究后发现，在民族村寨旅游中，政府、企业和民间组织存在着权责利冲突，为使三者达到良性互动，需将开发和保护定向于民族村寨文化本身及其持有者[128]。冉琼等以震前北川青片乡羌、藏民族旅游村寨为研究对象，基于利益相关者分析探讨了村寨旅游中的现状与问题，从利益相关者的构成、关系、功能等角度提出了合理的对策和建议[129]。何景明以西江千户苗寨为例，通过田野调查后认为政府主导作用的有效发挥是边远贫困地区旅游开发的必要条件，但当旅游市场形成后，应规制政府与民争利，并及时实现政府角色的转换，让位于社区主导[130]。王丹认为民族村寨旅游发展中存在各利益相关主体为了实现自己的利益最大化而损害当地旅游发展的问题，并以西江千户苗寨为例，从激励的角度寻找实现总体效益最大化的途径[131]。

4）民族村寨旅游社区参与研究

社区参与旅游开发是增加居民收益、消除旅游消极影响的有效途径，民族村寨中的村民应当参与制定民族村寨旅游发展规划，社区居民发挥自身能力来管理和影响旅游开发，尤其是建立利益分配保障机制，关系到民族村寨旅游开发的民主化进程。

黄华探讨了社区参与民族村寨旅游开发的发展机制，提出了社区参与民族村寨旅游开发的原则及利益保障措施，还在其中特别讨论了社区参与旅游股份合作制的发展思路[132]。罗永常从社区参与旅游发展的基本理论出发，提出了如何促进乡村旅游社区参与的一般途径和方法[133]。2006 年，他又从旅游利益分配现状及其原因出发，基于开发的基本理念和目标提出了民族村寨社区参与旅游的利益保障机制[134]。李天翼从人类学的角度，对上郎德村以“工分制”为基础、以集体分配为形式的社区参与旅游模式作了概括的介绍，并从苗族与社区历史、“安全第一”的农民道义生存伦理及苗族文化传统等因素对这一特殊旅游参与模式作了成因分析[135]。薛玉梅以西江千户苗寨为例，从社会学和旅游管理体制双角度解析民族村寨旅游中的社区参与[136]。刘韫指出目前社区参与不足成为制约民族村寨旅游深度发展的瓶颈性问题，从理论研究、实践操作、旅游发展三方面进行分析并提出落实和深化社区参与的途径[137]。保继刚等以云南迪庆藏族自治州德钦县云岭乡的雨崩村为例，探讨社区参与方式及其增权意义，指出在制度层面上确立社区的权力，进行制度性增权，才能真正凸显社区在旅游发展中的主体地位[138]。

5）民族村寨可持续发展研究

蒋丽芹以贵州省凯里市麻塘革家寨旅游资源开发为参照，构建了少数民族村寨可持续发展战略体系。为了弘扬民族文化、促进地方经济发展，民族村寨旅游不仅要凸显个性、强化特色，而且要注重保护生态环境和民族文化，只有这样才能实现可持续发展[139]。李伟从旅游区民族文化旅游产品形式入手，着重考察民族传统文化在旅游产业中的表现形态、内涵变迁，建立旅游产业与文化变迁的对应关系，以此为基点，进一步探讨民族文化变迁的途径及模式，提出了民族旅游地可持续发展的文化战略[140]。王雯雯在阐述广西少数民族村寨旅游资源的基础上，针对广西少数民族村寨旅游发展中存在的问题，从资源、品牌、利益协调、发展环境等方面提出了广西少数民族村寨旅游可持续发展的对策[141]。徐永志认为民族村寨旅游开发要审时度势，调整长期以来普遍存在的“文化搭台，经济唱戏”的心态，立足本色化，致力于深度开发文化含量高的民俗风情旅游，进行文化生态与族群社区和谐发展的构建[142]。梁玉华针对贵阳花溪镇山村旅游开发中的问题，指出了民族村寨生态旅游开发的薄弱点，从目前的大众旅游转型为生态旅游、加强游客管理、组织村民积极参与、完善生态旅游产品结构几方面对少数民族村寨生态旅游开发规划与旅游可持续发展进行了探讨[143]。黄海珠认为民族村寨旅游的可持续发展建立在国际、国内民族旅游的需求持续增长及民族地区的旅游供给能力日益上升的基础上，需求是民族旅游村寨可持续发展的市场保证，民族旅游村寨的可持续发展依赖于旅游资源、投资资本及社区的可持续发展[144]。叶春等借助耗散结构理论揭示和分析民族村寨旅游业发展过程中出现的机遇和危机，并以黔东南巴拉河流域的南花苗寨为例，有针对性地指出其旅游发展中存在的问题，提出南花苗寨旅游业可持续发展的建议与对策[145]；随后又以贵州省雷山县上郎德苗寨为例，探讨了社区村民参与村寨旅游可持续发展指标体系构建的可行性[146]。

1.2.4 民族村寨旅游研究述评

综观国外关于民族村寨旅游的研究，虽然国外针对民族村寨旅游研究的文献不多，关于民族村寨旅游的研究主要基于“民族旅游”和“乡村旅游”这两大概念背景下进行，但可以看出，国外学者在研究视角及研究方法方面，较为广泛和深入。就研究视角而言，体现出多学科共同关注的特点——综合运用旅游学、人类学、社会学、经济学、生态学、心理学、统计学等学科理论展开跨学科研究，研究内容偏重于基础理论的支撑和拓展；就研究方法而言，一方面是通过田野调查获取一手的有价值资料，多采用问卷调查、深度访谈等手段进行，另一方面加强民族村寨旅游中旅游需求、旅游者行为、社区居民感知及民族村寨旅游与经济、社会、文化、环境发展关系等的定量分析，引入数理统计、模型分析来增强研究的准确性与可信度，研究结论则更深入更具创新性。

相对而言，国内的研究中个案研究成果相对丰富，理论研究相对薄弱。虽然目前多学科参与民族村寨旅游研究的态势已经形成，但对此领域的研究仍处于起步的阶段，现有的研究成果也具有一定的局限性。研究内容虽然涉及面广，但研究层次不够深入，尤其是针对民族村寨旅游发展问题的研究还比较欠缺，许多研究是就民族村寨的旅游而谈旅游，缺乏对基础理论的探讨；研究方法上重定性，轻定量，定量方法的欠缺使分析不够深入，对民族村寨旅游的研究因此浅尝辄止。民族村寨旅游属于涉及面广、关系错综复杂的社会现象，研究时要注重点面结合，不断引入其他学科的理论和方法以整合自身方法体系，既注重实用研究也注重理论研究，强调定性研究的同时也要重视定性与定量研究相糅合，多层面、多角度地展开系统研究。

综上所述，本书在借鉴前人研究成果的基础上，综合运用一般系统论、耗散结构理论、协同论及民族学、旅游学、经济学等多学科的相关理论，基于系统视角对民族村寨旅游发展进行研究，力求在民族村寨旅游研究领域有所突破。

1.3 研究对象与研究内容

1.3.1 研究对象的选取

本书研究的民族村寨特指具备一定的旅游资源和开发条件的民族村寨，其外延既包括目前已开展旅游活动的民族村寨，也包括具备一定特色旅游资源、即将开发旅游的民族村寨。

贵州省位于中国西南云贵高原东部，是一个山川秀丽、气候宜人、旅游资源富集、民族众多的内陆山区省份。数据显示，全省的民族成分有 49 个，其中有 17 个少数民族世居贵州，分别是苗族、仡佬族、仫佬族、土家族、彝族、侗族、布依族、水族、瑶族、蒙古族、壮族、毛南族、回族、羌族、白族、畲族、满族。贵州的苗族、布依族、侗族、仡佬族、水族人口分别占全国同一民族总人口的 50% ~98% 以上，少数民族人口比重居全国第三位[147]。

据 2000 年第五次全国人口普查资料显示，贵州少数民族人口有 1333.96 万人，占贵州省总人口的 37.86%[148]。贵州拥有 5 万个以上的自然村寨，全省人口中的 85% 居住在农村，故被戏称为一个“大农村”。

贵州民族村寨在喀斯特地形的“封闭性保护”下，不仅保存有千姿百态的自然景观，而且各民族丰富多彩的传统文化没有被现代普世性文化和都市生活过多的侵扰，像这样全面、系统、集中、原生态地展示地方民族传统文化，保存有大量“活的”人类文化遗产的地区，在我国乃至全球已经不多见。

近年来贵州旅游业发展迅速，2007 年省旅游总收入达 512.28 亿元，其中民族村寨旅游作出了积极的贡献。据贵州省旅游局统计，到 2006 年年底，全省开展民族村寨旅游接待活动的单位有 66 670 家，旅游税金 8.68 亿元。开展民族村寨旅游经营的行政村寨共计 575 个，包含 1000 多个自然村寨；开展民族村寨旅游经营户数达 6184 个；开展民族村寨旅游经营直接从业人数 60 998 人（表 1-4）。2007 年全省民族村寨旅游共接待游客达 2267.92 万多人次，占全省旅游接待游客的 36.21%；民族村寨旅游总收入达 202.85 亿元，占全省旅游总收入的 39.59%。

表 1-4 2006 年贵州各地州市开展民族村寨旅游具体情况表

各地州市名称	开展民族村寨旅游经营户数/户	开展民族村寨旅游从业人数/人	开展民族村寨旅游经营脱贫人口数/人	接待游客人数/人	民族村寨旅游总收入/万元
黔东南州	1 720	18 270	34 400	6 197 600	478 900
遵义地区	950	18 000	35 000	1 265 000	100 000
黔南州	736	7 103	11 061	2 690 000	25 000
贵阳地区	651	6 975	—	4 763 304	12 812. 42
安顺地区	353	2 286	82 100	592 800	9 840
铜仁地区	1 166	4 827	8 000	733 320	3 237
黔西南州	297	1 337	2 170	1 130 000	1 767. 5
六盘水地区	22	188	240	14 000	1 360
毕节地区	289	2 102	2 126	235 000	931. 05
合计	6 184	60 998	175 097	17 621 024	633 848

资料来源：《贵州省乡村旅游典型村寨调研分析报告》(2008)

贵州是全国最先将国际先进乡村旅游发展理念引入并付诸实施的省份。从20 世纪 80 年代开始，先后选择了安顺的布依石头寨，黔东南苗族侗族自治州凯里市的郎德上寨、南花苗寨、青曼苗寨、西江千户苗寨等 8 个民族村寨作为旅游开发试验点。经过 20 多年的积极探索，贵州民族村寨旅游发展已取得了显著成效，目前已有 1000 多个民族村寨开展了以民族文化为载体的民族村寨游，促生了歌舞表演、农业观光、生活体验、“农家乐”、民族节庆、民俗寻踪等一系列形式多样的民族村寨旅游产品。鉴于贵州省民族村寨旅游发展在中国乃至全球范围内所具有的典型代表性，本书选择贵州省民族村寨作为研究对象，并从中选取郎德上寨、镇山布衣村、西江千户苗寨及六枝梭嘎苗寨等作为田野调查的重点进行研究。

1. 3. 2 研究内容

本书基于系统视角研究民族村寨旅游发展，共由 7 章组成：

第 1 章　绪论。阐述本书选题背景、研究意义、研究对象、研究内容、本书框架、研究方法等，并梳理国内外相关研究成果。

第 2 章　民族村寨旅游发展的相关理论基础。对与本书民族村寨旅游发展研究相关的理论进行归纳、总结，提出以“经济-文化人”假设作为民族村寨旅游研究的逻辑起点，为后续研究铺垫理论基础。

第 3 章　民族村寨旅游发展的现实探索。选取贵州省的民族村寨作为典型，通过对民族村寨发展的经济分析，论证民族村寨发展旅游的可行性；回顾民族村寨旅游的发展历程，从民族村寨旅游的经济、社会、文化及环境效应4个方面分析民族村寨旅游开发的现状，思考民族村寨旅游发展中存在的问题。

第4章　民族村寨旅游系统分析。运用一般系统论构建民族村寨旅游系统模型，将其分为4个子系统：民族村寨旅游目的地系统、客源市场系统、通道系统和支持系统，对各子系统的结构、功能进行理论研究，并结合贵州民族村寨旅游的发展态势进行分析。

第5章　耗散结构理论视角下民族村寨旅游系统运行研究。从耗散结构理论视角对民族村寨旅游系统运行进行研究，首先基于民族村寨旅游系统的非平衡性及开放性探讨其负熵的引入，然后基于民族村寨旅游系统内部非线性调节及通过涨落达到有序的特性研究其非线性动态演化过程。

第6章　民族村寨旅游系统协同发展研究。首先基于协同理论视角对民族村寨旅游系统进行分析，构建民族村寨旅游系统序参量协同发展模型；然后以镇山布依村、西江千户苗寨、六枝梭嘎苗寨、朗德上寨为例进行发展模式比较研究；最后在分析民族村寨旅游系统协同发展机制的基础上，探讨其协同发展途径的实现并提出对策建议。

第7章　结论及展望。总结本书的主要结论和创新点，指出本书研究的不足之处并展望未来的研究方向。

1.4　研究框架与研究方法

1.4.1　研究框架

本书研究根据提出问题—分析问题—解决问题的逻辑思路，对民族村寨旅游发展进行较为系统的研究。主要研究思路遵循的逻辑过程如图1-5所示。

1.4.2　研究方法

研究对象和研究内容决定研究方法，研究方法的正确与否直接决定研究过程的合理性与研究成果的科学性。本书以田野调查所得的资料为基础，结合前人已有的研究成果，运用系统分析、田野调查比较分析、定性与定量分析相结合、实证与规范分析相结合等方法进行研究。

1.4.2.1　系统分析方法

系统分析的核心是整体的观念，即将构成一个多元系统的诸种元素，作为一

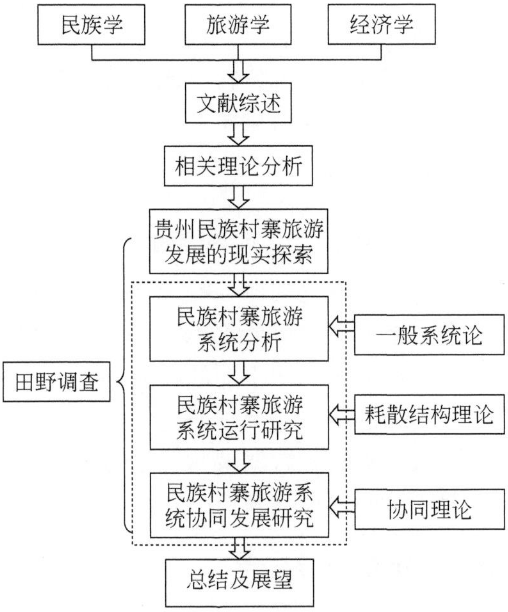

图 1-5 研究框架

个整体中的各组成部分来研究，分析其相互之间的逻辑关联，并以此为基础考察整个系统的组织协同与结构优化。

民族村寨旅游系统隐匿在更大的社会系统中，需要运用多学科的理论和方法，才能获得全面、科学的研究成果。旅游跨学科、多学科综合研究，主要是通过方法的移植、渗透和融合来实现的[149]。著名旅游学家 Jafari 指出，为理解旅游业，有必要将其作为一个整体或作为一个系统来研究[150]。旅游系统是一个多因子、多变量、多层次、多目标组成的开放的复杂系统，是多种成分构成的一个有机联系整体。民族村寨旅游发展必须从全局和整体出发，以整个系统可持续的协同发展为目标，对旅游系统运行的宏观层面和微观层面进行全面考察，着眼于旅游发展和民族村寨社会文化、生态环境、经济发展的整体优化。本书在民族学、经济学、旅游学等相关学科理论指导下，基于系统的视角，运用一般系统论、耗散结构理论、协同理论等系统科学理论对民族村寨旅游发展进行研究。

1.4.2.2 田野调查方法

田野调查也称社会调查，指深入到研究对象聚居地区居住体验、直接观察和调查访问并根据调查资料进行分析研究的方法和技术。正像自然科学工作者需要科学实验获得数据那样，这里将自然科学的研究方法延伸到社会科学研究的领域。通过扎实的田野调查所获得的第一手资料是科学理论的源泉，可以真实了解民族村寨的生产方式和生活方式，资源禀赋和区位条件，发展阶段和发展方式，等等。本书通过对郎德上寨、镇山布衣村、西江千户苗寨、六枝梭嘎苗寨等几个典型民族村寨的田野调查，实地考察民族村寨旅游的开展情况，根据获得的第一手资料，得以进一步分析研究民族村寨旅游发展的系统演化规律。

1.4.2.3 比较分析法

比较分析法是根据一定的标准，对两个或两个以上有联系的事物进行考察，寻找其异同，以探求经济现象之普遍规律与特殊规律的方法。比较分析法的关键是类比——寻找一个恰当的参照系，如指数参照系、理论参照系、模型参照系、事物参照系等。比较分析法有助于认识事物的本质和经济发展的普遍规律，在这里有助于更好地认识地区的经济发展状况、阶段、水平等。本书通过对 3 种不同类型序参量主导模式下民族村寨的旅游发展状况进行比较，分析各发展模式的利弊，以探索民族村寨旅游的协同发展途径。

1.4.2.4 定性分析与定量分析结合

定性分析是根据社会现象或事物所具有的属性和在运动中的矛盾变化，从事物的内在规定性来研究事物的一种方法。它以普遍承认的公理、一套演绎逻辑和大量的历史事实为分析基础，从矛盾性出发，描述、阐释所研究的事物。

定量分析是以统计数据为基础，计算研究对象的各项参数值，其过程的实现需借助数学模型。

定量分析与定性分析是对立统一的。在实际研究中，一方面定量分析以定性分析为基础，另一方面又使定性分析更加科学、规范，让定性分析得出的结论深刻而彻底。没有定性的定量是一种没有方向性的定量，没有定量的定性是一种没有准确性的定性。因此本书的计量分析按照先定性（定性是定量的依据，必须先明确方向）、再定量（定量是定性的具体化，能够有效提高结论正确率）的思路来进行，以期正确把握民族村寨旅游发展的规律。

1.4.2.5 实证分析与规范分析相结合

实证分析与规范分析都是广泛应用于社会科学研究中的方法。实证分析是通过研究经济自身的运行规律，对经济主体的经济行为所产生的后果分析和预测。实证分析方法其最大特点是要摆脱价值判断，是独立于任何特殊的伦理观念，不涉及价值判断，旨在回答“是什么”和“为什么”的实证问题。实证分析具有客观性，可以检验。

规范分析则是在分析经济现象时以一定的伦理和价值判断为基础，对经济问题提出批判意见的研究方法。规范分析方法是建立在实证分析方法基础上的，在运用实证分析方法剖析了事物本质规律之后，再回答“应该怎样”“好不好、该不该”的问题。规范分析的最大特点就是基于价值判断，而不同的价值观、不同的经济地位，对同一事物的观点可能会截然不同，所以规范分析本身缺乏客观性。由于没有统一的标准，规范分析得出的结论无法进行检验。

实际研究中实证分析与规范分析是难以截然分开的，只在研究过程中各有侧重。本书在对民族村寨旅游进行实证分析的基础上，结合规范分析的方法，对民族村寨旅游的发展提出对策建议，以期对其取长补短。

2 民族村寨旅游发展的相关理论基础

2.1 系统科学理论

系统科学主要是研究自然界和人类社会各类系统的共同特性，探索系统的生成、演化和涌现等普遍规律的科学。因为系统科学研究涉及方方面面的科学知识和技术，不同学者从不同角度、不同层次开展的研究形成若干的分支学科，所以系统科学实质上是一个囊括众多分支学科的学科群[151]。

系统科学被认为是 20 世纪最伟大的科学革命之一。冯·贝塔朗菲（von Bertalanffy）的一般系统论的创立，标志着现代综合科学——系统科学的诞生，成为现代系统运动的起点。在半个多世纪的历程中，系统科学迅速发展，尤其是在老三论（系统论、信息论、控制论）的基础上发展起来的新三论，即耗散结构理论、协同理论和突变论，以及超循环理论和混沌理论等，将现代系统运动推向了高潮。研究表明，在近几十年的系统运动中，产生的系统理论不下数十种，它们的形成背景和学科生长点各异，有产生于数学的、物理学的，也有产生于化学的、生物学的，还有产生于各种社会科学的，等等[152]。这些源于不同学科的系统科学理论在自然、经济、社会各个领域得到了广泛应用，并取得了一系列突破性进展，对科学的贡献极大。

民族村寨旅游系统是一个复杂的开放系统，本书主要以一般系统论、耗散结构理论和协同理论等系统科学理论作为研究的基础，结合民族村寨旅游系统的特性，对民族村寨旅游发展进行探讨。

2.1.1 一般系统论

美籍奥地利理论生物学家冯·贝塔朗菲于 1937 年首次提出了一般系统论，1968 年出版著作《一般系统论——基础、发展和应用》，正式确立一般系统论的学术地位。冯·贝塔朗菲从理论生物学的角度，总结了人类系统思想，运用类比同构的思想方法，建立了开放系统的一般系统论。他运用的是经验-直觉的逻辑方法，主要应用一系列概念、范畴研究自然界系统、人造系统、社会系统和符号系统的一般系统规律。他提出了生命现象的有组织性、有序性、目的性。他认为生命系统本质上是开放系统，并给出了有机体开放系统的模型[153]。他认为，一般系统论的任务是要找到不同系统不同学科之间的共同语言和术语，阐述和导出适用于一般系统及其子系统的模型、原理和规律。

1）一般系统论的宗旨

冯·贝塔朗菲认为现代科学的各种不同的学科已逐渐形成相似的一般概念和一般观点。当以往的科学试图解释一种可观察的现象时，就要把它归结为可以逐个独立考察的基本单元的相互关系，而现代科学中出现的概念则涉及多少有点模糊地称为“整体”的那个东西，即组织。现象不能分解为局部的事件，动态相互作用使处于较高结构中的部分表现出不同于它们在各自孤立时的行为等问题，也就是说，现代科学中仅考察各自孤立的部分，已不能理解各级系统。这种性质的概念和问题，在各个学科分支中都有所表现，不论它们的研究对象是非生命、生命有机体还是社会现象，均表现出惊人的一致性，表现出科学概念的普遍变化。

不仅是不同学科在一般方面的观点上相似，而且往往在不同的领域里可以发现形式上相同的定律即同型的定律。在许多情况下，同型定律适用于某些种类或要素的“系统”，而不考虑有关实体功能性质。

这些见解导致了一般系统论的提出。它的主题是寻找适用于一般化的系统或者它们的子级的模型、原理和定律。这些模型、原理和定律与系统的特殊类别、组成系统的要素的性质及要素之间的关系或“力”的性质无关，而是普遍适用于一般系统的普遍性原理，因此一般系统论的主题是阐述和推导一般适用于“系统”的各种原理。

一般系统论有以下 5 条宗旨[154]。

①各种不同的学科，包括自然科学和社会科学，有着走向综合的普遍趋势。

②这样的综合看来要以一般理论为中心。

③这样的理论可能成为非物理领域的科学面向精确理论的一种主要方法论工具。

④这一理论通过寻找出能统一“纵向地”横贯于单个科学的共性的原理，可使我们更接近于科学大统一的目标。

⑤这一理论能导致迫切需要的综合科学教育。

2）一般系统的数学描述[155]

冯·贝塔朗菲认为，系统是相互作用着的若干要素的复合体。即系统是相互作用着的一系列要素 p_i（$p_i=p_1$，p_2，…，p_n）的集，各要素的性质可以用一系列定量测定的量 Q_i（$Q_i=Q_1$，Q_2，…，Q_n）来表征。相互作用指的是若干要素

(p)处于若干关系(R)中，以至一个要素 p 在 R 中的行为不同于它在另一个关系 R' 中的行为。如果要素的行为在 R 和 R' 中无差异，那么就不存在相互作用，要素的行为就不依赖于 R 和 R'。在上述理解的基础上，冯·贝塔朗菲用一组联立微分方程式［式(2-1)］描述一般系统的概念：

$$\begin{cases} \dfrac{\mathrm{d}Q_1}{\mathrm{d}t}=f_1(Q_1,\ Q_2,\ \cdots,\ Q_n) \\ \dfrac{\mathrm{d}Q_2}{\mathrm{d}t}=f_2(Q_1,\ Q_2,\ \cdots,\ Q_n) \\ \quad\cdots\cdots \\ \dfrac{\mathrm{d}Q_n}{\mathrm{d}t}=f_n(Q_1,\ Q_2,\ \cdots,\ Q_n) \end{cases} \tag{2-1}$$

因此，任何一个量 Q_i 的变化，是所有 Q（从 Q_1 到 Q_n）的函数；反之，任一 Q_i 的变化，承担着所有其他量及整个方程组的变化。

3）一般系统论的主要观点

（1）系统的整体性

亚里士多德曾指出："整体大于各孤立部分之和"，这是一般系统论关于系统的一个基本点，冯·贝塔朗菲所说的整体性，就是在这个含义上来使用的。冯·贝塔朗菲在他的专著中，列举了大量的事实和例证来论证系统的"整体"性。从自然、社会到人类思维的种种系统都是如此。他主张从事物的关系中、相互作用中发现系统的规律性。冯·贝塔朗菲将这些论据从理论上加以概括，用亚里士多德的著名悖论命题："整体大于各孤立部分之和"表示出来，人们称之为贝塔朗菲系统定律。

（2）系统的开放性

冯·贝塔朗菲认为开放系统是指同环境交换物质的系统，它的物质成分有输入与输出，有组成与分解。冯·贝塔朗菲的一般系统论是从系统与外界环境的关系考察和研究系统，揭示了系统自身的属性、状态和规律。冯·贝塔朗菲认为，传统的物理学从封闭的、与外界环境隔离的角度研究系统是不全面的，它使我们难以理解某些事物和现象，如生物的生长、发育、目的性等。"我们发现有些系统按其本身性质和定义都不是封闭的；每一种生物本质上都是开放系统。"[156]

（3）系统的动态性

一般系统论认为根据系统的状态与时间的关系，可以把系统分为静态系统和动态系统。在静态系统中，决定状态特征的状态变量与时间变化无关；但在动态系统中状态变量是时间的函数[157]。冯·贝塔朗菲认为开放系统都是动态的，他从生物学的角度进行研究，认为一切生命现象本身都处于积极的活动状态，活的东西的基本特征是组织；生命有机体是一个在与周围环境进行物质、能量和信息交换中能够保持动态稳定，能够抗拒环境对机体的瓦解性侵犯的相对稳定系统。动态是系统保持静态的前提，如生命有机体保持体内平衡的基础就是新陈代谢。事实上，现实的具体系统都是动态系统，静态系统只不过是动态系统的一种近似，静态是含有动态的一种运动状态。

（4）系统的等级性

冯·贝塔朗菲认为，科学的主要目标就在于发现种种不同层次上的组织原理。等级性（层次性）是物质系统普遍具有的属性之一，系统在各个层次上都有各自的相互作用方式，形成不同的结构和形式，而且同上下两级系统具有双向隶属关系，较高的阶层一般以较低的阶层为条件。贝塔朗菲正是深刻地看到了这一点，所以一再强调递阶秩序的一般理论显然是一般系统论的骨干[158]。

2.1.2 耗散结构理论

比利时物理化学家伊里亚·普里高津（Ilya Prigogine）于1969年提出了耗散结构理论体系。耗散结构理论认为，一个远离平衡的开放系统（力学的、物理的、化学的、生物的，乃至社会的、经济的系统），可能从原有的混沌无序的混乱状态，转变为一种在时间上、空间上或功能上的有序状态，即系统通过与外界不断地交换物质和能量来整合自身的内部元素，当外界条件波动到一个确定值（称为阈限或阈值）时，系统内部元素在这种情况下就形成了新的有序结构，就是耗散结构。耗散结构理论就是研究耗散结构的性质、形成、稳定和演变的规律的科学[159]。耗散结构理论证明，系统在平衡态和近平衡态都不可能产生新的有序结构，只有处于远离平衡态才有可能向有序、有组织、多功能方向发展。耗散结构理论成功地解决了长期困扰人们的关于系统的自组织现象，在科学上具有重要理论意义和实践意义，因此普里高津获得了1977年诺贝尔化学奖。

1）耗散结构理论的相关概念

（1）熵与不可逆性

热力学有一个重要的物理概念——熵，是用来表示能量在空间分布上的均匀程度，或者说是用来表示一个系统的混乱无序或有序程度的，系统的能量分布越均匀，系统越混乱无序，说明系统的熵越大，反之亦然（熵的物理量为 $S = k\ln W$，k 为波尔兹曼常数，W 为热力学几率）。处于非平衡态的孤立系统，发展的方向是沿着熵增大的方向，且这种发展并非受到外力作用而是来自内部自发，直至达到最大熵时，系统处于平衡态。普里高津在热力学基础上提出的总熵变公式［式（2-2）］[160]，建立了区别孤立系统、封闭系统和开放系统的数学判据，从而使开放系统理论有了一种较为精确的表达。

$$dS = d_eS + d_iS \text{ , } d_iS \geqslant 0 \tag{2-2}$$

孤立系统从无序状态发展到有序状态、从不平衡发展到平衡是个自发过程，由热力学第二定律可知，这种自发过程是不可逆的，系统不可能自发地从物理性质均匀的平衡态返回到非平衡态。普里高津指出在所有层次上不可逆性都是有序的源泉，不可逆性是使有序从混沌中产生的机制[161]。

（2）近平衡态和远离平衡态

一个开放系统依据距离平衡态的远近程度，可能以 3 种不同的宏观状态存在：平衡态、近平衡态和远离平衡态。但受外界约束条件的限制，这 3 种状态未必都能实现。近平衡态和远离平衡态都属于非平衡态。在非平衡态下，系统做功，并产生熵。在平衡态下，系统不再做功，因而熵产生也就停止了。处于非平衡态的系统有许多变化着的因素影响其演变方向。但归纳起来，不外乎两大类：一类是广义流；另一类是广义力。这两者之间的关系一般是很复杂的函数关系。但在近平衡态，广义流与广义力的关系是线性关系，故近平衡态亦称为线性非平衡态。而在远离平衡态，它们之间的关系是复杂的非线性关系，故远离平衡态亦称为非线性非平衡态。

（3）涨落

涨落也叫扰动，是指系统的某个变量或某种行为对平衡值的偏离。涨落是偶然的、随机的、杂乱无章的，在不同状态下作用不同。耗散结构理论认为，在近平衡态的线性非平衡区，涨落的发生只使系统状态暂时偏离，这种偏离状态不断衰减，直至回到稳定状态。而在远离平衡态的非线性区，系统中一个随机的微小涨落，通过非线性的相互作用和连锁效应被迅速放大，就可以形成整体的宏观的“巨涨落”，从而导致系统发生突变，形成一种新的稳定有序状态，即“涨落导致有序”[162]。

2）耗散结构理论的主要观点

（1）系统的开放性是形成新的有序结构的前提和基本条件

热力学第二定律说明孤立系统绝不会出现耗散结构，即使原来的系统存在耗散结构，一旦把系统孤立起来，这个结构就要崩溃，因为孤立系统的熵会不断增大至最大值，使系统达到平衡态[163]。从耗散结构理论来看，一个系统要保持有序，熵就必须维持不变或者逐渐减小，满足这个条件的方法只有一个，即通过新陈代谢不断从外界引入物质、能量和信息的负熵流，排出代谢产物，而只有开放系统才能实现内外交流，所以开放性是维持有序的前提。

（2）非平衡态是有序的源动力

形成有序结构除了系统处于开放并保持一定的开放程度之外，系统还必须处于远离平衡态（非平衡态）。远离平衡态不仅是自组织现象发生的条件之一，而且也是自组织系统的组织结构得以维持的必要条件之一。普里高津认为非平衡态可成为有序之源[164]，非平衡态不仅不会导致系统组织结构的混乱，而且在一定条件下，非平衡态甚至远离平衡态，可以导致新的有序。这是耗散结构理论所揭示的重要思想之一。

（3）非线性是系统自组织的内在机制

系统能从无组织状态或低组织状态自主地走向有组织状态或高组织状态，还有一个重要条件，就是系统内部存在非线性相互作用。非线性相干或非线性相互作用，是自组织系统演化的基础和根本性的机制。从宏观看，非线性相互作用是系统存在和演化的内在根据。如果一个系统不存在内部的非线性相互作用，那么系统内部各要素之间就缺乏一种维系成一个有机整体的力量。因为任何系统存在和发展的根本原因，都必然来自系统内部要素相互维系的力量，这种力量就是系统内部的非线性相互作用。从微观上看，非线性之所以作为系统演化的内在动力和机制，一是非线性是系统本身所固有的不断协调各子系统的一种内在机制，二是非线性相互作用是系统与外界环境相互协调，促使系统演化的主要依据[165]。

（4）系统通过涨落达到有序

系统处于远离平衡态的非线性区域时，外部的作用被系统内的非线性机制选择、吸收，不断清除系统内混乱的产生，为系统向有序的转化提供了可能。但系统要达到有序，却不能由系统内部的非线性相互作用单独决定，而是非线性相互作用与系统内的涨落共同作用的结果。系统通过涨落来触发系统的失稳，驱动系统由原来状态转变为新的有序状态。系统的涨落是同系统动力学过程中的反馈步骤密切相关的，涨落行为要受到反馈机制的调节。“通过涨落达到有序”，系统进化实质上是由偶然性与必然性的相互影响所决定的，这是耗散结构理论的又一基本观点。

普里高津用了一个循环来描述系统的功能、结构与涨落之间的相互联系、相互制约的关系，如图 2-1 所示。

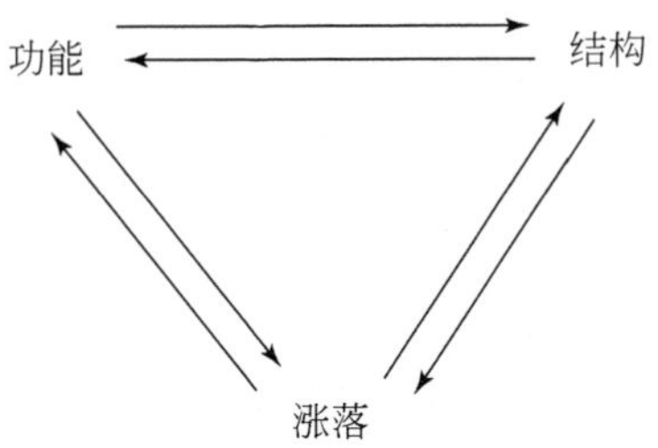

图 2-1　系统的功能、结构与涨落的关系图[166]

开放系统通过涨落达到有序的思想阐释了自然、社会、生物世界普遍自组织演化的重要特征和规律，对人类认识世界、探索科学和社会的新领域都具有深远意义。

2.1.3 协同理论

协同学（亦称协同学理论或协同理论）是一门跨越自然科学和社会科学的横断学科。德国著名理论物理学家赫尔曼·哈肯（Hermann Haken）于1971年发表《协同学：一门协作的学说》建立了协同学的主要概念，于1977年出版《协同学导论》，全面架构了协同学的理论体系；随后出版了《高等协同学》《信息与自组织》等一系列专著，不断深化协同学的理论研究。赫尔曼·哈肯从激光发射机理入手，通过对比不同性质系统的相变过程，糅合了信息论、耗散结构理论和控制论等多种现代理论，创建了协同理论。

协同学的目的是建立一种用统一的观点去处理复杂系统的概念和方法。它的中心议题是，探索存在于支配生物界和非生物界及一般系统的宏观尺度上的结构、功能的自组织形成过程的某些普遍原理[167]。这些由性质完全不同的大量子系统（诸如电子、原子、分子、细胞、神经元、力学元、光子、器官、动物乃至人类）所构成的种种复杂系统，通过合作，按照一些普适规律，产生空间、时间或功能结构，反映了相变的统一性、结构形成过程的统一性及规律的统一性，深刻地揭示了系统从无序向有序转化的结构和过程的一般法则。协同学包含两层含义：一是所研究的对象是由多个子系统组成的系统，在子系统的共同作用下，使系统具有宏观上的结构和功能；二是为寻找存在于自组织系统中的一般性普适原理，应当进行跨学科联合研究[168]，即鼓励不同学科之间协作的含义[169]。协同学建立在一些普遍原理上，人们能够利用它来理解存在差异的系统在宏观尺度上所经历的质变，因此得到了广泛应用。今天，协同学已发展成为一门前景远大的系统学科，得到了世界范围的承认和推崇。

1）协同理论的相关概念

“协同学”（Synergetics）词汇来自古希腊语，意为“合作的科学”（Science of Cooperation）。从词源上分析，“Syn”表示“together”，有“共同”的含义，“ergetics”表示“working”，有“整合”的含义，叠加为“Synergetics”一词，即“共同整合”——子系统协同合作，创生了系统的新结构和功能[170]。

协同学在形成和发展过程中，引用了一些已知的概念，并加以拓展，产生了一些新的概念。

（1）序参量

协同理论认为，虽然由大量子系统构成的系统有很多状态变量，但是对系统相变起决定作用的状态变量只有一个或少数几个。因为这些参量支配着系统从无序到有序的转变，所以称之为序参量。序参量的大小代表了系统在宏观上的有序程度，表示系统的有序结构和类型，它是子系统介入协同运动程度的集中体现。

（2）协同与竞争

协同，是协同学最基本的概念，就是各个子系统之间的相互配合、同步协调的互动行为。在一个系统中，只要在各个组成要素之间，或各个子系统（和分系统）之间在演化过程中存在着联结、合作、协调与同步行为，便是协同行为。

竞争是协同的基本前提和条件，只要系统内部或系统之间存在差异，就会存在系统内部的各子系统之间的竞争或系统之间的竞争。竞争和协同的相互依赖、相互转化是系统发展演化的内在动力。

（3）自组织

组织是指系统内部的有序结构或这种有序结构的形成过程。从组织的形成方式来看，可分为他组织和自组织。赫尔曼·哈肯认为，自组织是指“系统在获得空间的、时间的或功能的结构过程中，没有外界的特定干预”[171]。

2）协同理论的基本原理

协同学提出了3个基本原理：不稳定性原理、序参量原理和支配（役使、伺服）原理。不稳定性在新旧结构转换中起着重要媒介作用，由此产生序参量，序参量又导致支配。

（1）不稳定性原理

一种模式的形成意味着原先的状态不能够再维持，即变成不稳定的，因此形成这种模式的特质常被称为不稳定性。协同理论正是以探寻结构有序演化规律为出发点，从相变（平衡的或非平衡的）机构中找到界定不稳定性概念的新角度。任何系统的有序演化都与不稳定性联系在一起，系统转变为什么样的结构并没有外部指令，外部环境只是通过控制参量达到临界值，为旧结构瓦解、新结构形成创造了必要的条件。系统必须产生新的组织结构和功能，以适应发展中的需要。协同理论的不稳定性原理如图2-2所示[172]。

↓外参量变化

旧结构 → 不稳定性 → 新结构

(失稳或失序)

图2-2　不稳定性原理图

随着控制参量的连续变化，系统结构是一个由简单到越来越复杂的演化过程，这个过程可表示为：均匀无序结构—第一次不稳定—有序结构—第二次不稳定—更有序的结构……

（2）序参量性原理

系统内的物质-能量-信息只有在按特定的、稳定的、有序的路径运动时，才能把相关的物质–能量–信息组织成一个系统，这种特定的流动路径或流动方式就是系统的运动方式。一个自组织系统内部的物质–能量–信息都是自发地组织起来的。序参量的实质就是系统内部的物质–能量–信息有序的流动方式，它才是赋予系统整体性和有序性的真正力量。

（3）支配原理

支配原理，又称役使原理或伺服原理。赫尔曼·哈肯把绝热消去原理推广为相空间的慢流形定理和中心流形定理，最后推广为多维空间的统一描述的支配原理[173]。支配原理的核心思想是认为系统在演化过程中，其内部的子系统、参量或因素对系统的影响是有差异的、不平衡的，这种影响在系统演化的不同阶段和不同时间的反应也是不同的。在临界情形，一般只有一个或少数几个序参量对系统相变起决定作用。这样，就可将高维问题化为低维问题来处理，如图 2-3 所示[174]。

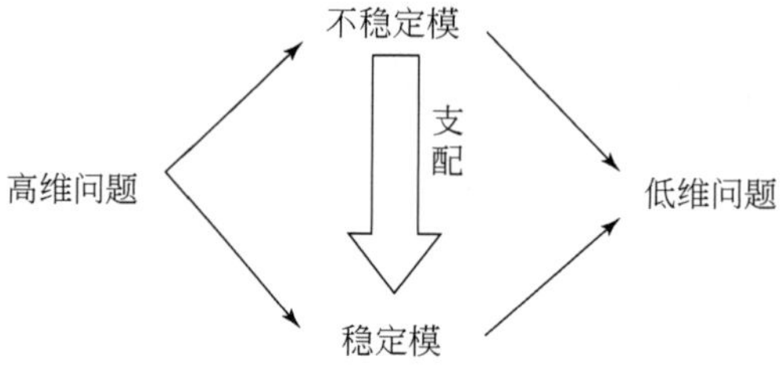

图 2-3　支配原理图

对于一个高维问题，有少数的不稳定模和许多的稳定模，通过支配原理，可以引进少数序参量，然后，建立和求解序参量方程。支配原理体现了协同学处理问题的基本思想，即抓住系统中带有根本性方向的主要因素，忽略次要因素，给数学的简化处理带来了很大方便，同时又突出了主要矛盾。

赫尔曼·哈肯认为上述原理构成了协同理论的硬核，研究稳定性的丧失，导出支配原理，建立和求解序参量方程，这 3 个步骤构成协同学处理问题的程序的主线。

协同理论比较深刻地回答了系统有序演化的规律和机制问题，且从方法论角度把复杂性与简单性加以综合，适用于研究自然、经济和社会系统的发展。尽管协同学目前还是一门很年轻的学科，但协同理论的出现是现代系统思想的发展，它为我们处理复杂问题提供了新的思路。

2.2　旅游系统理论

对旅游系统的研究，不同学科背景的研究者出于不同的研究目的，从不同的角度提出了各自的旅游系统模型。目前，国内外学者提出的旅游系统模型可分为3类：旅游功能系统模型、旅游空间系统模型、旅游耗散结构系统模型。

2.2.1 旅游功能系统模型

Gunn于1972年首次提出旅游功能系统模型，并于2002年对此系统进行了修正和补充。他的旅游系统包括供需两大部分，需求是旅游的推力，供给是拉力。该模型强调旅游系统的功能，即满足旅游需求，供给是“为了满足旅游需求，国家、地区或者社区应该提供系列的服务”，供给部分包括吸引物、促销、交通、信息、服务5个子系统[175]（图2-4）。

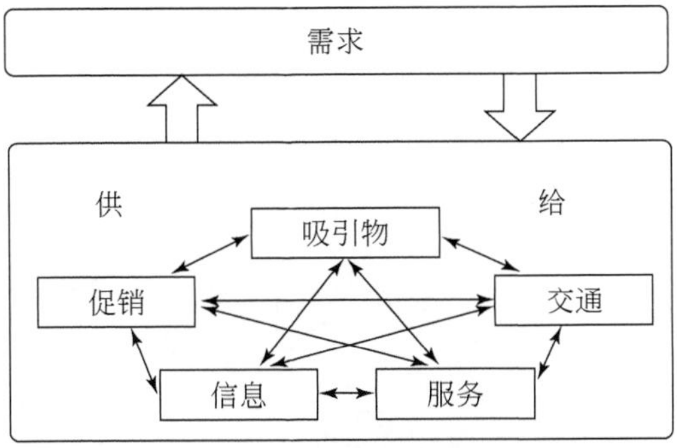

图2-4 Gunn于2002年修正的旅游功能系统模型

Gunn强调这5个子系统之间并不是相互独立的，系统中各组成要素相互依赖、共同作用。Gunn的模型存在许多的隐性假设，其中一个很重要的隐性假设就是外界环境容量的无限大，而没有考虑环境对系统中供给需求的作用和影响，也没有虑旅游系统发展后对其赖以生存的环境的影响；同时还认为有供给就会有需求[176]。

吴必虎提出的旅游系统，将模型分为四大子系统：客源市场子系统、支持子系统、出行子系统、目的地子系统（图2-5）。客源市场子系统指位于游憩活动谱上各段落的休闲者和旅游者及其形成、活动背景等因素构成的一个子系统；出行子系统刻画了保证或促使旅游者离家出行、前往目的地的几个基本机制性因素；目的地子系统主要是指为已经到达出行终点的游客提供游览、娱乐、经历体验、食宿、购物、享受或某些特殊服务等旅游需求的多种因素的综合体；支持子系统由政策、制度、环境、人才等因素组成[177]。

吴必虎的旅游系统模型与其他模型的不同之处在于，将政府的作用力作为支持子系统纳入旅游系统内，并赋予了重要的作用。在他的模型中，各子系统之间是一种单向的作用，例如，从模型中可以推出这样的作用流程：支持子系统（政府支出）将影响客源市场-目的地系统，但是客源市场-目的地系统并不会影响支持子系统，所以这种近线性的系统模型很难反映系统本身的作用机制和结构。另外，每个子系统中很详尽地列出了组成要素，但是并没有指出要素本身与内部、外部的作用关系，系统内部要素是单向作用的，从系统角度来说就是缺少了要素间的联系；因此这个模型难以对旅游发展的非线性动态行为进行解释[178]。

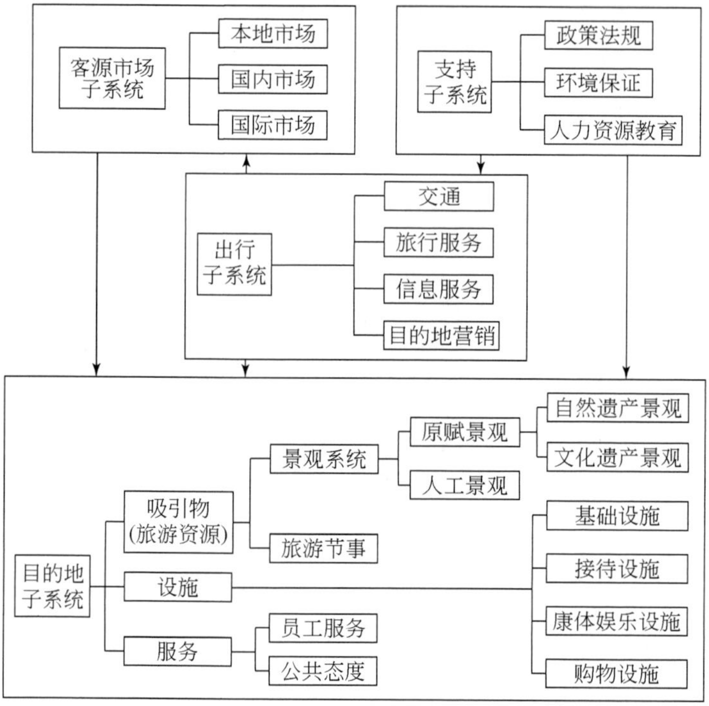

图 2-5　吴必虎的旅游（游憩）系统模型

2. 2. 2　旅游空间系统模型

澳大利亚学者 Leiper 从空间表现形式上将旅游系统描述为一种通道式的流动现象：即旅游客源地与旅游目的地之间由旅游的交通通道所连接。1995 年，Leiper 重建了旅游空间系统模型，模型包括旅游者、旅游业、客源地、旅游通道和目的地 5 个要素（图 2-6）[179]。Leiper 在对旅游系统进行定义时抓住了旅游者空间移动这一显著特征，强调了目的地、客源地和旅游通道 3 个空间要素。他的模型更体现了地理空间的意味，因而是旅游地理学的基础。

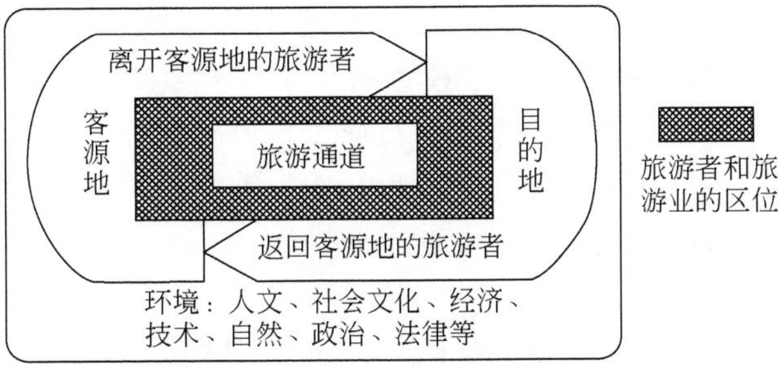

图 2-6　Leiper 的旅游空间系统模型

Leiper 的模型更接近一种物理的空间流动，但并没有强调系统内部各元素的相互关系，反馈结构也不明晰，只突出了旅游者自身的旅游行为，没有体现出与旅游者有着直接联系的经营者行为；对旅游者的分析是个行为模型，没有考虑旅游者的出行动机；只关注了环境对旅游者的影响，却忽略了旅游者对环境的反作用[180]。

2.2.3　旅游耗散结构系统模型

旅游系统不是一个功能完备的自主系统，它的生存发展离不开环境的支撑。旅游系统的这一特点与耗散结构理论所揭示的耗散结构特性不谋而合。基于这种认识，王迪云提出了旅游耗散结构系统（Tourist Dissipative Structure Systerm，TDSS）模型（图 2-7）。

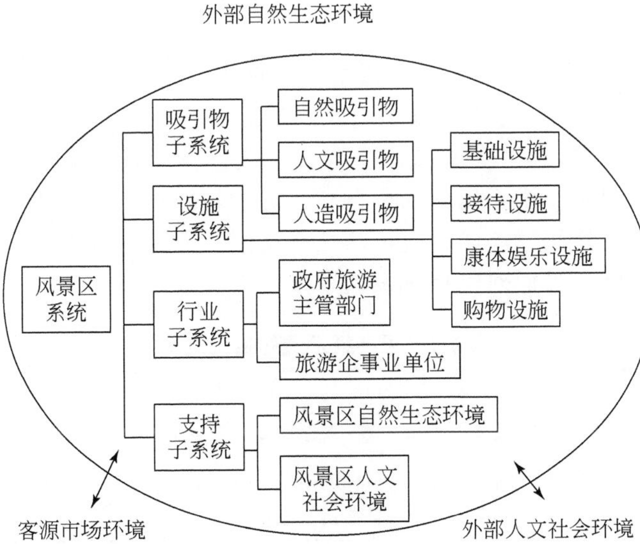

图 2-7　王迪云的旅游耗散结构系统模型

该模型把旅游耗散结构及其与外部环境之间的各种交互作用的总和定义成一个完整的旅游耗散结构系统[181]。该模型将一个旅游系统（风景区系统）分为4个部分：吸引物子系统、设施子系统、行业子系统和支持子系统；将外部环境中的自然生态环境、人文社会环境及客源市场作为重点罗列出来，以考察旅游系统与外部环境之间发生的物质、信息与能量交换。

2.3 旅游可持续发展理论

可持续发展概念是在对传统工业化道路进行深刻反思的基础上形成的。随着工业化发展进程的加快，人们在经济增长、城市化、人口膨胀、资源危机、生态环境破坏所形成的环境压力下，对传统理论的增长和发展模式产生了质疑和探讨，并由此逐步形成了可持续发展的思想。

可持续发展思想的形成经历了一个从警醒、思考到行动的过程。以《寂静的春天》等一些著作的出版为标志，现代可持续发展思想开始孕育。对可持续发展理论与实践产生巨大推动作用的是世界环境与发展委员会发表的《我们的共同未来》，其一针见血地指出，过去我们一直对经济发展给环境带来的影响表示关注，现在我们被迫对于生态压力——如土壤、水域、大气和森林的退化对经济前景产生的影响予以关注[182]。此后理论界便从各种不同的角度来研究可持续发展，形成了可持续发展研究的热潮。

2.3.1 可持续发展的含义

关于可持续发展的定义，影响最大、流传最广的是布伦特兰（Brundtland）夫人对可持续发展的定义："既满足当代人的需要，又不对后代人满足其需要的能力构成危害的发展。"[183]但布氏定义与其说是一种理论定义，不如说是一种主张，或者是一种思想。由于研究的出发点、理论基础、所处的社会环境及看问题的视角不同，对可持续发展的理解可谓仁者见仁、智者见智。概括起来，主要从自然、经济、社会等方面对可持续发展给出定义（表2-1）。

表2-1 可持续发展的相关定义

角度	定义
自然属性	Page认为可持续发展就是要求在整个经济活动过程中保持稳定有效的自然资源基础
社会属性	Allen认为可持续发展是在生存不超出生态系统承载力的情况之下，改善人类的生活品质，实现满足人类需求和改善人类生活质量的发展

续表

角度	定义
经济属性	Barbier 认为可持续发展是在保持自然资源的质量及其所提供服务的前提下，使经济发展的净利益增加到最大限度

资料来源：据《绿色经济的蓝图（1）》一书相关资料整理[184]

从经济、社会、生态综合来看，发展的可持续性可通过“留给后代人不少于当代人所拥有的机会”来界定，而人类的选择机会依赖于其拥有的资本。按照这种理解，Pearce 给出了弱可持续性和强可持续性的定义。强可持续性要求自然资本储备不下降；而弱可持续性只要求人造物质资本储备、人力资本储备和自然资本储备的总价值不下降，即其他资本储备的增加可以替代自然资本储备的减少[185]。

2.3.2 旅游可持续发展的内涵

人们将可持续发展观念具体运用在人类各活动领域，尤其是经济开发活动，旅游则是可持续发展理论得以应用的一个重要领域。旅游的生存和发展既依赖于环境，同时又可能损害甚至破坏环境。旅游需要持续发展，旅游与可持续发展之间有着一种天然的耦合关系。旅游可持续发展所考虑的不是单纯地保护自然环境，而是把保护自然环境与社会文化、经济发展结合起来，以实现三者之间的协同效应。

1）旅游可持续发展的定义

从上述可持续发展论述的研究中可以看到，旅游业作为一个独立的系统，要准确而完整地表述出旅游可持续发展的内涵是很不容易的。旅游可持续发展的定义和可持续发展的定义一样也是莫衷一是（表 2-2）。

表 2-2 旅游可持续发展的相关定义

世界旅游组织	旅游可持续发展指在维持文化完整、保护生态环境的同时，满足人们对经济、社会和审美的要求。它能为今天的主人和客人们提供生计，又能保护和增进后代人的利益并为其提供同样的机会[186]
联合国	旅游可持续发展指以这样的方式和规模在一个地区（社区、环境）发展和维持的旅游，即它在长期内仍然保持活力而不会以可能阻止其他活动和过程的成功发展的方式，使（人的或物质的）环境发生退化或改变[187]

旅游可持续发展的很多定义都有一个共同的关键点，那就是旅游的可持续性需要合理考虑所有利益相关者的长期经济、环境、社会文化和政治利益。要实现

这些长远目标，就需要生产和消费过程中所涉及的所有利益相关者的参与和投入。旅游可持续发展强调的是以全面系统、各方协同的方式平衡旅游者、当地社区和生态环境间的相互关系，协调当代人与后代人的利益需求是旅游可持续发展的核心。

2）旅游可持续发展的目标及实质

1990 年，在加拿大召开的 Globe′90 国际大会上，首次提出了旅游可持续发展目标体系，其中包括：提高旅游地居民的生活质量，为游客提供高质量的旅游感受，推进区域人口旅游公平，树立旅游环保意识，保护未来旅游开发赖以生存的环境质量。

1995 年，可持续旅游发展世界会议在西班牙召开，通过了《可持续旅游发展宪章》，其中指出："可持续旅游发展的实质，就是要求旅游与自然、文化和人类生存环境成为一体，自然、文化和人类生存环境之间的平衡关系使许多旅游目的地各具特色，旅游发展不能破坏这种脆弱的平衡关系。"

2.4　民族村寨旅游发展研究的逻辑起点

西方经济学界自亚当·斯密（Adam Smith）、约翰·穆勒（John Mill）到当代哈耶克、布坎南，都把"经济人"作为考察人类经济行为和市场经济的出发点。人们的经济行为受多种因素影响，追求利益最大化是最基本的行为倾向，所以是"完全自私经济人"。"经济人"假设包括：经济活动中人的经济行为的根本驱动力是追逐利益；人的经济行为目标是尽可能地追求个人利益最大化；人的经济行为能在制度的规范下为社会公益作贡献[188]。

从"经济人"假设来构建经济学的理论体系，受到了来自不同方面的批评。如阿马蒂亚·森认为对自身利益的追逐只是人类许许多多动机中最为重要的动机，其他的如人性、公正、慈爱和公共精神等品质也相当重要。因此，如果把追求私利以外的动机都排除在外，事实上，我们将无法理解人的理性，理性的人类对别人的事情不管不顾是没有道理的[189]；道格拉斯·C. 诺思则指出，人类的行为不能为经济学家个人效用模型所涵盖，有利他行为（Altruism）和自我约束行为存在于利益最大化行为之外[190]。

因此，经济学的内部与其他学科立足于经济人假设的现实意义这个角度，提出了一些不同于经济人假设的其他人性假设。德国社会学家马克斯·韦伯，把人的本性归结为人的道德性，提出了"道德人"的人性构想。又如梅奥提出的"社会人"、马斯洛提出的需求层次理论等，分别从不同的角度对人的行为进行研究。

人作为一个复杂的开放系统，为了自身生存发展的需要，一方面内部要素之间不断发生互动，另一方面与外界不断进行着物质交换、能量交换和信息交换。作为“经济人”的同时，人又是“社会人”“文化人”“宗教人”等，这些属性反映在经济活动中，其经济行为就必然具有特殊性，而这种整体上的特殊性又迁延形成民族经济发展的特殊性。搞清楚文化观念与经济行为的这种互动关系，才能理解和认识少数民族传统文化与经济发展互动的原理和机制[191]。文化与经济的互动，使人的经济行为具有复杂性，在具有不同文化特色的民族村寨中表现得极为突出，对民族村寨旅游的发展有着直接影响。

2.4.1 民族文化观念对村民经济行为的影响

从生产力的角度看，人与物两大要素构成了一切经济活动的基础。一定的区域空间内的各种自然资源属于生产力中物的要素，一定地域上的不同民族人群，则形成了生产力中人的要素。经济活动是为了满足人的生存需要和利益诉求，不同的民族文化特质形成了不同的生活方式和思维方式，这就使得各民族群体选择了不同的经济行为方式[192]。

民族文化是民族生存的自然环境、社会政治和经济在观念形态上的反映，是组成一个民族的人们在长期的社会实践中创造和发展起来的、具有独特内容和形式的文化，即物质财富和精神财富的总和。民族文化是把组成一个民族的人们联系在一起的精神纽带，是民族统一性和传承性的最显著的标志[193]。任何民族的文化都是在一定的地域环境中形成，反映了一个民族在特定历史条件下的社会生产力发展水平。不同民族在特定环境的适应方式和在改造过程中产生的本民族的文化特质，其本身也是民族经济活动的结果[194]。少数民族传统文化虽然有其精华，但也有其糟粕。从文化是生产力的反映角度来看，少数民族传统文化在总体上是与其原始的、落后的生产力水平相适应，是与其“日出而作、日落而息”的自然经济相适应的，这种文化观念和行为准则显然是不适应市场经济文化体系的。民族村寨的村民很多不讲经济规律的经济现象和经济行为的背后，都隐藏着深刻的文化背景，这些经济现象更多的是民族文化观念的反映。不经济或违反经济规律的经济行为，其更多的是个体行为，这种经济行为影响不到一个村寨的经济发展；而民族村寨，更多的是群体行为，其对村寨经济的影响就是显而易见的[195]。

人性是历史的产物，又是历史地发展变化着的，世界上不存在一成不变的人性。以往的人性假设，或者偏重人的理性因素，使得“经济人”僭越了“人”的地位从而造成社会生活的单向度和机械化；或者偏重人的社会性因素，过分强调人与人关系中情感逻辑的作用，而轻视合理的理性逻辑。事实上，片面强调经济理性，会导致精神的荒芜和畸形的发展；片面强调文化价值，又会导致物质基础的匮乏和社会生产力的低下[196]。村民在民族村寨旅游活动中的经济行为既有为适应市场经济需要的“经济人”行为的特点，又有受民族传统文化深深影响的“文化人”的特征。因此，“经济-文化人”假设可解释村民在民族村寨旅游活动中经济行为的特殊性。

2.4.2 民族村寨旅游业具有经济和文化双重属性

旅游业具有经济和文化双重属性，旅游业是带有很强文化性的经济产业，也是带有很强经济性的文化事业[197]。从经济属性来看，民族村寨旅游是一种综合性的社会经济活动。现代旅游是以提高人们的物质文化生活水平为目标的社会性活动，并非是纯粹的经济活动，因为在满足人们旅游消费需求时必须要以消耗有形的物质性商品和无形的活动为载体，这就必然要牵涉到价值的消耗和补偿，所以在旅游的整个过程中都是以经济活动为基础的。在民族村寨旅游活动中，任何旅游者要顺利、有效地到达旅游地并使旅游需求得到最终实现和满足，就离不开吃、住、行、游、购、娱等各方面的服务，而旅游经营者在提供相应服务的过程中的成本消耗必须通过与旅游者形成一定的交换关系才能得到补偿，从而产生一系列经济活动。同时，吃、住、行、游、购、娱等不同内容的服务多是由不同的服务部门和机构分别提供的，由此就牵涉到多种利益主体[198]。所以，民族村寨旅游是一个综合性的、包含内容广泛、牵涉主体多的社会经济活动。

从文化属性来看，民族村寨旅游活动本身就是一种文化现象，文化因素渗透在现代旅游活动的各个方面。现代旅游活动，实际上是一项以精神、文化需求和享受为基础的，涉及经济、政治、社会、国际交流等内容的综合性大众活动。

在民族村寨旅游活动发生和发展的每一个环节，都体现着经济-文化的协同与互动。首先，文化是旅游吸引力的渊薮，是旅游业的灵魂。民族村寨是少数民族地区农村的基本社区，也是传承少数民族文化的基本空间载体。民族村寨之所以成为旅游资源，正是因为将民族文化融入其原生的自然和社会环境中，通过发展旅游可以真实自然地展示民族村寨的文化资源和民族特质，从而维护和创造出新型的文化生活方式。没有民族文化内涵的民族村寨不可能成为旅游资源，民族文化是民族村寨旅游发展的核心竞争力所在。其次，文化是民族村寨旅游者的出发点和归结点，民族村寨旅游者旅游的目的主要为体验民族文化、满足“求新、求异、求乐、求知”等心理动机。通过旅游过程可以使旅游者更多地了解和鉴赏民族村寨的自然风光和民风民俗，有益于人们身心健康和眼界的开拓。最后，民族村寨旅游的发展能促进村民的全面发展。对民族村寨的村民而言，虽然旅游带来的首先是经济利益，是生活环境的改善、生活质量和生活水平的提高，但旅游不仅仅是一条增收致富的路，同时也是一种学习的方式：打破封闭、开阔眼界，通过与各国旅游者和外来文化的交流了解世界，对民族文化增强自尊与自信，丰富自己的人生阅历[199]。从增加就业、转移剩余劳动力的角度来说，旅游业的开展为民族村寨引入了一种新的生产方式，必然需要一些新的技能，因而要求民族村寨村民全面提高科技文化素质，从而促进村民的全面发展。

考虑到在对“人”的学术研究中，往往需要把人的各种复杂属性进行简单抽象化处理，本书以“经济-文化人”假设作为民族村寨旅游发展研究的逻辑起点，一方面“经济-文化人”假设可解释村民经济行为的特殊性，另一方面“经济-文化人”假设与民族村寨旅游发展之间存在天然耦合。

3 民族村寨旅游发展的现实探索

3.1 贵州民族村寨旅游发展的背景分析

3.1.1 贵州少数民族概况

贵州省简称“黔”或“贵”，位于中国西南的云贵高原东部，东靠湖南，南邻广西，西毗云南，北连四川和重庆，是民族八省区之一。全省国土总面积17.6万km^2，占全国总面积的1.84%[200]。贵州平均海拔1100 m左右，境内山脉众多、绵延纵横、沟壑密布、山高谷深，素有“八山一水一分田”之说，是一个没有平原支撑的喀斯特山区省份。介于东经103°36′~109°35′、北纬24°37′~29°13′，气候温和，夏无酷暑，冬无严寒，适于人类生存繁衍。

贵州是一个多民族聚居的民族大省。特殊的地理位置使其成为西南古代民族集结地，是古代氐羌族系、苗瑶族系、百越族系、百濮族系四大族系族际分布的连接点，同时也是古代民族迁徙的大走廊，华夏族系、苗瑶族系、百越族系、氐羌族系的诸民族及蒙古、回、满等民族于历史发展不同时期进入贵州。贵州省总共有49个民族，少数民族人口比重居全国第三位。其中世居贵州的少数民族有17个之多，占全国同一民族总人口的50%以上的有5个民族。据2000年第五次全国人口普查资料，贵州少数民族人口有1333.96万人，占贵州省总人口的37.86%。

自1949年新中国成立以来，贵州先后建立3个少数民族自治州，11个自治县，民族自治区域（州、县）的土地面积为373 218.4 km^2，各民族自治地方的具体情况见表3-1。实行民族区域自治的民族有苗族、布依族、侗族、土家族、彝族、仡佬族、水族、回族8个民族。此外，还建立254个民族乡[201]。

“高山彝苗水仲家（布依族旧称），仡佬住在石旮旯”；“苗家住山头，夷家（指布依族）住水头，客家（少数民族对汉族的称呼）住街头”[202]，这些民间俗语概括了贵州民族的主体分布格局。民族自治地方主要集中在苗岭、武陵山区、乌蒙山区和九万大山区，具体分布为：安顺市有紫云、关岭两个自治县，黔南州有9个县，黔东南州有7个县，黔西南州有3个县，这些都在苗岭区域；遵义县的道真、务川两个自治县，铜仁的玉屏、印江、沿河、松桃4个自治县位于武陵山区一带；乌蒙山区包括了毕节地区的威宁、大方等8个县和黔西南州的5个县及六盘水市；黔南州的3个县，黔东南州的9个县，属于九万大山区，是少数民族最集中的地区[203]。

表3-1 贵州少数民族自治地区基本情况

民族自治地区名称	成立时间	土地面积/km^2	少数民族人口数（2009年年末统计）/万人
黔东南苗族侗族自治州	1956. 07. 23	30 337. 1	324. 74
黔南布依族苗族自治州	1956. 08. 08	26 197	212. 50
黔西南布依族苗族自治州	1982. 05. 01	16 804. 1	129. 56
关岭布依族苗族自治县	1981. 12. 31	1 468. 0	20. 83
紫云布依族苗族自治县	1966. 02. 11	2 283. 7	22. 14
镇宁苗族布依族自治县	1963. 09. 11	1 702. 6	20. 42
玉屏侗族自治县	1984. 11. 07	515. 9	11. 06
印江土家族苗族自治县	1987. 11. 20	1 961. 1	32. 89
松桃苗族自治县	1965. 12. 31	2 861. 2	29. 92
沿河土家族自治县	1987. 11. 23	2 468. 8	44. 07
威宁彝族回族苗族自治县	1954. 11. 11	6 296. 3	27. 73
务川仡佬族苗族自治县	1987. 11. 26	2 772. 8	39. 14
道真仡佬族苗族自治县	1987. 11. 29	2 156. 2	40. 53
三都水族自治县	1957. 01. 02	2 383. 7	29. 04

资料来源：《贵州统计年鉴》（2010）

3.1.2 贵州民族村寨经济社会发展分析

3.1.2.1 民族村寨经济社会发展的历史断层

贵州省民族村寨大多分布在远离文化交通线的穷乡僻壤，散布在与世隔绝的边远地区或深山幽谷，与外界的物质交流信息联系甚少或完全断绝，在经济社会发展上，往往不同程度地长期陷于停滞或发展极为缓慢的状态中，如黔西北的彝族、苗族聚居区部分民族村寨还存在农奴制的残余，黔南瑶族聚居地区民族村寨还保留有原始公社所有制的痕迹[204]。

因此，在1949年以前，贵州民族村寨总体上还处于自然经济状态，由于交易品种少、交易时间短、交易市场狭窄，还属于简单的商品交换，以交换为主的商品生产基本没有形成。受地理环境的制约等的影响，贵州民族村寨的发展几乎处于谷底。贵州民族村寨的经济和社会发展状况，总体上仍处于一个很不发达的、较低层次的历史起点上。无论是政治经济、文化教育，还是社会生活，相对来讲都比较落后。

社会经济的发展是从自然经济、商品经济到市场经济依次递进的，商品经济的充分发展是人类社会发展不可逾越的历史阶段。首先，商品经济是建立在社会分工基础之上的，商品经济的充分发展，可以促进社会分工的发展，而社会分工的进一步发展，又能促进商品经济的进一步发展，二者互为条件、互相促进的运动，极有力地推动生产力的发展；其次，商品经济的充分发展，可以完成为实现现代化所需要的资本原始积累[205]。新中国成立后，贵州民族村寨与全国其他地方共同跨入了社会主义。虽然都是跨入社会主义，可贵州民族村寨的跨度可谓“一步跨千年”，经济社会发展起点较低，因为缺乏商品经济充分发展的环节，所以，民族村寨伴随着社会制度的飞跃出现了生产力发展与资本原始积累的历史断层。

社会发育程度低也是制约贵州民族村寨社会经济发展的因素。社会发育程度是指一个区域社会的经济、社会公共事业和人的发展程度，它反映一个区域社会的综合发展水平或发展阶段。一个区域社会的经济发展落后，社会事业（包括国民教育、社会公共卫生事业、社会福利事业、社会公共基础建设、文化科技事业等）发展落后，人的发展（包括人均受教育程度、人力资本积累和发展程度、人的健康程度及预期寿命等）落后即为区域社会的发育程度低，反之，则高[206]。社会发育程度低是一个综合性的概念，是指一个区域社会整体上发展差，而不仅仅是指哪一个方面发展差；同时也是一个相对性的概念，一个区域社会的发育程度低，是以一个更大区域社会甚至一个国家的平均或一般发展程度为参照系的。虽然在社会主义的大家庭中，中央政府的政策倾斜、全国的大力支持，可以推动民族村寨生产力的加速发展。但是，毕竟跨度太大、差距太大，经过60多年的发展，贵州民族村寨与全国，尤其是与东南沿海地区的生产力水平差距还是显而易见的。因此，民族村寨经济起点低、社会发育程度低，导致民族村寨在社会经济发展中的历史断层始终难以弥补。

3.1.2.2 民族村寨经济社会发展的现实问题

贵州全省3950多万人口中的85%居住在农村，农村人口约3200多万，拥有

5 万个以上的自然村寨[207]。在贵州少数民族聚居区的经济组成中，民族村寨经济仍然占有很大的份额。从某种意义上讲，贵州民族村寨经济的发展直接关系着贵州少数民族的发展，贵州民族村寨能否实现小康直接关系到贵州实现小康的程度。尽管改革开放 30 多年来，贵州民族村寨经济社会发生了巨大的变化，但由于战略、历史等多方面因素制约，至今仍处于社会主义初级阶段的较低层次。目前，贵州民族村寨经济社会发展还面临许多难题。

1）农业生产条件差

贵州省耕地面积少、质量差，耕作难度大，水利设施缺乏，自然灾害发生频繁，局部地区水土流失和石漠化严重。据统计，全省境内每平方公里承载人口超过 220 人，比全国平均水平多 80 人以上，已明显高于资源承载力，而在农村，人均基本农田占有量只有 0.37 亩①，是全国平均水平的 1/3 左右[208]。贵州民族村寨主要分布在石山区、深山区、边远山区、高寒山区等自然条件恶劣的地区，民族村寨长期以来生产水平落后，加上人口不断增加，为了解决新增人口的粮食问题，不得不开垦耕地，而滥垦乱伐造成水土流失，生态环境十分脆弱。自然环境导致民族村寨依托农业增收的空间有限，人为的破坏行为更加重了民族村寨经济发展的困难。

2）教育、卫生落后，人口素质相对低

改革开放以来，贵州民族村寨教育、文化、卫生事业得到快速发展，但由于基础较差，边远贫困地区教育、卫生落后和饮水困难的状况还没有得到根本缓解。贵州农村人口预期寿命仅为 65 岁左右，劳动力平均受教育年限仅有 6.8 年[209]。整体人口素质低下，严重制约了民族村寨的发展。

民族村寨村民文盲、半文盲所占比重大，许多民族村寨的学生上学路途远，需要实施寄宿制教育，但学校缺乏寄宿条件的现象比较普遍，学生因家庭困难不能上学读书的现象依然存在。

民族村寨卫生基础设施薄弱，缺医少药现象在边远贫困地区的民族村寨仍普遍存在，医务人员整体素质偏低，相当部分的乡（镇）卫生院难以正常开展工作。民族地区大部分乡（镇）卫生院仅有 3 ~4 人乃至 1 ~2 人维持，除了应付简单的日常医疗服务外，已没有时间和精力去完成公共卫生妇幼保健、健康教育和指导乡村医生的任务。

3）基础设施薄弱

贵州民族村寨基础设施建设规模小、速度慢，使社会事业发展相对滞后，民

① 1 亩≈0.0667 公顷。

族村寨村民行路难、吃水难、上学难、就医难、灌溉难、用电难、通信难等问题仍十分突出。据调查，铜仁地区未通公路的村和未通电的村 90% 是少数民族聚居的边远贫困村；六盘水市有的民族村寨虽然通了路，但路况极差，“晴通雨不通”；黔南州平塘县、独山县、惠水县人口较少的毛南族聚居区，在聚居的 6 个乡（镇）、293 个自然村寨中，到 2006 年还有 105 个村寨不通路，183 个村寨不通有线电话，158 个村寨不通广播、不能接收电视节目，170 个村寨未解决人畜饮水问题，175 户居住在缺乏基本生存条件的恶劣环境中[210]。

4）村民收入较低

贵州农村居民人均纯收入水平都远低于全国平均水平，排在全国各省（自治区、直辖市）最末位置。调查数据显示，贵州省新阶段有扶贫开发任务的县（市、区）83 个，占贵州省县级行政县总数的 94.3%，国家扶贫开发工作重点县 50 个，占县级单位总数的 56.8%，其中，有 36 个县在民族自治地区或是民族自治县；重点贫困乡镇 934 个，占乡镇总数的 60.9%，其中最贫困的一类乡镇 100 个，有 79 个在民族自治地区或是民族乡[211]；重点贫困村 13 973 个，占贵州省行政村总数的 54.3%，其中最贫困的一类村 5486 个[212]。农民收入水平低，反映在生活上食品支出比重大、居住条件差、文化娱乐支出比重小、信息化程度低等方面。民族村寨贫困面大、贫困程度深的问题仍十分突出，相当数量的贫困群众居住在茅草房、简易房中，村民生产生活条件依然低下，仅解决温饱的贫困人口又因灾病等原因重新“返贫”，脱贫致富难度很大。

5）地方财政困难，支农投入不足

贵州省是一个“欠发达、欠开发”地区，2008 年贵州省人口占全国总人口数的 2.9%，而贵州省 GDP 只占全国 GDP 的 1.1%，这一比例远低于贵州省人口数占全国总人口数的比例。贵州省人均 GDP 位居全国各省（自治区、直辖市）最末位置，工业化水平比全国滞后 10 ~ 18 年，比全国低 16.6 个百分点，是全国唯一总体上没有进入小康的省份[213]。财政是民族村寨社会事业发展和资金运行的根本保障，而贵州工业化水平、城镇化水平低，经济总量小，政府财政收入有限，很多地区财政多靠上级财政拨款支持开销，资金匮乏，没有多余资金投入民族村寨建设，各项支农投入严重不足，阻碍了民族村寨的进一步发展，很多民族村寨经济社会发展严重滞后。

3.1.3 贵州民族村寨旅游资源的特色

贵州民族村寨旅游资源的特色主要体现在民族文化的原生态和多样性、自然资源的天然性及自然资源和民族文化资源相生相伴的和谐性。

3.1.3.1 民族村寨文化资源的原生态和多样性

文化是一个民族的表现特征，文化的独特性是民族特性的主要表现。民族特性，是指那些能够反映出一个民族区别于其他民族的特征的各个方面，包括政治、经济、文化、语言、生产和生活方式等。民族村寨旅游业的特色就在于民族文化，民族村寨旅游业与非民族村寨旅游业相比最主要的区别也在于独特的民族文化。

贵州民族文化是以家庭为单元、以血缘为纽带、以民族为标志、以村寨社区为范围、以自然经济为基础的山地农耕文化[214]。从旅游资源类型上看，有衣食住行方面的，有生丧嫁娶方面的，有节庆礼仪方面的，还有信仰祭祀方面的，其内容涉及一个民族的生产生活许多方面。从数量上看，由于贵州世居民族众多，各民族都有自己的悠久历史和灿烂文化，就某一具体类型的民族文化旅游资源而言，也是种类繁多。因而，贵州民族村寨素有“民族文化百花园”之称。

以民族节日为例，贵州民族村寨堪称民族节日之乡，民族节日众多且带有很大程度的地区差异性。同是一个民族，同样一个节日，由于地域不同，其时间、名称、内容也各有差异。因而有“大节三、六、九，小节天天有”之说。据不完全统计，一年之中，全省有各种民族节日集会数百个，集会点达 1000 多处[215]。小规模的节日仅限于一村数寨，参加者成百上千人；盛大节日则涉及毗邻的几个县乡，云集数万人，如苗族的四月八、姊妹节、鼓藏节、吃新节，布依族的六月六、三月三、查白歌节，侗族的祭萨节、花炮节，水族的端节、卯节，等等。贵州民族节日可概略为季节性节目、纪念性节目、祭祀性节目 3 类，季节性节日多为庆祝丰收、祈求丰收等；纪念性节日或纪念历史事件，或纪念英雄人物，或纪念反封建礼教而以身殉情的青年男女，大都有一些动人传说；祭祀性节日有的还残存着历史的烙印，有的则已失去原来的意义。节日内容覆盖宗教、生产、社交、婚丧、欢娱等各个方面，节日期间举行丰富多彩的活动，是各个民族文化特点的集中展示。民族节日活动主要有对歌、跳芦笙、射箭、斗牛、斗鸟、摔跤、登山、划船、耍狮、舞龙等数 10 种，一般一个节日有多种活动内容。另一个突出特点是，大凡节日集会都有青年男女社交活动的内容，更增添了节日的欢乐气氛，促进了民族团结和文化交流，也使贵州民族村寨的旅游魅力倍增。

以民族传统建筑为例，民族村寨不仅有形式各样的民居，还有功能各异的各种公共设施。贵州各民族因生活习惯不同，创造出了不同风格的建筑，即使是同一民族的人，因其生活环境不同，其建筑样式也有所不同，具体特点见表 3-2。

表 3-2　贵州民族建筑特点一览表[216]

民族	建筑特点
苗族	贵州苗族民居建筑，有 4 种类型：第一类为黔东南、黔南一带的苗族，民居平面布局多依山就势建“吊脚楼”，为穿斗式木质结构的干栏楼房，一般为 2～3 层，也有部分平房，面阔多为 3 间，也有 5 间的，悬山顶小青瓦屋面，部分村寨以杉树皮盖顶，极少的有庑殿顶。由于依山建房，屋基多为两级阶梯，即二楼有一半为地面，一半为木楼。底层为圈养牲畜、存放农具杂物用。二楼多从侧面上楼，中间前半部为一家人活动的地方，靠檐口装有美人靠，地面部分为火塘等取暖和炊饮地方，两侧为卧室。3 层为存放粮食用。村寨大都建有寨门，为木构小青瓦。有的村寨专门建有铜鼓坪，为全寨踩铜鼓跳芦笙的重要场所。靠河的村寨有水车，台江施洞一带还有“龙船廊”。在岜沙苗寨，禾晾与粮仓均建在远离住房地方。第二类为铜仁、松桃等地的苗族民居建筑，多为砖木结构平房和二层楼房，坡屋顶小青瓦，面阔 3 间或 5 间，有的为三合院围院墙成一个一个的院子。在松桃大兴一带，不少苗族村寨建成为易守难攻的军事防御功能很强的屯堡式建筑，如新寨，全部以石头建成寨墙、寨门、巷道、院墙，整座村寨如迷宫一般。第三类为黔中一带，多为木石结构，屋架为木构，有悬山有硬山，墙以石砌，石板盖顶，表现为就地取材。第四类为黔西北地区的苗族民居，多为夯土墙小青瓦平房和茅草房
布依族	民居有两种主要形式，一种为干栏式木结构吊脚楼，穿斗式，悬山顶，小青瓦，两层，3～5 间房，下层圈养牲畜与堆放杂物，上层住人。另一种为黔中一带的石板房。布依族石板房民族个性鲜明，就地取材，依山傍水选址，房屋设计崇尚与山水田园等自然环境的和谐。如安顺市镇宁县石头寨村，硬山顶石头建筑，2～3 层，一层住人，楼上堆放粮食、杂物，房屋侧面的偏厦喂养牲畜。村寨全用石料构成：石墙、石瓦、石凳、石磨、石碓、石缸、石粑槽、石拱门、石雕刻等，与石床的小河、石围的田坝、石造的拱桥、石头的小山、石铺的通道……浑然天成地构筑成一个石头世界
侗族	侗族民居建筑多为木结构穿斗式吊脚楼房，2～3 层，悬山顶，小青瓦，有的盖杉树皮，大多为 5 柱 7 瓜，面阔 3～5 间，部分建有厢房，有的成四合院。一般为楼上住人，底层圈养牲畜和堆放农具等杂物。粮仓与村寨保持一定距离，粮仓建在鱼塘上面，又有防火功能。侗族最为杰出的建筑是鼓楼和风雨桥。鼓楼为攒尖葫芦宝顶，有 7 层、9 层、11 层不等，最高达 13 层。鼓楼用料均为直径 70 cm 左右的粗大杉木，构架为穿榫衔接，不用钉铆。一般有 16 根柱子落地，平面布局为“回”字形，4 根中柱，成四方形，有代表 1 年 4 季之说；12 根檐柱为外围四方形，有代表 1 年 12 个月之说，象征 1 年 4 季 12 个月平安康乐。楼内地面铺石板，中间置一大火塘。一层四方一般要塑二龙抢宝等匾额，每层翘脊、檐板均要塑猛兽或风物故事图像。楼内上层放置皮鼓，旧时遇重大事情，由寨老击鼓召集寨人议事。鼓楼是侗族集会议事、订立款约、处理要事、迎送客人、节日活动、娱乐聚会的重要场所。据统计，在黔东南州现有侗族鼓楼近 400 座。风雨桥又称花桥，是侗寨另一具有独特文化内涵的公共建筑。风雨桥一般为长廊式的建筑，木结构，小青瓦，有的在风雨桥建鼓楼式亭楼，成为鼓楼式风雨桥。风雨桥是侗族群众用以休息娱乐、拦路迎宾、行歌坐月等活动的建筑物，既是交通设施，又被视为寨门，还是财富的象征和保障。黔东南州现有风雨桥 300 多座

续表

民族	建筑特点
水族	水族村寨讲究环境，多依山面水，或环以竹树。民居建筑为木结构干栏式木楼，底层以柱、枋做成框架，上部建楼，歇山顶，小青瓦，3～5间，多为3层，底层圈养牲畜、存放农具等杂物；中层人居，上层储藏粮食。水族与其他民族民居建筑的区别，主要在于水族房屋一般瓜柱取双数，为5柱4瓜或8瓜，大多外挑长瓜，以“二滴水"重檐盖作廊道，向阳一方做成阳台。村寨一般建有寨门多座。水族喜养鱼，寨中造鱼塘，达便村中就有鱼塘50多个

资料来源：《贵州乡村旅游规划》（2007）

贵州各族人民在共同劳动、生活中创造了丰富多彩的民族文化，是中华民族文化宝库中的瑰宝。贵州多民族大杂居、小聚居的生活形态，使得各种文化都能精彩纷呈，至今还继承保存并不断延续形成着各具特色的文化圈，如清水江苗族独木龙舟文化圈，都柳江侗寨鼓楼文化圈，雷公山区苗族鼓笙文化圈，云雾山区古代乡规民约碑文化圈，乌蒙山区彝族土司庄园文化圈，大娄山区播州土司建筑文化圈，月亮山区干栏砖筑文化圈，花江河谷崖书崖画文化圈，赤水河畔摩崖造像文化圈，安顺平坝屯堡文化圈，三都荔波水族墓雕文化圈，瑶麓瑶山瑶族建筑文化圈，水亩舶区彝文碑刻文化圈，等等，丰富了民族文化资源。

民族文化上的多样性，也使得各个民族在居住样式、生活习俗、宗教礼仪等方面表现不同。贵州由于身处高山峡谷，属于边疆地区，欠开发、欠发达的状态反而使诸多原生态文化得以保留，当我们今天用一种发展的眼光来看待全球化时，这种原生态的文化样式便成为了稀有财产。我们能发现古村寨的吊脚楼，发现原汁原味的侗族大歌，发现当地民族为保护自然和文化生态所创造的传统知识，发现他们远离现代化的生活态度和价值取向，这些物质文化和非物质文化遗产所透露出来的淳朴真实的气息，为人类文化发展史添上浓墨重彩的一笔[217]。

3.1.3.2　民族村寨自然资源的天然性

天然性是衡量自然山水一个很重要的方面，它是人为力量所无法做到的，天然性是一笔财富，它被赋予“人类疲惫心灵的家园”这一内涵，不再被看作毫无生命的不可移动的旅游资源，我们可以用心灵与之对话，用敬畏和欣赏之心发现更多的人文价值。明代谋士刘伯温曾说：“五百年后看，云贵胜江南”，贵州自然山水的鬼斧神工与奇幻秀丽，吸引了无数游人的眼睛，震撼了无数游人的心灵。

贵州拥有17.6万km^2的土地，从风景地理学的角度，贵州的地貌分为三大类型：喀斯特地貌、丹霞地貌和常态地貌，其中喀斯特地貌特征非常突出，分布最广。虽然各类地貌分布相对集中，但在喀斯特地貌区范围内，“插花型”零星分布着丹霞地貌和常态地貌，而在丹霞地貌和常态地貌区范围内，也零星分布着喀斯特地貌。分布于不同地貌之上的民族村寨也充分展现出自然与村寨和谐的特点，呈现出千姿百态的景观和文化特征。

喀斯特地貌是贵州自然环境最为显著的特点。贵州是我国碳酸盐类岩石分布面积最广、喀斯特强烈发育的省区，处于世界喀斯特发育最复杂、类型最齐全、集中分布面积最大的东亚喀斯特区域的中心部位，碳酸盐类岩石出露面积约13万km^2，约占全省总面积的73.6%。喀斯特环境下的民族村寨，呈现出的景观特点是：以形态各异的喀斯特峰林峰丛、溶蚀低地、石柱及色彩斑斓的洞穴、峭壁为主，果园、农田和民族村寨星罗分布，构成充满宁静、闲适、朴素的田园情调。同时，民居建筑（石建材的房屋）、耕作方式、生活方式（喜酸、石木用具等）等都深深地打上了“喀斯特”的烙印。

丹霞地貌约占全省总面积的2.8%，由侏罗纪至白垩纪红色砂岩构成。丹霞环境下的民族村寨，呈现出碧水丹山、果园、鱼塘、农田、村寨星罗分布的景观特点。

常态地貌约占全省总面积的23.6%，岩石主要由变质岩或碎屑岩构成，土壤较厚，林木生长条件好。常态地貌环境下的民族村寨，呈现出绿色生态中的木架构村寨、果园、鱼塘、农田等星罗棋布的景观特点[218]。

贵州是中国唯一没有平原支撑的省份，喀斯特山地占土地总面积的87%，丘陵山地占10%，平地仅占3%，是名副其实的“山地省”。在这种山多地少、石多土少的特殊地理环境下，世代居住于山区的民族群众因地制宜，沿高山深谷两岸建构村寨、开辟田地。贵州少数民族对于村寨的定点选址极为讲究，多选择依山傍水的地方建寨：这主要是因为很多民族在定居之后，都已转为农耕为主，依山可不占良田沃土，傍水则利于灌溉[219]。贵州少数民族一般都是聚族而居，这就形成了同一民族的村寨在一定范围内紧相毗连的村寨布局。

民族村寨的环境依托自然山水的大背景，如高山、森林、河谷、湖泊、草场，以及可供游客观光体验的牧场、梯田、果园等，展现出风格各异的田园风光。贵州上万个民族村寨，因地质、地貌、气候、水文、植被等自然因素的不同，各村寨的自然环境既有面上的一致性，又有点上的差异性。贵州自然环境的封闭性及其民族文化强烈的内聚力，使自然风光同浓郁古朴的民族文化一样具有强烈的地域性。贵州民族村寨旅游资源是以村寨为核心来展现的，“十里不同山，五里不同俗”的“文化千岛”使民族村寨旅游资源独具魅力。

3.1.3.3 自然资源和民族文化资源相生相伴的和谐性

贵州各民族在不断迁徙过程中，形成大杂居、小聚居的格局和依照地形地貌呈立体分布的特点，使民族村寨在天然自然环境的依托下，表现出多种多样的差异性。其中最具有活力和价值的当属文化生态与自然生态保留较好的民族村寨，无论在高山还是在峡谷，都能在群山环抱、绿水缭绕中听到悠扬的山歌，看到袅袅炊烟。尽管这些民族村寨经济不发达，生活水平低下，但依托民族自身文化体系所构成的人与自然的和谐价值观，在偏僻的村寨得到了充分展现。贵州许多民族文化保留完好的民族村寨，在旅游业的勃发中逐渐被世人所知，如黎平肇兴侗寨、从江岜沙苗寨、雷山西江千户苗寨和郎德苗寨、香纸沟布依寨、镇宁石哨布依寨、水城青林苗寨、水城海坪彝寨、六枝嗦嘎苗寨、安顺娄家庄苗寨、兴义南垅古寨等民族村寨，都充分表现出了民族文化与自然山水紧密相依的和谐特征。至今还存在的这幅和谐图画，是人类精神追求的最高境界，能带给现代人更多的审美享受和思想启迪，是越来越少的稀有资源。

这种和谐性还体现在对外来文化的包容上。自秦汉以来，各民族相继来贵州进行开发，在其过程中相互交往和融合，历史上贵州成为西南四大族系（氐羌、苗瑶、百越、汉）交会的结合点，形成民族种类繁多、分化融合明显的特点，也构成各民族文化你中有我、我中有你的特点，包容性极强。如布依族的布依戏，就来自明代的说唱艺术；各民族的礼俗文化中，儒家文化影响很大。尽管交融了多种文化，各个民族都依然保留和延续着各自的文化传统，既相互独立又相互包容，因此，我们能看到儒、释、道在同一寺院却相安无事，观察到一些民族风俗中有不少中原民族文化的元素。

这种和谐性还体现在各个民族对自己民族民间艺术的陶醉和享受上。在民族地区总是听到这样一句话：饭养身，歌养心。他们对精神文化的热爱和享受远远超出了现代都市人的理解，大多数民族自然村寨都有聚会欢歌的坝子，侗族还有鼓楼，那些发自内心的山歌、朴素的集体舞蹈，都足以用真情打动人。可贵的是，这种对艺术的热爱和向往，都带有群体性特征[220]。贵州每年大大小小的民族节日无数，在这些节日里，当地人民都会隆重庆祝，用歌声体现民族村寨生活的恬静与和谐。

综上所述，贵州民族村寨千姿百态的自然风光资源、丰富多彩的民族民间文化资源，加上冬无严寒、夏无酷暑的宜人气候，使之成为稀缺性的旅游资源，既拓展了旅游的内容，也丰富了旅游的内涵底蕴，十分有利于旅游业的发展。

3.1.4 贵州民族村寨发展旅游的原因分析

民族村寨经济发展因农业基础薄弱，依靠农业增收的空间有限；在工业发展过程中，由于受到“三高门槛”（环境保护的高门槛、科技的高门槛、资本的高门槛）的制约，常规的工业化拉动很难带动民族村寨经济的发展。对民族村寨经济发展而言，民族村寨旅游是以本土族群的生活环境、生活方式等特色资源为基础，经市场商品化运作而形成的经济活动。旅游资源开发与矿产资源、水利资源等其他资源的开发利用存在一定的差别，这是旅游业的特色所在，也是民族村寨选择发展旅游的原因。

3.1.4.1　民族村寨旅游活动的本土效应强

民族村寨旅游活动的本土效应表现为民族村寨村民与旅游资源之间的不可分离和不可选择，即旅游场景只能建立在村民生存环境之上，而旅游产品的根源只能是村民的生活方式及人文特征。民族村寨旅游开发虽将民族村寨的生存空间和生活方式作为商品对外提供，但无法将其生存空间和生活方式与村民割裂开来。基于这一点，民族村寨旅游资源无论被谁以何种形式进行市场开发，村民总会与其发生经济关系，并从中获取一定的经济收益。

3.1.4.2　民族村寨旅游与民族村寨发展关联度高

旅游业产业关联度高、综合带动性强、辐射牵引力大。在民族社会最基础的村寨层面，旅游资源开发对村寨经济发展往往会有直接的推动作用，这是其他资源开发方式所不可比拟的。民族地区的其他产业资源开发，如矿产资源的开采冶炼、水利资源的水电开发，从资金、技术到相关的政策规定等，所需要的门槛都非常高，基本上为国有资本和外来集团资本所掌控，弱小的民族村寨基本上全都被排斥在外，因此这类特色资源的经济开发与民族村寨经济社会发展的关联度不高。就目前情况看，旅游业的发展对民族村寨经济和社会的发展起到了“一流带动，八流竞先”的多功能、全方位的推动作用。在旅游活动过程中，以游客流为载体形成了服务流，带动了资金流和人才流，拉动信息流和商务流，创造文化流和科技流。流动规模越大，流动频率越高，越能体现出旅游发展的意义和对民族村寨经济社会发展的推动作用[221]。

3.1.4.3　民族村寨旅游开发的条件相对宽松

变革民族村寨的传统生产方式，面临市场、资金、技术方方面面的困难。相对而言旅游产业开发的条件较为宽松。首先，旅游属于第三产业，并不一定需要有强大的工业技术和庞大的经济力量作为旅游目的地发展的前提。民族村寨旅游开发的初始条件并不高，只要具有独特的旅游资源和最基础的交通条件，一村一寨便可自行开发。其次，旅游是以点为基础的活动，即使有旅游线路的串联，也是一个旅游点到另一个旅游点的跳跃式关联。旅游开发初期只需把点、线处理好，不需要解决一大片地区的整体性问题。也就是说，即便一山一水之外的村寨尚处在贫困状态，也不影响旅游接待地民族村寨旅游活动的开展。

3.1.4.4　民族村寨旅游开发具有区域人群共享性

旅游作为一项产业活动，无论其发展的规模大小，所涵盖的市场因素都非常多。既包括景点经营、饮食服务、住宿接待、交通服务、歌舞娱乐、纪念品出售等直接与旅游者发生关系的市场活动，也包括为满足旅游市场需要而发展起来的农副产品生产、各种民族工艺品生产等间接性市场活动。民族村寨的各家庭、各成员面对广阔的旅游市场时，只能遵循旅游经济的分工原则，分别选择合适的途径与项目，介入旅游市场活动。虽然民族村寨旅游的门槛很低，但没有谁能将旅游产业制造的市场尽揽手底。即使外来资本入主当地的旅游业，也主要控制核心景区景点的经营及部分食宿服务，庞大的旅游市场总会给民族村寨村民留下种种切入的途径，最终形成一种共享。

总而言之，旅游之于民族村寨社会经济，主要是引入了一种运作机制，制造了一个商品市场，提供了一个发展机遇，形成了一种特色产业。当民族村寨选择旅游开发，实际上也选择了一条比较特殊的商品经济之路，形成特定的生产方式。随着村民参与旅游服务的领域越来越广、程度越来越深，旅游经济在村寨、家庭中所占的比重也越来越大。最终，将摆脱传统的以农牧为主的自然经济束缚，实现生产方式从传统向现代转变。这是一个意义重大的、颇具根本性的变革。无论其过程中存在着这样或那样的问题，作为变革的方向是不容置疑的[222]。

我国目前仍处于社会转型和经济转轨时期。由于民族村寨的经济社会发展相对滞后，无论是族群社会还是个人，发展愿望都十分强烈，他们所面对的主要问题不在于想不想发展商品经济，而在于以什么方式、如何来发展。这种情况下，旅游不过是一种发展选择，一种对优势资源开发利用的方式而已。

3.2 贵州民族村寨旅游的发展历程

新中国成立 60 多年来，贵州旅游业从无到有，从小到大，经历了一个缓慢发展的历史过程。自新中国成立到十一届三中全会的近 30 年时期里，旅游业没有作为国民经济和社会发展的产业被明确提出，直到改革开放以后，旅游业在经济社会发展中的地位才逐步被人们所认识。贵州农村广泛开展了以特色民族文化为亮点的民族村寨旅游，创生了观光、“农家乐”、歌舞、节庆等多种形式的旅游产品，目前参与开发的已有 1000 多个民族村寨。

贵州民族村寨旅游与贵州旅游业的发展基本同步，也经历了在改革中起步，探索中成长，调整与提升中发展的阶段。

1）起步阶段（1980 ~ 1990 年）

贵州民族村寨旅游始于 20 世纪 80 年代初。1982 ~ 1984 年，西江千户苗寨、上郎郎德上寨、青曼苗寨、布依族石头寨等 8 个少数民族村寨开始对外开放，进行民族村寨旅游试点开发。

为了加快发展旅游业，贵州省政府于1986年5月批转了省旅游局《关于进一步发展贵州旅游事业的报告》，提出1986～1990年的“七五”国民经济计划期间，为旅游业“打基础、创牌子、树信誉、上水平”阶段，1981～1990年“六五”“七五”期间，贵州省共接待入境游客13万人次[223]。

1986年3月，贵州省旅游局组织参展团参加了在杭州举办的“中国特殊旅游项目交流会”，贵州省首次推出“民族风情”及“蜡染之乡”特殊旅游项目，邀请苗族蜡染艺术家杨金秀在展台作现场蜡画表演，吸引了众多海内外参观者，展现了贵州民族村寨旅游的开发潜力。

1987年，省旅游局组织促销团赴德国汉诺威、泰国曼谷、澳大利亚悉尼及香港等地向入境市场推介贵州少数民族风情旅游线路。

1988年后，省旅游局在巩固民族村寨旅游国际旅游促销工作的基础上，加强了国内旅游市场开发与宣传促销。1988年3月，省旅游局组织促销团参加了由川、滇、黔、桂、渝在昆明联合举办的旅游资源和线路展销会。

1989年，西南五省区六方旅游联合推介会在贵阳召开，进一步推动了民族村寨旅游发展。

1990年，为了调整产品结构和经营策略，增加新的特色项目，省海外旅游总公司在贵阳市近郊开辟了民族村寨游览点，吸引了更多海内外旅游者。

2）成长阶段（1991～2000年）

1991年，贵州省旅游局从贵州旅游资源丰富而独特，但农村贫困人口多、贫困面大的实际出发，提出了“旅游扶贫”的发展理念，开展广泛、深入的“旅游扶贫”实践与理论探讨，逐步调整旅游业结构，把“旅游扶贫”的概念转化为旅游产品——“民族村寨旅游”。1991年初，《贵州省国民经济和社会发展十年规划及“八五”计划》中提出“把贵州建设成全国新的旅游热点”，要变特色资源为资源优势，大力推进旅游业发展。今后10年的重点要放在旅游规划建设上，积极统筹规划，加快兴建旅游区，完善配套设施，旅游设施的建设也要提到日程上来，不断改善交通和接待条件，建成与邻省、区的旅游网络。

1994年，贵州省以“不断扩大产业规模，发展旅游业生产力”为目标，制定了一系列积极措施。在《关于实施开放带动战略，打好扩大开发总体战的决定》中，省委、省政府明确了“抓住黔中、放开周边”的工作思路，至“九五”末期建成以贵阳为中心各具特色的东、西、南、北4条旅游线，初步形成集吃、住、行、游、购、娱六大要素于一身的旅游产业体系，发挥其社会经济综合效益。

1996年全省旅游扶贫理论研讨会全面肯定了民族村寨旅游在全省旅游扶贫攻坚中的地位和作用，把旅游业作为贵州重要的先导性产业来发展，努力实现旅游业由“事业型”向“产业型”的转变，确立全省旅游的主战场转向农村。

1998 年，中国和挪威合作建成的中国第一座生态博物馆——贵州六枝梭嘎苗族生态博物馆正式对外开放。

1991 ~ 2000 年的“八五”“九五”期间，贵州旅游业由小到大、蓬勃发展、成长迅速，呈现出强劲的发展势头。据《贵州日报》报道，贵州省“九五”期间，累计接待入境游客 77.37 万人次，外汇收入 2.46 亿美元；接待国内游客 9400 万人次，旅游收入 194.03 亿元。其中 2000 年与 10 年前的 1990 年相比，接待入境旅游人次增长 10.3 倍，外汇收入增长 5.8 倍，接待国内旅游者人次增长 4 倍，国内旅游收入增长 20.9 倍[224]。

3）加快发展阶段（2001 ~ 2005 年）

进入 21 世纪实施“十五”计划以后，贵州旅游业进入了加快发展阶段。2001 年，在平坝县天龙村举行了贵州天龙屯堡文化旅游区首游仪式。

2002 年，贵州省委、贵州省人民政府明确指出，要以生态旅游、民族文化旅游、乡村旅游为重点发展特色旅游，近期要选择旅游资源丰富、开发条件好的民族村寨，建立一批乡村旅游示范区或旅游扶贫示范村，在有条件的地方积极发展民居旅馆。

2003 年，省人民政府颁布实施的《贵州省旅游发展总体规划》明确提出，要把乡村旅游作为全省旅游业发展的重点内容，按照实施旅游精品战略的要求，把生态旅游、民族文化旅游结合起来，逐步形成具有贵州特色的、立足于文化与自然遗产保护和资源可持续利用的文化体验型乡村旅游精品。其中，黔东南巴拉河民族村寨旅游示范项目得到新西兰政府援助，于 2004 年开始实施。

2004 年，首届中国·贵州乡村旅游国际论坛在贵阳举办。论坛在国际、国内旅游发展理论和实践的结合上讨论了贵州乡村旅游，形成了“乡村旅游—反贫困战略的实践”的多种共识。

2005 年 10 月，第二届中国·贵州乡村旅游国际论坛在兴义举办。此次论坛以文化与自然遗产的保护为主题，进行广泛而深入的探讨[225]。

“十五”期间，民族村寨旅游资源保护与开发成效突出。①继 1998 年中国第一座生态博物馆——六枝梭嘎苗族生态博物馆在贵州六枝特区梭嘎苗寨建立后，贵州又先后建立了镇山布依族生态博物馆、锦屏隆里古城汉族生态博物馆、黎平堂安侗族生态博物馆。在全国已经建立的 7 座民族文化生态博物馆中，贵州就占了 4 座。②建成省内旅游网络，开发了多层次的旅游产品，如工业、农业旅游、文化旅游等特色旅游项目；加强区域间合作，与邻近省（自治区）（云南、广西、四川等）、市（重庆等）和经济发达地区联合打造跨界旅游线路，形成了特色鲜明、品种繁多的区域旅游网络。

游客随着旅游产品的推陈出新而与日俱增。“十五”期间，贵州省旅游总收入 723.37 亿元，较“九五”期间增长 3.75 倍，年均增长率 32.5%。其中 2005

年，贵州省旅游总收入 251.14 亿元，贵州省接待中外游客 3127 万人次，其中接待入境游客 2761 人次，外汇收入 10 141 万美元。

4）快速发展阶段（2006 年至今）

2006 年在贵阳召开了由多家单位组织联合举办的乡村旅游国际论坛，论坛对乡村旅游发展提出了新的意见和建议，并指明了今后的发展方向："政策驱动、规划策动、示范带动、品牌拉动、保护促动、合力推动"。同年 6 月，我国第一本省级乡村旅游专项规划《2006—2020 贵州乡村旅游规划》在北京通过评审，大力推动贵州民族村寨旅游步入快速发展阶段。①

2007 年，贵州省成立了省旅游改革与发展领导小组，连续出台了一系列重要文件，针对旅游管理体制改革、旅游基础设施建设、乡村旅游发展等问题，提出了"保住青山绿水、发展和谐旅游"的理念，并对旅游产业布局进行了合理调整与安排。

2008 年，贵州省旅游业尽管遭受了历史罕见雪凝灾害和四川汶川大地震的严重影响，但还是在逆境中求发展，举办了"一会两节"（第三届贵州旅游产业发展大会、原生态国际摄影大展、原生态民族文化节）、遵义酒文化节、贞丰"六月六"布依风情歌舞大赛等大型节庆活动。2008 年 6 月 12 ~ 14 日，奥运圣火在贵阳、遵义、凯里（朗德、南花苗寨及三棵树镇）传递。同月，世界旅游组织与贵州省旅游局在北京签署了旅游脱贫 STEP 计划基金协议，此为该计划基金在中国的首选项目。9 月 26 日，第三届贵州旅游产业发展大会在雷山县西江千户苗寨召开，大会要求各地各部门着力抓好基础设施建设，加强旅游宣传促销，努力延伸旅游产业链，推进民族村寨旅游业加速发展[226]。

2010 年，贵州省按照国家旅游局提出的以"2010 中国世博旅游年"为主线，制定本地区旅游主题活动的要求，以市场为导向，突出特色，发挥优势，依托丰富的乡村旅游资源，推出"2010 贵州乡村旅游年"主题系列活动，向海内外游客进一步展现贵州省民族村寨旅游的独特魅力，推出更多的民族村寨旅游产品和精品线路。

3.3 贵州民族村寨旅游效应分析

旅游效应又称为旅游影响，是指由旅游活动（包括旅游者活动和旅游产业活动）所引发的积极的和消极的影响[227]。民族村寨是一个由聚落、人口、产业、环境、文化等构成的复杂的开放系统。民族村寨旅游作为民族村寨产业的新兴成

① 资料来源：《贵州省乡村旅游典型村寨调研分析报告》（2008）。

员和重要组成部分，其出现、存在和发展，受到民族村寨内外综合因素的影响，而反过来，又对民族村寨乃至民族村寨外的其他因素产生影响。本书基于旅游目的地的视角，从旅游经济效应、旅游社会效应、旅游文化效应和旅游环境效应4个方面研究贵州民族村寨旅游效应。

3.3.1 民族村寨旅游经济效应

民族村寨旅游的经济效应主要指旅游活动对区域经济发展及民族村寨村民生活水平的影响。从20世纪80年代初开始试点，经过近30年的发展，贵州民族村寨旅游开发已经取得了一定的成绩，而贵州民族村寨旅游的经济效应如何？目前学术界对这方面定性研究得比较多，定量的实证分析比较少。

在现有的旅游统计资料中，民族村寨旅游收入甚至乡村旅游收入都没有单独列出。要对30年来贵州民族村寨旅游的经济效应进行分析，可以从两条途径变通解决。一条途径是如李周、操建华等运用专家调查法、增加值率法、投入产出法研究旅游收入和旅游业增加值在城乡之间、城乡居民之间的分配[228]；另一条途径是根据分析目的设定假设条件，先运用公开的统计数据进行分析，再根据分析结果来验证假设。因为本书要分析的数据时间周期跨越23年，如果采用专家评估方法对每一年的数据进行评估，会因时间周期过长导致评估的准确性受损，所以本书采用验证假设的方法对贵州民族村寨旅游的经济效应进行分析。

本书对贵州民族村寨旅游的经济效应进行分析，主要目的是了解贵州民族村寨旅游的发展与贵州的经济增长及民族村寨村民生活水平之间的动态关系。因而作出如下假设：

假设一：民族村寨旅游对地方经济增长的贡献度要小于诸如城市旅游等其他形式的旅游（因为民族村寨经济发展水平和市场化程度较低，民族村寨旅游关联企业少、平均规模小）。如果贵州旅游业的发展对经济增长没有明显的促进作用，说明贵州民族村寨旅游对经济增长的促进作用更弱。即 $A<B$，$B<C \Rightarrow A<C$。

假设二：民族村寨旅游对农民生活水平提高的贡献度要大于诸如城市旅游等其他形式的旅游（因为民族村寨旅游可以让农民离土不离乡，就地实现产业和剩余劳动力转移，得到更多的净收入）。如果贵州旅游业的发展对农民生活水平提高有明显的促进作用，说明贵州民族村寨旅游对农民生活水平提高的促进作用更强。即 $A>B$，$B>C \Rightarrow A>C$。

本书借助 EViews 5.0 软件，在建立向量自回归模型的基础上，运用 Granger 因果检验、脉冲响应函数等方法对贵州旅游的经济效应进行计量分析，从而了解贵州民族村寨旅游的经济动态效应。

1）指标的选取及描述性分析

在贵州旅游经济效应的计量分析中，选取贵州旅游收入（TI）作为衡量贵州旅游产业发展水平的指标；选取贵州人均 GDP（rjGDP）作为衡量贵州经济发展水平的指标；选取贵州农民人均纯收入（VI）作为衡量贵州民族村寨村民生活水平的指标；本书所采用的数据取样时段为 1986～2009 年[229]，取样数据来源于《贵州统计年鉴》和《贵州六十年》（图 3-1）。在不改变其动态关系的条件下，为消除异方差，对相关数据都进行了取对数处理，表示为 lnTI、lnVI 和 lnrjGDP。

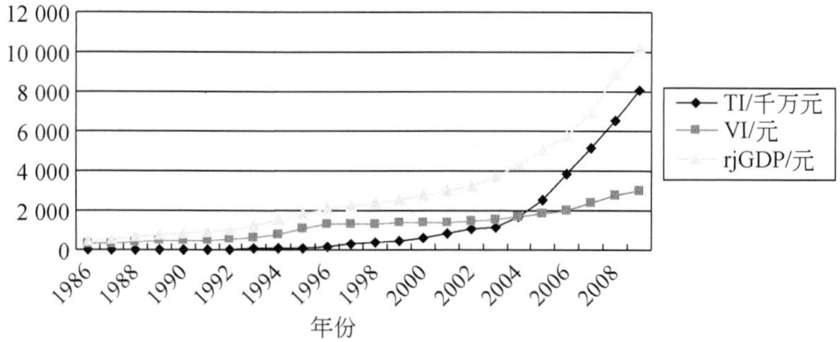

图 3-1　贵州旅游收入（TI）人均 GDP（rjGDP）和农民人均纯收入（VI）的变化轨迹图

2）单位根检验

VAR 模型的前提条件是所有变量都要通过同阶的单位根检验，故本书用 Dickey 和 Fuller 的增广单位根（ADF）检验各变量的平稳性。单位根检验结果如表 3-3 所示，DlnTI 在一阶差分下通过了临界水平为 1% 的 ADF 单位根检验，DlnVI 和 DlnrjGDP 在一阶差分下通过了临界水平为 5% 的 ADF 单位根检验。单位根检验结果显示，在 5% 统计水平上，一阶差分序列为平稳序列。

表 3-3　经济效应计量分析中变量单位根检验结果

变量	检验类型 (*C*, *T*, *L*)	ADF 检验值	各显著性水平下的临界值			检验结果
			1%	5%	10%	
DlnTI	(*C*, 0, 0)	-3.848 4	-3.769 6	-3.004 9	-2.642 2	平稳
DlnVI	(*C*, 0, 1)	-3.366 1	-3.788	-3.012 3	-2.646 2	平稳
DlnrjGDP	(*C*, 0, 1)	-3.015 4	-3.788	-3.012 3	-2.646 2	平稳

C：含截距项；*T*：含趋势项；*L*：滞后阶数；变量前加 D 表示一阶差分

3）向量自回归模型（VAR）的构建和检验

向量自回归模型是 Sims 在 1980 年提出的。这种模型采用多方程联立的形式，在模型的每一个方程中，所有当期变量对所有变量的若干滞后变量进行回归，用于相关时间序列系统的预测和随机扰动对变量系统的动态影响，是一种非结构化的多方程模型。因为 lnrjGDP、lnVI 和 lnTI 是一阶单整的，所以可以采用 DlnrjGDP、DlnVI 和 DlnTI 的数据建立向量自回归模型 VAR（p）。

（1）滞后阶数的确定

VAR 模型中一个重要的问题就是滞后阶数的确定。在选择滞后阶数 p 时，需要综合考虑，既要有足够数目的滞后项，以便能完整反映所构造模型的动态特征，又要有足够数目的自由度。因此，应在自由度和滞后期之间寻求一种均衡状态，本书选取了 LogL、LR、FPE、AIC、SC、HQ6 个准则进行检验比较，如表 3-4 所示。

表 3-4 经济效应 VAR 滞后阶数选择准则

Lag	LogL	LR	FPE	AIC	SC	HQ
0	59.852 74	NA	1.14E-06	−5.168 431	−5.019 652 *	−5.133 383
1	70.723 19	17.788 01 *	9.76E−07 *	−5.338 472 *	−4.743 358	−5.198 281 *

* 表示根据该准则选定的阶数

从表 3-4 可看出，LR、FPE、AIC、HQ 准则都选择了 1 阶滞后，因而选 1 阶滞后建立 VAR 模型。

（2）VAR 模型的构建

将 DlnrjGDP、DlnVI 和 DlnTI 滞后 1 期的值作为内生变量，建立向量自回归模型 VAR（1），结果如下：

$$\begin{bmatrix} \text{DlnrjGDP} \\ \text{DlnVR} \\ \text{DlnTI} \end{bmatrix} = \begin{bmatrix} 0.60726 & -0.0402 & 0.00143 \\ 0.40176 & 0.43754 & 0.03804 \\ -2.6823 & 1.05372 & 0.20956 \end{bmatrix} \begin{bmatrix} \text{DlnrjGDP}_{t-1} \\ \text{DlnVR}_{t-1} \\ \text{DlnTI}_{t-1} \end{bmatrix} + \begin{bmatrix} 0.05569 \\ -0.0144 \\ 0.56779 \end{bmatrix} \tag{3-1}$$

从 VAR 模型可以看出，当前 DlnVI 受 DlnTI 滞后期的影响较大，DlnTI 滞后期对 DlnrjGDP 的影响较小。说明贵州旅游收入对农民人均纯收入的影响力远大于对人均 GDP 的影响力。

（3）VAR 模型平稳性检验

为了检验 VAR 模型的稳定性，本书采用 VAR 模型滞后结构检验的 AR 根图表法，如果被估计的 VAR 模型所有根模的倒数小于 1，即位于单位圆内，则其是稳定的。检验结果如图 3-2 所示：

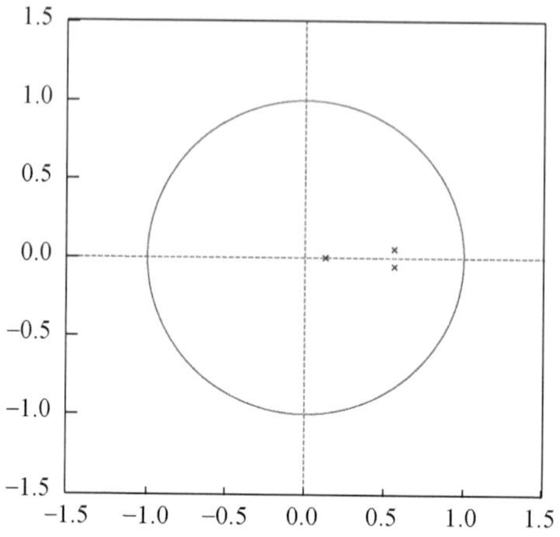

图 3-2　经济效应 VAR 模型 AR 根平稳性检验

从图 3-2 可以看到所有的单位根落于单位圆内，因此该 VAR 模型是稳定的。

（4）Granger 因果关系检验

Granger 因果关系检验实质上是检验一个变量的滞后变量是否可以引入到其他变量方程中。一个变量如果受到其他变量的滞后影响，则认为它们具有 Granger 因果关系。下面运用 Granger 因果关系检验判断贵州旅游产业发展与贵州的经济增长及民族村寨村民生活水平之间的因果关系及其方向。

从表 3-5 可以看出，在滞后 4～6 期的情况下，在 0.05 显著水平上，贵州旅游收入与农民人均纯收入存在单向的 Granger 因果关系；而贵州旅游收入与人均 GDP 之间不存在 Granger 因果关系。揭示了贵州旅游发展对农民生活水平的直接促进作用，同时也说明现阶段贵州旅游发展对 GDP 增长的促进作用还未发挥出来。

表 3-5　经济效应中变量 Granger 因果检验结果

滞后阶数	零假设	*F* 统计量	*P* 值
3	DlnTR does not Granger Cause DlnrjGDP	1.036 544	0.408 882
	DlnrjGDP does not Granger Cause DlnTR	1.642 837	0.227 942
	DlnTR does not Granger Cause DlnVR	3.335 473	0.053 018
	DlnVR does not Granger Cause DlnTR	0.246 17	0.862 586
4	DlnTR does not Granger Cause DlnrjGDP	0.785 435	0.560 061
	DlnrjGDP does not Granger Cause DlnTR	1.724 718	0.220 678
	DlnTR does not Granger Cause DlnVR	7.884 531	0.003 879
	DlnVR does not Granger Cause DlnTR	0.171 768	0.947 888

续表

滞后阶数	零假设	F 统计量	P 值
5	DlnTR does not Granger Cause DlnrjGDP	1.571 93	0.282 63
	DlnrjGDP does not Granger Cause DlnTR	0.291 98	0.902 94
	DlnTR does not Granger Cause DlnVR	5.64	0.021 17
	DlnVR does not Granger Cause DlnTR	0.177 46	0.962 55
6	DlnTR does not Granger Cause DlnrjGDP	0.924 02	0.557 53
	DlnrjGDP does not Granger Cause DlnTR	0.636 1	0.704 89
	DlnTR does not Granger Cause DlnVR	8.263 47	0.030 2
	DlnVR does not Granger Cause DlnTR	0.379 51	0.861
7	DlnTR does not Granger Cause DlnrjGDP	9.202 55	0.248 69
	DlnrjGDP does not Granger Cause DlnTR	0.193 83	0.942 64
	DlnTR does not Granger Cause DlnVR	4.364 69	0.353 23
	DlnVR does not Granger Cause DlnTR	10.291 4	0.235 67

注：在滞后 1 ~3 期及 7 期以后，三者之间均不存在 Granger 因果关系

4）脉冲响应函数

脉冲响应函数反映的是在扰动项上加一个标准差大小的冲击对于内生变量当前值和未来值所带来的影响。对一个变量的冲击直接影响这个变量，并且通过 VAR 模型的动态结构传导给其他所有的内生变量。基于 VAR（1）的脉冲响应函数如图 3-3 所示，横轴表示冲击作用的滞后期数（单位：年），实线表示脉冲响应函数，虚线表示正负两倍标准差偏离带。

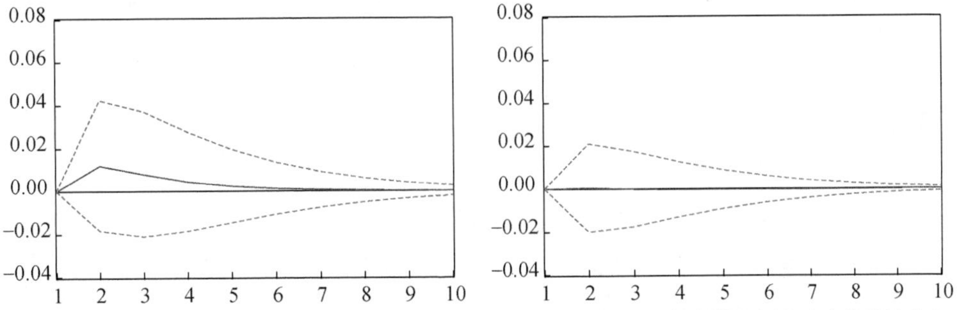

(a)农民人均纯收入对旅游收入新息冲击的脉冲响应　(b)人均GDP对旅游收入新息冲击的脉冲响应

图 3-3　经济效应计量分析脉冲响应函数曲线

从图 3-3（a）可以看出，在本期给旅游收入一个正标准差的冲击后，农民人均纯收入的正向响应比较明显，在第 2 期达到最大，第 5 期之后渐渐收敛，这表明贵州旅游发展对农民生活水平的促进作用不仅较强而且持续时间较长。

从图3-3（b）可以看出，在本期给旅游收入一个正标准差的冲击后，人均GDP的反应并不明显，这表明现阶段贵州旅游发展对GDP的促进作用不明显。

5）结论

VAR模型结果显示，贵州旅游收入对农民人均纯收入的影响力远大于对人均GDP的影响力；Granger因果检验结果显示，贵州旅游发展对农民生活水平的提高有直接促进作用，而现阶段贵州旅游发展对GDP增长的促进作用还未发挥出来；脉冲响应函数结果显示，贵州旅游发展与农民生活水平之间存在较为显著的动态路径，旅游发展对农民生活水平的促进作用不仅较强而且持续时间较长，但是现阶段贵州旅游发展对GDP的促进作用不明显。

旅游业的发展过程具有阶段性的特征，在不同的发展阶段，旅游业与经济增长之间的关系会呈现出不同的特点。根据罗斯托的“经济增长阶段论”、巴特勒（Butler）的“旅游地生命周期理论”及旅游发达地区的经验，在旅游业发展初期阶段，主要是经济增长促进了旅游业发展，随着旅游业逐渐步入良性发展轨道，旅游业发展与经济增长之间会相互促进[230]。以上分析说明目前贵州旅游业的发展总体处于“富民但尚未强省”的旅游发展初级阶段。

6）结论分析

贵州旅游经济效应的计量分析结果验证了分析假设，即贵州民族村寨旅游的发展对农民生活水平的提高有直接促进作用，促进作用不仅较强而且持续时间较长；但是由于目前贵州省旅游业的发展总体处于“富民但尚未强省”的旅游发展初级阶段，民族村寨旅游也在探索发展之中，加上经济发展水平和市场化程度较低等原因，现阶段对GDP的促进作用不明显。贵州民族村寨旅游发展虽然取得了一定的成绩，但在旅游发展过程中还存在一些问题（关于旅游发展过程中存在的问题详见本章第3.4节）。

3.3.2 民族村寨旅游社会效应

旅游业能提高生活质量和就业，是具有强大社会功能的社会福利型产业[231]。本书主要从旅游的就业效应和扶贫效应两方面来探讨民族村寨旅游的社会效应。

3.3.2.1 民族村寨旅游就业效应

旅游就业效应是指旅游活动对就业产生的各种影响的总和。关于旅游的就业效应，国内外学者都持肯定意见，认为旅游业是具有巨大就业潜力的产业领域。如世界旅游组织早在1980年的《马尼拉旅游宣言》中就明确指出：因为满足旅游需求需要多种多样的服务，所以，旅游业创造了非常重要的新活动，而这些活动正是新的就业机会。20 年后，世界旅游组织又在《海南宣言》中指出：对于许多亚太地区的岛屿来说，从收入和创造就业两个方面来看，旅游业是主要的经济活动[232]。学术界大多将旅游就业分为直接就业、间接就业和引发就业 3 个层次，但是各学者所划分的层次的名称有所不同，内容也略有差异。早在 1980 年，Vanhove 在研究比利时旅游业对就业的贡献时就已指出，旅游对就业的影响可分为直接影响、间接影响与引发影响 3 个层次。这种划分方法得到了多数学者的认可，在 Vanhove 研究的基础上，有学者把旅游就业划分为直接就业、间接就业与引发就业 3 个层次。Dirk Yzewyn 等认为，直接就业（Direct job）是指旅游企业中的就业，间接就业（Indirect job）是指为旅游部门提供商品与服务的企业中的就业，而引发就业（Induced job）则是旅游与相关产业收入的再消费所创造的就业[233]。

民族村寨受历史和地理因素制约，不具备大力发展工业生产的条件，民族村寨的剩余劳动力转移相当困难。同时，民族村寨村民的教育水平和技能水平总体不高，缺乏与发达地区人们竞争的能力，随着社会的不断向前发展，民族村寨剩余劳动力的就业问题日益突出。旅游业是一种劳动密集型产业，对知识和技能的水平要求相对较低。民族村寨如能充分利用其旅游资源优势发展旅游业，将有利于解决这一突出问题。

据贵州省旅游局统计，到 2006 年年底，全省开展民族村寨旅游经营户数达 6184 个；开展民族村寨旅游经营的直接从业人数 60 998 人①，全省各地州民族村寨旅游就业情况见图 3-4。

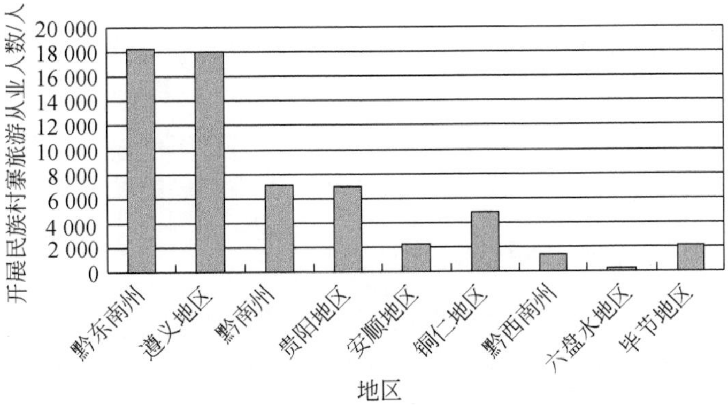

图 3-4　2006 年各地州民族村寨旅游就业情况图

开展民族村寨旅游有助于解决民族村寨劳动力就业转移的问题，并带动本村

① 资料来源：《贵州省乡村旅游典型村寨调研分析报告》（2008）。

和附近其他村寨相关行业的发展。在民族村寨旅游中，游客吃、住、行、游、购、娱等产业环节的供给本地化，形成大量地方（养鸡、种菜、猪牛羊饲养、果树栽培、副食品加工、工艺品制作、歌舞表演等）专业户与民族村寨旅游经营户的联合共赢。这样一方面能有效保护与真实展示地方文化景观；另一方面，也能采用当地原料，最大程度地利用当地农民的劳动力，保证当地居民最大程度收益。

黔东南州丹寨县的石桥村是开展古法造纸主题旅游的苗族村寨。游客在石桥学习古老的造纸技术，购买亲手制作的工艺品。如今，全寨 247 户，1149 口人中有 80 户，共 220 人从事古法造纸，其中，妇女和老人占了 30%。造纸户家庭收入的 99% 以上依靠造纸和制作工艺品。2005 年，石桥寨仅古法造纸主题旅游一项的总收入就达到 150 万元，人均收入 1305 元[234]。

黔东南州凯里市的南花苗族村共有村民 181 户，共 812 人。旅游经营项目主要是苗族歌舞表演、手工艺品制作与销售、农家乐餐饮住宿、旅游运输等。到 2006 年年底，南花村有经营餐饮户 13 户、旅游运输户 3 户、旅游商品生产户 8 户，旅游商品销售经营户 50 户，民族村寨旅馆经营户 6 户，苗族歌舞表演是全村集体参加。南花村初步形成以经营户、接待户为主体的村寨内部旅游产业链，有效带动村民就业。

铜仁地区江口县的云舍土家村寨，旅游开发前，从事农业的劳动力占 90% 以上，从事服务业的不到 10%。旅游开发后，农业和第三产业分别占 38% 和 62%。第三产业从业人员中，40% 的劳动力从事旅游业。全村直接参加旅游就业的人数 132 人，间接就业 428 人，占总劳动力的 44%，解决了农村富余劳动力就业问题，并且带动邻近镇江村的蔬菜种植、寨抱村的家畜养殖及太平村的花卉盆景培植等的发展①。

由此可见，旅游业具有关联度高和就业容量大的特点，民族村寨发展旅游业，可以为民族村寨村民，尤其是老人和妇女提供更多的就业机会。

3.3.2.2　民族村寨旅游扶贫效应

贫困是一种与人类发展进程相伴生的经济社会现象，是人类面临的最严峻的挑战之一。贵州省拥有 17.6 万 km^2 的土地，属滇、黔、桂的喀斯特地貌区，是《中国 21 世纪议程》所确定的中国极贫困区域之一。贵州的广大农村目前仍有相当数量的人口尚未脱贫，并且贫困面大，贫困程度深。按照新的扶贫标准②，

---

① 资料来源：《贵州省乡村旅游典型村寨调研分析报告》（2008）。

② 2008 年由于国家调整划分标准，农民人均纯收入 1196 元以下的人口通称为贫困人口，“贫困人口”及“贫困人口发生率”口径与以前不一致。

2008 年年末，全省还有农村贫困人口 585.38 万人，占贵州省农村人口总数的 17.4%，贫困发生率比全国高 14 个百分点，占全国 4700 万贫困人口总数的 14.6%，是全国农村贫困人口最多、占比最高的省份[235]。扶贫功能是旅游的社会功能之一，1991 年贵州省旅游局在全国率先提出了“旅游扶贫”的发展思路；1992 年又确定了“以旅游促进对外开放和脱贫致富”的旅游发展方向；1994 年中国政府实施“八七扶贫攻坚计划”以来，贵州省明确提出要针对贵州贫困人口多、贫困程度深的实际情况（1994 年我国有 8000 万贫困人口，贵州占 1/8，为 1000 万人），坚持把“以旅游促进对外开放和脱贫致富”作为全省旅游业发展的指导思想，并纳入了贵州省旅游业“八五”“九五”计划和 2010 年的发展目标之中[236]。经过多年的努力，贵州民族村寨旅游的扶贫已初见成效。为了解贵州民族村寨旅游扶贫的动态效应，这里采用与民族村寨旅游经济效应分析同样的思路，先进行假设，然后通过计量分析验证假设。

分析贵州民族村寨旅游的扶贫效应，主要目的是了解贵州民族村寨旅游的发展与贵州贫困减缓之间的动态关系，故作出如下假设：

基于旅游扶贫效应与贫困人口离旅游景点的距离密切相关的特点，贫困人口离旅游景点越近，从旅游业发展中获得的收益越多（因为民族村寨旅游可以让贫困人口离土不离乡，就地实现产业转移，得到更多的净收入）。如果贵州旅游业的发展对贫困减缓的有明显的促进作用，说明贵州民族村寨旅游对贫困减缓的促进作用更强。即 $A>B$，$B>C \Rightarrow A>C$。

1）指标的选取及描述性分析

在贵州旅游扶贫效应的计量分析中，选择贵州旅游业贡献率（T：旅游收入占 GDP 的比例）作为衡量贵州省旅游业发展水平的指标；选择贵州省贫困发生率（H：贫困线以下的人口数占人口总数的比例）作为贫困的度量指标。本书所采用的数据取样时段为 1993～2007 年，取样数据来源于《贵州统计年鉴》和《贵州六十年》。在不改变其动态关系的条件下，为消除异方差，对相关数据都进行了取对数处理，表示为 LNT 和 LNH（图 3-5）。

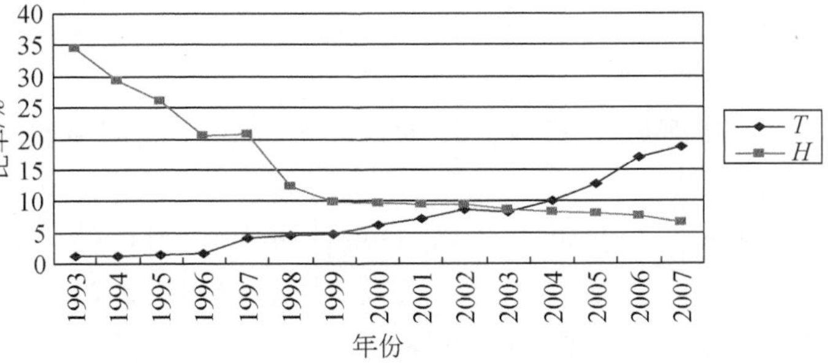

图 3-5 贵州旅游贡献率（T）和贫困发生率（H）的变化轨迹图

2）单位根检验

VAR 模型的前提条件是所有变量都要通过同阶的单位根检验。故本书用 Dickey 和 Fuller 的增广单位根（ADF）检验各变量的平稳性，单位根检验结果如表 3-6 所示，DLNT 在一阶差分下通过了临界水平为 1% 的 ADF 单位根检验，DLNH 在一阶差分下通过了临界水平为 5% 的 ADF 单位根检验。单位根检验结果显示，在 5% 统计水平上，一阶差分序列为平稳序列。

表 3-6 扶贫效应计量分析中变量单位根检验结果

变量	检验类型（C，T，L）	ADF 检验值	各显著性水平下的临界值			检验结果
			1%	5%	10%	
Dln$T$	（C，0，0）	-4.537 1	-4.057 9	-3.119 9	-2.701 1	平稳
Dln$H$	（C，0，0）	-3.313 6	-4.057 9	-3.119 9	-2.701 1	平稳

C：含截距项；T：含趋势项；L：滞后阶数；变量前加 D 表示一阶差分

3）向量自回归模型（VAR）的构建及检验

因为 ln$T$、ln$H$ 是一阶单整的，所以可以采用 Dln$T$ 和 Dln$H$ 的数据建立向量自回归模型 VAR（p）。

（1）滞后阶数的确定

此外依然选取 Log$L$、LR、FPE、AIC、SC、HQ6 个准则进行检验比较，如表 3-7 所示。

表 3-7 扶贫效应 VAR 滞后阶数选择准则

Lag	Log$L$	LR	FPE	AIC	SC	HQ
0	7.245 950 805	NA	0.001 431	-0.874 325	-0.793 507	-0.904 247
1	19.82 554 623	18.86 939 *	0.000 350 *	-2.304 258 *	-2.061 804 *	-2.394 023 *
2	22.7 347 044	3.394 018	0.000 457	-2.122 451	-1.718 362	-2.272 059

* 表示根据该准则选定的阶数

从表 3-7 可看出，LR、FPE、AIC、SC、HQ 准则都选择了 1 阶滞后，因而选 1 阶滞后建立 VAR 模型。

（2）VAR 模型的构建

将 Dln$T$ 和 Dln$H$ 滞后 1 期的值作为内生变量，建立向量自回归模型 VAR（1），结果如下：

$$\begin{bmatrix} \mathrm{Dln}H \\ \mathrm{Dln}T \end{bmatrix} = \begin{bmatrix} 0.3995 & -0.5396 \\ -0.1305 & -0.2316 \end{bmatrix} \begin{bmatrix} \mathrm{Dln}H_{t-1} \\ \mathrm{Dln}T_{t-1} \end{bmatrix} + \begin{bmatrix} 0.0396 \\ 0.2454 \end{bmatrix} \tag{3-2}$$

从 VAR 模型可以看出，Dln$H$ 与 Dln$T$ 之间是负相关关系，当前 Dln$H$ 受 Dln$T$ 滞后期的负向影响较大，Dln$H$ 的滞后期对其自身也有一定的影响；当前 Dln$T$ 受其自身滞后期影响较大，Dln$H$ 的滞后期对其影响力相对较小。

（3）VAR 模型平稳性检验

本书采用 VAR 模型滞后结构检验的 AR 根图表法检验 VAR 模型的稳定性，结果显示被估计的 VAR 模型所有根模的倒数小于 1，即位于单位圆内，说明 VAR 模型是稳定的。检验结果如图 3-6 所示：

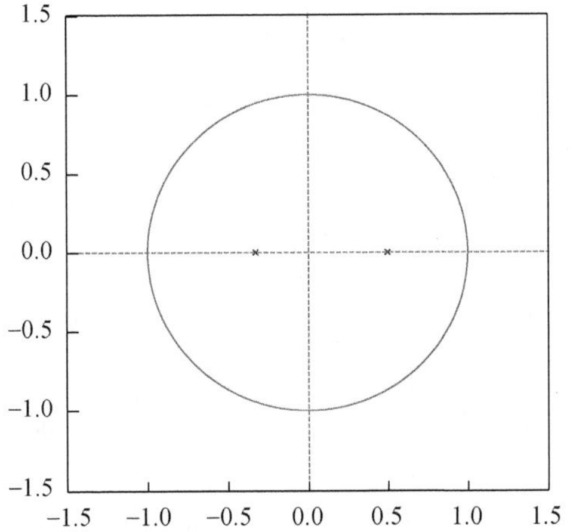

图 3-6 扶贫效应 VAR 模型 AR 根平稳性检验

（4）Granger 因果检验

运用 Granger 因果检验判断贵州旅游业发展与贫困减缓之间的因果关系及其方向，从表 3-8 可以看出，在滞后 1 ~ 3 期的情况下，在 0.01 显著水平上，贵州旅游业贡献率与贫困发生率之间存在单向的 Granger 因果关系；表明在滞后 1 ~ 3 期间，贵州旅游业发展是贫困减缓的 Granger 原因，揭示了贵州旅游业发展对贫困减缓的直接促进作用。

表 3-8 扶贫效应中变量 Granger 因果检验结果

滞后阶数	零假设	*F* 统计量	*P* 值
1	Dln*T* does not Granger Cause Dln*H*	30.52 932	0.000 253
	Dln*H* does not Granger Cause Dln*T*	0.053 33	0.822 024
2	Dln*T* does not Granger Cause Dln*H*	21.357 4	0.001 05
	Dln*H* does not Granger Cause Dln*T*	0.310 39	0.742 75
3	Dln*T* does not Granger Cause Dln*H*	38.446 7	0.002 08
	Dln*H* does not Granger Cause Dln*T*	7.781 54	0.038 11
4	Dln*T* does not Granger Cause Dln*H*	17.760 2	0.175 91
	Dln*H* does not Granger Cause Dln*T*	2.638 79	0.428 54

注：在滞后 3 期后，二者之间均不存在 Granger 因果关系

4）脉冲响应函数

基于 VAR（1）的脉冲响应函数如图 3-7 所示。

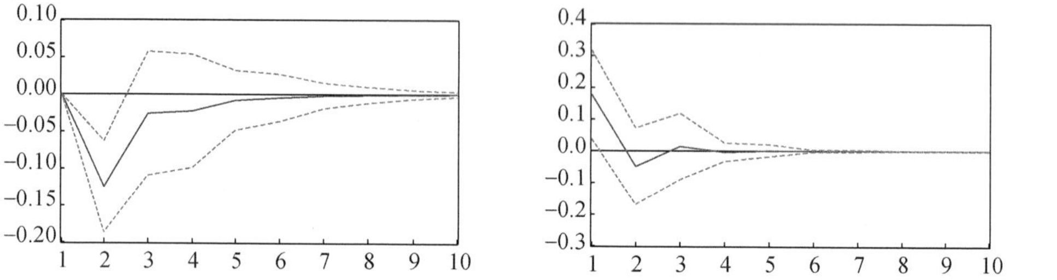

(a)贫困发生率对旅游业贡献率新息冲击的脉冲响应 (b)旅游业贡献率对贫困发生率新息冲击的脉冲响应

图 3-7　扶贫效应计量分析脉冲响应函数曲线

从图 3-7（a）可以看出，在本期给旅游业贡献率一个正标准差的冲击后，贫困发生率在第 1 期负向响应比较明显，在第 2 期达到最大，第 3 期之后渐渐收敛，这表明贵州旅游业的发展对贫困减缓的促进作用较强但持续效应偏短。

从图 3-7（b）可以看出，在本期给贫困发生率一个正标准差的冲击后，旅游业贡献率在第 1 期反应比较明显，呈反方向变化，在第 2 期之后逐渐趋于平稳，这表明贵州贫困的深度对旅游业的发展有一定的抑制作用，但持续效应不长。

5）结论

VAR 模型结果显示，贵州旅游业发展与贫困减缓之间是正相关关系，贫困减缓虽然受到自身贫困深度的影响，但旅游业发展对其促进作用很明显；Granger 因果检验结果显示，在滞后 1～3 期间内，贵州旅游业发展是贫困减缓的 Granger 原因，表明贵州旅游业发展对贫困减缓的直接促进作用；脉冲响应函数结果显示，贵州旅游业发展与贫困减缓之间存在较为显著的动态路径。贫困的深度对旅游业的发展有一定的抑制作用，但持续效应不长。旅游业的发展对贫困减缓的促进作用较强，但持续效应偏短。

6）结论分析

贵州旅游扶贫效应的计量分析结果验证了分析假设，即贵州民族村寨旅游的发展对贫困减缓的促进作用较强。民族村寨旅游的发展既可使贫困人口离土不离乡，就地实现产业转移，增加经济收入，又有利于改善贫困地区的交通、卫生等基本生产生活条件，还能够加强群众与外界的沟通和交流，提高贫困地区群众的基本素质。旅游扶贫在实践中已取得明显成效。1996 年 10 月，贵州省共有 648 个村寨、95 475 户、33 万人，由于发展旅游业摆脱贫困，依托旅游业摆脱贫困人数到 1998 年为 377 751 人，2000 年为 496 765 人，2003 年发展为 532 100

人[237]。据不完全统计，到2005年年底，贵州民族村寨已有100多万人依托发展旅游业摆脱了贫困，走上了致富之路[238]。同时，计量分析结果也揭示了现阶段民族村寨旅游发展对贫困减缓的持续效应偏短，说明贵州民族村寨旅游在发展过程中还存在一些问题（关于旅游发展过程中存在的问题详见本章第3.4节）。

3.3.3　民族村寨旅游文化效应

一般来说，文化是知识、经验、信仰、价值观、处世态度、赋义方法、社会阶层的结构、宗教、社会角色、时间观念、空间关系观念及物质财富的积累与沉淀[239]。文化具有历史性，文化现象都是历史现象；文化具有社会性，每一社会都有与其相适应的文化；文化具有民族性，随着民族的产生和发展，形成民族的传统；文化具有连续性，社会物质生产发展的连续性是文化发展延续的基础。文化体现着人们生活其中的社会环境，人类生活的任何方面无不受着文化的影响，并随着文化的变化而变化。

旅游活动是人类社会文化的交融，无论是在旅游的物质基础方面，还是在旅游者的精神过程之中，都不可避免地有着文化的印迹。游客从四面八方进入民族村寨，在与民族村寨村民相互接触交往中，带来文化的交流和影响，游客与当地村民彼此在生活方式、价值观念、习惯、信仰等方面的差异，会给对方的传统观念、世袭文化等方面带来一定冲击。旅游活动对民族村寨的本土文化既产生正面效应，也存在负面效应。

1）民族村寨旅游的正面文化效应

民族村寨旅游的正面文化效应主要体现在保护文化遗产、强化民族文化认同；传播现代文化、提升文明程度；促进文化交流、创造文化新遗产等方面。

（1）保护民族传统文化、强化民族文化认同

民族村寨旅游要吸引游客，除风光秀美的自然景观外，还需要别具特色的人文环境，保持着原汁原味的原始古朴民风的人文资源就成为重要的民族旅游资源。一些原先几乎被人们遗忘的传统习俗和文化活动，随着旅游的兴起又得到重新开发和恢复。最具民族特色的民族文化瑰宝——神话传说、历史掌故、风俗习惯、接待礼仪、服饰饮食、民间艺术、民间技艺、舞蹈戏曲、音乐美术等，得到重视、发掘、整理和提炼，为保护民族传统文化开辟了一条新途径。

历史建筑在长期濒临湮灭后，重新得到维护和管理。贵州省开展民族村寨旅游以来，在政府的规划下，拯救了一大批少数民族历史古迹，如郎德上寨明代抗清英雄杨大陆的古宅、松桃蒿菜村苗王宫殿古建筑，以及西江千户苗寨百年古建筑等。为保护少数民族的原生态历史文化，在一些村寨修建了有本民族特色的民

族博物馆，如黔南的水各村兴建了水族文化陈列馆，黔东南的郎德上寨建立了自己的苗族文化陈列室，黔西南的兴义市郑屯镇间歇泉民族村也修建了布依族民族文化展览馆，等等。

在一些旅游开展比较早和开发比较成熟的民族村寨，少数民族的历史文化得到了较好的保护和发展，传统的音乐、舞蹈、戏剧等重新受到热爱和发掘，传统的手工艺品也因市场需求的扩大而得到恢复发展。由于本民族的文化不断得到各方的重视和认同，当地的少数民族居民对自己本民族文化的认同感、自豪感不断得到加强。榕江县小黄村的侗族大歌，台江县反排苗族木鼓舞，安顺九溪村、蔡官村的地戏，还曾到国内外演出，产生很大影响，提高了跨文化的理解度和宽容度，当地人民对此感到非常自豪。天龙镇原已不穿传统服装的年轻人，开展旅游活动之后，重新穿上了民族传统服装，并以此为荣。如今，在已经开展民族村寨旅游的许多村寨中，青少年学习民族歌舞、民族民间艺术已经蔚然成风。在榕江、黎平等县，许多文化遗产如民族音乐、歌舞、绘画、刺绣、蜡染、工艺等已列入当地小学课程。

（2）传播现代文化、提升文明程度

民族村寨旅游的发展，不仅给一些曾经非常贫穷闭塞的村寨带来了经济和文化的活力，也带来了文明的气息。很多开展民族村寨旅游的村寨，村民开始学习用普通话与游客交流，对待游客，村民们也注意礼貌用语。经营农家乐的经营户，在住宿的卫生条件上也有很大程度的改善和提高。在郎德上寨经营农家乐的老支书家里，10 多个床铺的被套和枕头，都套上了雪白的床单和枕套，并定期进行清洗。另外，外来的游客和经营户，也给民族村寨村民带去了高科技，提高了经营效率。在西江千户苗寨，前几年还不知道网络是什么的一些经营户，现在也开始在家里拉起网线，在网络上宣传自己、招揽生意。如西江千户苗寨“李老师”客栈的经营业主李珍，现在就在享受网络给他带来的好处。在境外游客喜爱光顾的民族村寨，当地村民也从外国游客的身上了解了一些国门之外的知识，增长了不少见识，有的村民还学会用简单的日常英语与外国游客交流。

2）民族村寨旅游的负面文化效应

民族村寨旅游的负面文化效应主要表现在民族文化被同化及民族文化的庸俗化等方面。

（1）民族文化被同化

旅游活动中，外来旅游者和当地居民之间的价值观、社会观、道德观、宗教观和政治观不断相互撞击，进行着文化渗透。在双方互动时，无形的影响会潜移默化地发生。旅游者在与当地居民的接触中，将自己的价值取向、思想观念、生活方式展示给村民，而长期处于封闭状态的本地居民，对外界世界有着本能地向往，更易于接受外来事物，在文化旅游场景中处在相对被动的地位。在民族村寨旅游过程中，由于外来文化的传入，使民族村寨独特的民族文化氛围被冲淡。旅游者严重影响了旅游地的社会文化，主客之间的文化身份错位，经过长期的传播和渗透，民族文化逐步被同化。

（2）民族文化庸俗化

在经济目的的刺激下，民族村寨为迎合旅游者求奇求新的心理，往往以现代艺术形式包装民族文化，将其舞台化、程序化，失去了原有的文化内涵。有的将其他民族的风俗照搬过来，不伦不类，形成“假民俗”“伪民俗”；有的不加选择地将民族传统文化的精华和糟粕一起开发，将其中的陈规陋俗，迷信、低级趣味的东西搬上舞台；有的在根本不了解民族文化内涵的情况下，为满足游客求奇的心理，肆意扭曲民族文化。这类的旅游发展“策略”，取得短暂的眼前利益，却严重伤害了民族感情，将民族文化庸俗化的结果是极大破坏了民族村寨旅游资源，失去了长期效益。

（3）民族文化商品化

传统的民间习俗和庆典活动是村寨旅游活动的亮点，也是游客接触异文化的窗口。为了迎合旅游者的兴趣和需求，这类活动被搬上“舞台”，而具有戏剧的特色：表演的随时性，不再按照传统的特定时间；场景的随意性，不需要传统特定地点；方式的混杂性，任意在传统艺术中加入非传统的成分；内容的不确定性，随便压缩活动的内容，加快表演的节奏。很明显，文化活动已烙上了商品化的痕迹，传统意义和价值在很大程度上已经丧失。

随着社会经济文化的日益繁荣和进步，少数民族传统文化正经历着一种前所未有的变迁，面临着变异、衰亡甚至灭绝的可能和趋势。究其原因，一方面主流文化的渗透与冲击，给本已脆弱的少数民族文化带来了迷惘与困惑，“当代社会主流文化（在我国即汉族文化）对少数民族文化的‘示范效应’是此危机形成的主要原因”[240]，使其对自身文化向何处去、怎样去的把握度降低，另一方面现代化发展趋势的连带影响，使少数民族文化自我选择的决定权部分丧失，不可避免地被时代大潮所裹挟。少数民族地区的文化变迁在不断进行着，旅游开发在某种程度上加速了民族特色文化的消逝和文化趋同。

3.3.4 民族村寨旅游环境效应

环境是资源存在的条件，是旅游者进行活动的空间。它是由一定的地域内，地质条件地貌特征、气候和水文的变化、动植物景观共同形成的相互作用、相互依存的综合体。良好的环境对旅游业的产生和发展起着重要的推动作用。旅游与环境之间存在着3种基本关系：一是独立关系，旅游与环境变化各自发展，相互之间没有接触和干扰，保持独立。这种情况一般不会持续很长时间，随着旅游业的大规模发展，旅游将对环境产生深刻的影响。二是共生关系，旅游与环境保护协调发展，彼此受益。三是冲突关系，当旅游对环境产生有害影响时，旅游与环境就会发生冲突[241]。考虑到这些关系的存在，下面将从正负两个方面来探讨旅游的环境效应。

3.3.4.1 民族村寨旅游的正面环境效应

民族村寨旅游的正面环境效应主要体现在促进民族村寨生态环境建设与民族村寨聚落的保护和更新等方面。

1）促进民族村寨生态环境建设

旅游业的发展，客观上要求发展旅游基础设施和服务设施，美化环境，而旅游业的发展和村民收入的增加，又为民族村寨人居环境的进一步改善创造了条件。

为改变贵州省民族村寨“环境脆弱⇒贫困⇒掠夺资源⇒环境恶化⇒贫困加剧”的恶性循环，早在20世纪90年代，贵州在多个地州，如黔东南、黔南、毕节就提出“退耕还林、种草养畜、少生优生”的发展思路。之后，又配合“五改一气”农村生态项目的建设，提出“因村而异、因地制宜，实行以点带面、以条件较好的民族村寨为示范点，生态环境建设、生态经济建设、生态文化建设和组织保障多项措施并进发展”的思路。

民族村寨生态环境建设对贵州民族村寨经济和民族村寨旅游发展都具有重要意义。以离贵阳市18 km的乌当区永乐乡为例，在环城林带建设中，乡政府发动群众在荒山坡上培土造林，发展了8000亩连片水果基地、3600余亩无公害蔬菜基地，全乡共建沼气池900多口，逐步推广“猪沼菜”“猪沼果”等生态农业模式，成为农业部定点监测的无公害农产品基地①。生态经济示范村和无公害农产品基地也可成为人们旅游参观的内容，生态经济村的建设，能为民族村寨旅游提供许多条件较好的村寨旅舍、旅游景点和旅游环境等，为民族村寨生态农业旅游的发展奠定良好的基础。

很多开展民族村寨旅游的村寨，进行了改厕改圈，实现了人畜分离，有的民族村寨还制定了专门的卫生管理条例。例如，在黔东南的西江千户苗寨，西江镇政府专门出台卫生管理条例，对村寨的卫生环境进行定期检查；在毕节地区的王家冲村，村委会也自发拟定了《王家冲村卫生公约》。

开展民族村寨旅游活动的实践，使广大的村民认识到良好的生态环境、优美的自然风光和整洁的田舍家园的旅游价值，增强了生态环境保护意识。

① 资料来源：《贵州省乡村旅游典型村寨调研分析报告》(2008)。

2）促进民族村寨聚落的保护与更新

民族村寨聚落以整体的风貌体现其民族文化价值，具有很高的民族认知、生态和审美价值，因此民族村寨聚落保护的重要意义已被广为认同。对于民族村寨聚落保护的思路，曾一度着眼于既提高当地居民生活质量，使其过上现代化的生活，同时又保持民族村寨古老的形态。随着时间的推移，这种设想逐渐被证明是不具备现实可行性的，因为其固化了聚落中人的因素，将人与文物一起封闭保存，而忽略了人是自然界最活泼的生命体。民居聚落也是人们社会生活的载体，村民也是社会人，也有社会性需求。既然这种封闭保护无法实现，那么就必须寻求一种新的方式，使传统民族村寨聚落能够长久生存和不断发展，旅游开发则是一种有益的探索。

旅游行为的诱因之一是环境差异，旅游空间之间的互补使人们产生了旅游动机。民族村寨与自然山水的有机结合、物质文化遗产的完整风貌及各具特色的非物质文化，对久居都市的游人具有很强的吸引力。传统民族村寨聚落的旅游开发以地理环境的差异性为基点，因此要特别注重民族村寨聚落的保护与更新。旅游的发展客观上促进了民族村寨聚落和传统文化的发掘、保护及在此基础之上的更新。例如，黔东南州的黎平肇兴侗寨，以其保存完好的侗族民居和侗族鼓楼而极富旅游特色，有“侗乡第一寨”之美称。肇兴侗寨四面环山，村寨建于山中盆地，一条小河穿寨而过。寨中房屋为干栏式吊脚楼，鳞次栉比，错落有致，全部用杉木建造，古朴实用。肇兴侗寨分为五大房族，分居 5 个自然片区，当地称之为“团”（即仁、义、礼、智、信）。开展民族村寨旅游以来，肇兴侗寨对村寨内新建房屋执行严格审批制度，规范民居接待点建设，整顿清理各侗寨景区内违反传统建筑风格的建筑，明确各民居接待点必须按照国家级风景名胜区民居接待点标准建设，有效地保护了侗寨的原始风貌。2005 年，肇兴侗寨被《中国国家地理杂志》评为“中国最美的六大乡村古镇”之一。2007 年，肇兴侗寨被美国《国家地理 · 旅行者》、中国《时尚旅游》评为全球 33 个最具诱惑力的旅游目的地之一。

3.3.4.2　民族村寨旅游的负面环境效应

旅游业被称为“无烟工业”，而旅游消费又是一种“精神消费”过程，因而通常认为旅游资源不存在枯竭的问题。实际上，过度开展旅游活动、不合理开发和旅游者的大量进入，也会排出废物，污染环境，消耗资源。

例如，贵阳市花溪区的镇山村，凭借得天独厚的原生态自然环境与民族文化旅游资源，于 1995 年开展民族村寨旅游。镇山村的原生态旅游资源，在游客数量激增的情况下，受到了破坏：村民为了扩大游客接待量，在盖房时乱挖、乱建，严重破坏了生态环境；为了追求时尚，新建的房屋多为现代风格，与村里原汁原味石文化民族建筑格格不入；为了满足游客的口腹之欲，随意滥捕花溪水库中的鱼虾，破坏了水域生态环境。并且大部分农家乐餐馆做饭都是烧煤和薪材，污染了空气，同时，增加了垃圾及污水的排放量，影响了环境卫生。

从以上分析可以看出，旅游和环境之间的关系是相当复杂、相生相克的关系。民族村寨旅游发展是一柄双刃剑：一方面，民族村寨旅游发展促进民族村寨生态环境的良性循环；另一方面，不合理及过度的旅游开发会恶化民族村寨的生态环境。民族村寨旅游发展对环境的影响是产生正面效应还是负面效应，取决于民族村寨旅游系统在演化过程中，哪一个序参量起到了支配作用。

3.4 贵州民族村寨旅游发展存在的问题

从目前状况分析，贵州民族村寨在旅游发展中主要存在以下问题。

1）经济基础较差，易形成“旅游飞地”

贵州省是一个“欠发达、欠开发”地区，其经济发展无论经济总量、人均水平、自我发展能力都在全国处于落后地位（表3-9），按全国地区生产总值比较，2004～2008年贵州省在全国的排名一直在27～28名徘徊。经济发展水平一方面影响省内客源市场（根据旅游空间距离衰减规律，省内居民收入的增加首先会提高省内出游率，从而促进本地旅游业的发展），另一方面影响发展旅游的物质基础和相关产业的竞争力，继而通过旅游产业链影响旅游的乘数和漏损效应。

表3-9 贵州地区生产总值与相邻地区比较表

地区	地区生产总值/亿元				
	2005年	2006年	2007年	2008年	2009年
重庆	3 467.72	3 907.23	4 676.13	5 793.66	6 530.01
四川	7 385.10	8 690.24	10 562.39	12 601.23	14 151.28
贵州	2 005.42	2 338.98	2 884.11	3 561.56	3 912.68
云南	3 461.73	3 988.14	4 772.52	5 692.12	6 169.75

资料来源：《中国统计年鉴2010》（2010）

贵州民族村寨由于长期封闭，开发较晚，经济更加落后且结构单一，容易在旅游经济发展过程中，增加对外部需求的依赖程度，使民族村寨经济体系不稳定，成为“旅游飞地”（“旅游飞地”是指旅游或体闲地虽然依托的是当地的土地和旅游资源，但其经济的连带作用与当地经济发展的关联很小，旅游者消费的物资和从事服务的中高层人员基本来自于外地[242]）。加上目前民族村寨在旅游发展过程中尚未形成完善的本地化产业链，从而造成民族村寨旅游收益大量外流，影响民族村寨的发展。

2）基础设施薄弱，交通运输形成旅游发展瓶颈

基础设施在经济发展中具有极其重要的作用，它具有先行性和基础性的特点，是其他产业部门赖以建立和发展的基本前提条件。贵州民族村寨旅游无论从量还是从质来看，与旅游六要素（吃、住、行、游、购、娱）相关的基础设施建设相对滞后，不能适应和满足游客多层次的需要。

从旅游区位理论而言，区位是区域发展的基础，是发展地区旅游业的一个重要因素[243]。从区位因素来看，贵州省地处云贵高原东部，既不靠海、也不沿边，而且远离国内主要客源市场——京津唐和珠江三角洲、长江三角洲等沿海经济发达地区。根据旅游引力模型[244]，距离重要客源市场的远近和客源市场的大小是影响一个民族村寨旅游发展能否顺利的一个重要因素。因而远离主要客源市场的旅游区位制约了贵州民族村寨旅游发展。虽然发达的交通可以在一定程度上改善本地区不利的区位条件，增强民族村寨旅游景区点的可进入性和吸引力[245]，但贵州省落后的交通运输状况（表3-10）在很大程度上限制了贵州省许多高质量、高品位民族村寨旅游景区的通达性，形成制约贵州民族村寨旅游发展的“瓶颈”。

表3-10　贵州省交通运输状况与相邻地区比较表　　（单位：km）

地区	铁路营业里程	内河航道里程	公路里程				
				等级公路			
					#高速	#一级	#二级
重庆	1 317.7	4 331	110 950	70 425	1 577	516	7 495
四川	3 257.9	10 720	249 168	183 108	2 240	2 186	13 099
贵州	1 982.7	3 442	142 561	68 046	1 189	151	3 171
云南	2 474.8	2 532	206 028	138 150	2 512	628	4 973

资料来源：《中国统计年鉴2010》（2010）

3）旅游整体营销和市场宣传力度不足

旅游产品的不可移动性、无形性和旅游者的异地性，决定了旅游产品不可能像工业产品那样直观地在市场上展示，只能以信息传递的方式与潜在的旅游者沟通。总体来看，贵州民族村寨旅游整体营销和市场营销宣传力度不足，数量众多且高度分散的民族村寨与远距离的游客市场之间存在信息沟通的巨大障碍。民族村寨村民自我宣传意识不强，大多还停留在“酒香不怕巷子深”的思路上。民族村寨在旅游营销宣传和市场开拓上过多依赖当地政府，没有形成自己的营销宣传体系，缺乏与旅行社等旅游媒介的联系沟通，较少发挥网络媒体在整个旅游市场宣传促销中的作用。开展旅游活动的民族村寨不仅营销宣传力度不够，而且缺乏与当地周边民族村寨的横向联系，对外营销宣传难以形成整体的形象和持续的轰动效应。

4）从业人员受教育程度低、培训少，专业技术人才匮乏

贵州民族村寨旅游从业人员学历普遍较低，大多数从业人员缺乏基本的文化基础知识，缺少竞争危机感和现代旅游服务意识。民族村寨的住宿、餐饮等一线服务人员，不论是普通话、卫生习惯，还是服务意识和技能离接待中高档体验性游客的要求相差甚远；从业人员接受旅游教育培训的机会少，各级旅游行政部门对旅游教育培训工作重视不够，对旅游教育培训投入的资金较少，缺乏必需的旅游培训基地、设备和师资，严重地制约旅游教育与培训的发展，导致饭店经营管理、旅行社管理、市场营销、旅游规划、旅游商品开发设计、民族村寨资源环境保护管理、专业民族村寨旅游专家或中、高级研究人员和教育培训师资等有关专业人才严重缺乏，也制约了民族村寨旅游业的健康发展。

5）民族文化旅游资源保护缺乏后劲

独特的民族文化旅游资源的开发与管理，离不开懂民俗民风、有知识、会管理的乡土人才的积极参与，而那些精通少数民族文化的村民、受过高等教育的青年人不甘于扎根山区，从事民族村寨旅游开发的实际工作，大多数选择外出务工。笔者在田野调查中发现，许多民族村寨存在留在家里的是一支“613860部队”。“61”是指儿童，“38”是指妇女，“60”是指老人，就是说留在村寨里的不是儿童和妇女，就是年老多病的老年人。而且，妇女多是中年人，年轻姑娘们也大多外出打工去了。在偏远的民族村寨，随着老一代艺人的纷纷故去，由于缺乏原生民族文化的传承机制、激励机制和旅游开发带来的实惠，青少年对学习原生民族歌舞没有内在动力。随着市场经济的发展，地区间从业收入产生巨大反差，大批乡土艺术人才正在被旅游发达地区重金挖走，人才外流现象十分严重。劳务输出及市场经济的冲击导致民族文化传承人出现“断代”危机。

6）缺乏科学规划与统筹发展

贵州有5万个以上的自然村寨，许多村寨都具有依托原生态民族文化、优美自然环境发展乡村旅游的比较优势。许多地区单纯从资源情况出发，脱离本地区旅游发展的其他条件，在没有进行科学规划和市场论证的情况下，进行盲目的、浅层次的旅游开发。在急功近利心态的驱使下，零星、孤立、表面乃至竭泽而渔式的开发并不鲜见。由于缺乏经验和资金，没有进行科学的整体规划，任其自由发展，盲目开发，造成旅游布局不合理，功能雷同，无法实现本区域民族村寨旅游资源的有效整合，使得民族村寨旅游的巨大潜力不能有效发挥。即使有些地区的民族村寨做了旅游规划，但由于各地区都在聘请自己的“专家”制定本地区的规划，结果是大家都在搞不成规模的“小而全”，效益有限。有的地区和部门出于自我保护的目的，宁可资源浪费，宁可为争夺资源与邻县、邻村搞坏关系，也不愿携手合作，导致民族村寨旅游资源开发利用不能形成合力，造成巨大的浪

费甚至是巨大的破坏。民族村寨旅游开发过程中低水平的重复建设导致资源浪费，甚至引发恶性竞争，严重影响民族村寨旅游发展的联动效应。

7）村民参与度低，分配机制不合理

据贵州省旅游局组织的2007年乡村旅游典型村寨调研分析结果显示，在调查的32个旅游典型村寨中，除郎德上寨、天龙屯堡、独山村、南花、音寨、下白岩、水各大寨外，其余村寨社区农户旅游经营的参与率都低于15%。民族村寨旅游村民参与度低，其原因一方面与村民参与旅游的意识和能力有关。美国经济学家詹姆斯·C. 斯科特（James C. Scott）的“安全第一”生存伦理认为农民的行为是不冒风险的，他要尽量缩小最大损失的主观概率[246]。另一方面受利益分配机制的影响。民族村寨旅游最重要的资源就是民族文化，而民族文化的载体就是民族村寨的所有村民。在民族村寨旅游资源，尤其是文化资源的开发过程中，对当地村民的利益未能充分考虑，将产生重大的负面影响。例如，肇兴侗寨由于公司在经营过程中垄断当地的餐饮、住宿及歌舞表演等经营，引发当地村民的不满，影响村民参与的积极性[247]。

4 民族村寨旅游系统分析

4.1 民族村寨旅游系统的结构及内涵

4.1.1 旅游系统的概念

系统一词最早出现于古希腊语中，原意是指事物中共性部分和每一事物应占据的位置，是以某种方式相互联系的离散元素的集合，也就是由相互联系的各个部分组成的整体。美籍奥地利理论生物学家冯·贝塔朗菲首次将系统作为一个重要的科学概念予以研究，他认为系统是“处于相互作用中的各要素的集合”[248]。即由若干互相联系、互相作用的要素组成的，具有特定功能和运动规律的整体。系统的特性包括整体性、开放性、动态性、层次性等多个方面。

对于旅游系统这个概念，学界在定义、结构、功能等方面尚未达成共识。史蒂芬·佩吉认为，研究者理解旅游现象本质的方法是系统论方法。这种方法的主要目的是将现实世界复杂的旅游活动合理化和简单化，并用很多强调旅游内在联系的要素来表示。一个旅游系统就是一个涵盖了旅游者完整旅行经历的框架。这种方法的分析价值在于：它能够使人们分别从供应商和购买者的角度理解旅游的全过程，同时明确认识一些能够影响和控制旅游活动的相关组织[249]。刘峰认为旅游系统是一个开放的有机系统，在介入旅游活动的各个因子依托制约作用下形成[250]。吴必虎认为，旅游系统即旅游活动系统，将旅游活动看成是一个由客源市场、出游系统、目的地和支持系统组成的系统[251]。吴人韦认为旅游系统即旅游业系统，能够实现运行、协同、获利功能[252]。吴晋峰强调旅游系统由目的地、客源地和媒介构成，是社会经济系统的子系统[253]。袁国宏认为旅游系统是一个通过向旅游者提供高质量的完整旅游经历，而使各组成要素相互联系、相互作用构成的统一体，它是一个由许多子系统组成的开放的、复杂的巨系统[254]。

目前提出的旅游系统内涵各异，研究人员研究问题的出发点、角度和研究领域存在差异，实际上，这些不同的系统定义是基于研究者对旅游本质问题的不同理解而产生的。从目前国内外提出的所有旅游系统看，每一个旅游系统都有自己的角度和所在层次，因此，系统的边界不同，系统内部的具体要素和结构就不同。从旅游系统的研究演进看，由简单的市场供给关系，到更为丰富的社会、政治和文化等多种关系，对旅游系统的认识也在不断地深化[255]。

4.1.2 民族村寨旅游系统的概念、结构及特性

4.1.2.1 民族村寨旅游系统的概念

民族村寨旅游系统是指民族村寨旅游活动各要素之间相互联系、相互作用构成的，特定时空意义上的、动态的有机整体，是以民族村寨吸引力为核心，以旅游者的异地移动性为特征的一个结构复杂、功能多样的开放系统。

4.1.2.2 民族村寨旅游系统的结构

民族村寨旅游活动的发生涉及客源地（O=Origin）和目的地（D=Destination）及客源地和目的地之间的通道。从空间表现形式上将其描述为一种通道式的流动现象：即旅游客源地与旅游目的地之间由旅游的交通通道所连接。从空间视角，进行地理学上 O-D 对（O-D Pairs）的研究，分析客源地、目的地及其相互作用；从市场视角，要进行经济学上 D-S 对（D-S Paris）的研究，考察旅游需求与市场的供给；除此之外，还应关注相关的支持系统[256]。本书在借鉴澳大利亚学者 Leiper 的空间系统模型和我国学者吴必虎的旅游（游憩）系统模型及参考国内外学者提出的其他旅游系统模型基础上，构建民族村寨旅游系统模型（图 4-1）。

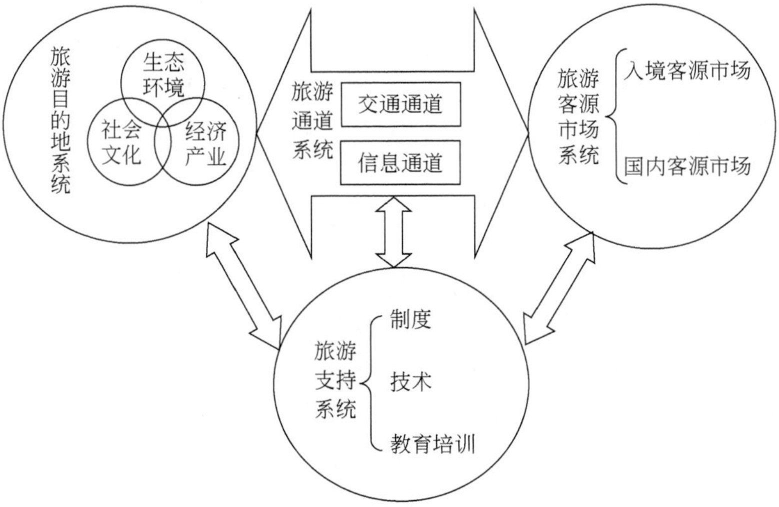

图 4-1　民族村寨旅游系统模型

民族村寨旅游系统包含：民族村寨旅游目的地系统（以下简称目的地系统）、民族村寨旅游客源市场系统、通道系统和支持系统。

4.1.2.3 民族村寨旅游系统的特性

1）整体性

系统就是由许多部分组成的整体，所以系统的概念就是要强调整体，强调整体是由相互关联、相互制约的各个部分所组成的[257]。系统的总体功能不等于各个孤立部分功能之和，不是各个组成要素功能的简单叠加，也不是由组成要素简单地拼凑，而是呈现出各组成要素所没有的新的功能。

民族村寨旅游系统具有系统的整体特性，是由多个不同目标、不同因子、不同变量、不同要素所构成的相互制约、相互联系着的社会、自然、经济综合体。为研究方便，将其分为客源市场系统、目的地系统、支持系统和通道系统 4 个子系统，民族村寨旅游系统在结构上是子系统整合成的有组织的复杂整体，在功能上是在子系统协同下、空间组织单元完整的活动过程，在空间上是有范围限定的地域空间。

2）开放性

民族村寨旅游系统与外部环境之间不断进行物质、能量和信息的双向交流，因此具有开放性。环境是指系统以外的事物（物质、能量、信息）的总称。民族村寨旅游系统时刻处于环境之中，系统必须与外部环境进行物质、能量、信息的交换，这样才能适应环境，使系统保持最佳，由无序走向有序。例如，旅游者的到来，使民族村寨旅游系统所消费的物质能量会大大超过系统自身所能提供的数量，导致民族村寨旅游系统所需要的大部分能量和物质，要依靠从外部环境输入。因此，这种需要与外部环境进行能量流、物质流信息流交换的系统，必须是高度开放的系统。

3）动态性

民族村寨旅游系统并不是静态的，它处在动态的不断变化中，这种动态是系统的构成要素之间相互作用导致的，即系统结构导致系统行为。无论是民族村寨旅游目的地系统、客源市场系统还是通道系统，其组分和参数如交通工具、出行率、旅游产品等都处于不断震荡变化中[258]。从巴特勒提出的旅游地生命周期理论可以看出，在民族村寨不同的旅游发展阶段，不但旅游者数量不同，而且旅游目的地的接待容量也不同。随着旅游活动的发展，不断地有村民参与到旅游经营活动中，民族村寨旅游地的接待容量在初期增长速度很快，但是增长到一定的程度后，增长的速度就会下降，呈现出 S 型的发展曲线。

4）层次性

民族村寨旅游系统由处于不同层级的子系统整合而成，不同的结构层级与不同的功能层级相对应。随着社会发展、人类的进步，旅游系统愈来愈庞杂，变成多元化、多层次、多要素的复杂系统。民族村寨旅游系统是由目的地系统、客源市场系统、通道系统和支持系统 4 个子系统组成，而旅游目的地、客源市场、通道和支持子系统则又由复杂的要素构成，如通道系统包括信息通道和交通通道系统，交通通道系统又包含航空、水路、铁路、公路等下一级子系统。旅游系统的多层次性是旅游系统复杂性的根源，在民族村寨旅游系统发展中要组织协同好各层次的旅游子系统。

5）非平衡性

民族村寨旅游系统内的旅游地子系统和客源市场子系统之间，无论是自然生态环境、历史文化，还是经济社会发展都存在极大的不平衡。从自然环境角度而言，民族村寨的山水、土壤、植被等自然结构，由于地球地貌形态分布的不均衡性，与外界环境极不相同；从历史文化角度而言，由于人类文化的发展存在明显的地区差异性和不平衡性，民族村寨目的地系统和客源市场系统之间的历史文化差异极大。正是目的地系统和客源市场系统之间自然环境和历史文化的不平衡性，使旅游活动产生了动力，是旅游流产生的基本前提。另外，经济社会发展在时间上的不平衡性是旅游客源市场形成与发展的根本保证；经济社会发展在结构方面的不平衡性是旅游客源市场发展壮大更为重要的原因；经济社会发展在空间上的不平衡性，使旅游作为一种经济财富与景观财富的重新分配手段具有重要意义[259]。

6）相关性

民族村寨旅游系统内的各要素是相互联系、互相作用、互相制约的，具有很强的关联性。民族村寨旅游系统的生存和发展与吃、行、住、游、购、娱等各旅游要素相关的许多行业密切相关，还能够直接或间接地带动交通运输及民族村寨的种植业、养殖业和农副产品加工业、工艺品等相关产业的发展。旅游系统如同蛛网一样，触及其一部分，整个网都会起来，具有“牵一发而动全身”的特性[260]。不仅目的地系统、客源市场系统、通道系统和支持系统 4 个子系统中任何一个子系统的变化必然会影响整个旅游系统，而且旅游系统中某一要素发生变化如游客增多或减少，其他相关要素如交通运输能力、餐饮和住宿的接待能力等也要进行调整。民族村寨旅游系统的相关性要求各子系统及系统内的各要素必须协同发展。

4.2 民族村寨旅游的客源市场系统分析

民族村寨客源市场系统以现在及潜在的客源发生地为研究的出发点，其子系统（也称为细分市场）的划分依据是有差别的旅游需求。进入旅游客源市场，首先需要进行细分程序，即针对需求不同的各种旅游者，将其需求作为主要关注点，分析需求差异，将诉求相同者归入一类，则这些被归类者就形成了一个个集合，每个集合即是一个小细分市场。根据旅游者的不同层次结构，可进行地理细分、人口细分、心理行为细分等。地理细分是指按地理位置来细分旅游市场，涉及对游客来源及游客所来自的国家的分析；人口细分是根据旅游者的年龄、性别、家庭规模、婚姻状况、家庭生命周期、收入水平、职业、文化程度、民族、种族、宗教信仰、社会阶层等因素进行细分；心理行为细分是指依据消费者性格、生活方式、旅游目的等进行细分。

4.2.1 民族村寨旅游客源市场系统结构分析

本节研究中，首先采用地理细分方法，依据游客来源地把民族村寨客源市场系统分为入境客源市场和国内客源市场，同时结合人口细分等方法对民族村寨旅游客源市场系统进行分析①。

4.2.1.1 入境客源市场分析

贵州民族村寨旅游的客源市场结构中，从入境的客源市场看，东亚（日本、韩国等）、东南亚（新加坡、马来西亚等）、北美（美国、加拿大等）和欧洲（法国、英国、荷兰、德国等）及中国香港、澳门、台湾等国家和地区是贵州民族村寨旅游主要的入境客源地。

①东亚市场。东亚市场的日本、韩国与我国历史、文化有渊源关系，地理区域相邻，文化的趋同性、民族文化的神秘性使日韩旅游者对贵州民族村寨旅游有着极大的兴趣。加上日本、韩国的经济较发达等因素，东亚市场是贵州民族村寨旅游今后相当长时间内的主要入境客源市场。

②东南亚市场。东南亚10国聚居了大约3000万华侨和华人，为华夏子孙分布最集中的地区之一[261]。新加坡、马来西亚等东南亚市场与我国地缘相近、文脉相

---

① 本节分析中采用的省际层面数据（除特别说明外）来源于《贵州乡村旅游规划》（2006～2020），贵州乡村旅游规划编制组采用随机抽样问卷调查法对贵州乡村旅游的需求要素进行了全面调查，调查对象为到贵阳、黔东南、黔南旅游的游客，共收回有效问卷950份。

同，已成为贵州民族村寨旅游的重要客源地。另外，贵州民族村寨旅游资源的多种优势和特色，与东南亚形成互补型旅游圈，不仅能从东南亚吸引更多的旅游者，还可以从泰国、新加坡、马来西亚“旅游金三角”地带吸引更多的国际中转游客。

③欧洲及北美市场。欧美旅游者对中国原生态的民族建筑和文化民俗非常感兴趣，在选择旅游目的地时，更多地选择那些同他们环境差异较大，具有浓郁的民族特色和悠久历史的旅游目的地。美国、法国、德国、英国、荷兰、加拿大等也是贵州民族村寨旅游的重要客源国，上述国家经济发达程度、人民生活水平和出国旅游者人均消费水平都比较高，是需要大力开拓的国际客源市场。

④中国香港、澳门、台湾市场。中国香港、澳门、台湾市场一直是贵州民族村寨旅游主要的入境客源市场，开发潜力很大。中国香港、澳门、台湾市场大部分旅游者是以观光度假、探亲访友或寻根祭祖为目的，对民族村寨旅游目的地环境适应性较强。贵州民族村寨自然和人文景观的新奇性、差异性、互补性等都对中国香港、澳门、台湾旅游者具有较强的吸引力。

从目前状况来看（表4-1），贵州民族村寨旅游入境客源市场与国内客源市场相比份额过小；从发展趋势来看，贵州民族村寨入境客源市场可能形成外国人、台湾同胞、港澳同胞三分天下之势。

表4-1　贵州省接待外国旅游人数（按地区分）　（单位：人）

地区名	2005年	2006年	2007年	2008年	2009年
总计	92 584	107 006	154 762	182 231	162 792
亚洲	45 417	50 403	69 077	81 560	75 042
非洲	413	569	752	1 120	980
欧洲	19 219	23 547	36 234	43 325	39 094
拉丁美洲	15 357	21 302	30 355	35 076	30 493
大洋洲	11 305	10 229	15 456	17 564	14 814
其他	873	956	2 888	3 586	2 369

资料来源：《贵州统计年鉴》（2006～2010）

郎德上寨作为贵州省最早开展旅游活动的民族村寨，其入境客源市场构成具有一定的代表性，见表4-2。

表4-2　郎德上寨入境游客表　（单位：人）

国家和地区	日本	韩国	美国	加拿大	法国	荷兰	德国	中国台湾	中国香港、澳门	其他
2002	218	69	318	47	27	11	25	490	193	339
2005	337	22	182	82	264	67	18	513	194	216

资料来源：郎德上寨旅游接待小组提供

入境民族村寨旅游者的出游动机明确且较单一，主要集中在民族风情和田园风景观光，各占58%和41.7%；其中，到黔东南、黔南、黔西南的入境、省外游客分别有 71.1%、53.8%、64.71%，是为了体验其独特的民族文化遗产；入境民族村寨旅游者消费水平较高，他们在民族村寨旅游地的消费可达 960.15 元/人次，平均停留天数在 2~7 天的占 53%，远远高于贵州省游客的平均消费水平和停留天数（表 4-3）。

表 4-3　来黔境外旅游人数及人均消费支出

类别	2005 年	2006 年	2007 年	2008 年	2009 年
来黔境外旅游者人数/万人次	27.62	32.14	43.00	39.54	39.95
外国人	9.26	10.70	15.48	18.22	16.28
港澳同胞	7.82	9.33	13.05	10.79	10.84
台湾同胞	10.54	12.11	14.47	10.52	12.83
平均每人逗留天数/天 · 人$^{-1}$	2.29	2.24	1.86	1.75	1.63
平均每人每天消费支出/美元 · 人$^{-1}$ · 天$^{-1}$	160.09	163.68	171.54	169.30	169.12

资料来源：《贵州统计年鉴》（2006~2010）

入境民族村寨旅游者对旅游点的选择有明显的空间指向性。入境游客多选择民族文化浓郁的民族村寨和依托于大型景区的民族村寨旅游点，特别是到黔东南、黔南、黔西南的入境游客更趋向于民族文化浓郁的村寨。

4.2.1.2　国内客源市场分析

贵州民族村寨旅游的客源市场结构中，国内客源市场虽以省内游客为主（64.8%），但其比重呈下降趋势，而长江三角洲、珠江三角洲和京津唐地区游客所占的比例逐年增高，特别是在黔东南州省内民族村寨旅游客源只占 36.7%，长江三角洲占 29.3%，京津唐地区占 4.8%，珠江三角洲占 4.1%，贵州省周边省占 9.4%，其他省份占 14.3%，使得国内的三大客源产出地成为贵州省重要的客源地。

国内游客多选择名声在外的大型景区，并在景区旅游时，顺便或被推荐到周边的民族村寨旅游点旅游，而来自于长江三角洲、珠江三角洲和京津唐地区的高消费群体及对文化有特殊爱好的游客，对民族村寨旅游点有明显的选择偏好，更多地选择全省的主要村寨旅游点，并且其需求具有偏好深度文化体验的特点；省内游客到民族村寨旅游点多以观光、休闲为主，环城市民族村寨旅游带是他们的首选地，而特殊兴趣者和旅游市场的成熟者更多会选择民族文化浓郁的民族村寨和依托于大型景区的民族村寨旅游点。

根据贵州民族村寨旅游规划编制组调查数据显示，民族村寨旅游的国内客源市场还呈现出以下特点：

1）*游客的年龄分布不均衡，以中青年为主，高、低年龄段游客偏少*

不同年龄阶段的游客，旅游目的、旅游时间、对旅游产品需求的程度、交通工具和住宿条件的要求也不同。19~35 岁年龄段的游客充满朝气和活力，喜欢追求新体验，且该年龄阶段精力充沛、思维活跃、求知欲强，属于生命力扩张时期，渴望了解外部世界，家庭负担轻，出游率最高；36～59岁年龄段的游客出游率较高，与他们的生活及工作稳定，收入丰厚有关，多以家庭为单位出游；60岁以上年龄段的游客受身体条件限制出游率较低，并表现为短程旅游（表4-4）。

表4-4　贵州民族村寨旅游国内游客年龄构成　　（单位：%）

年龄	贵州	贵阳	黔东南	黔南
18岁以下	8.6	12.4	6.91	6.6
19～35岁	57.6	58.4	52.1	62.3
36～59岁	27.2	21.2	33.9	26.5
60岁以上	6.6	8.0	7.1	4.6

2）游客文化程度与出游力成正相关

从游客的文化构成分析，贵州民族村寨旅游的文化层次以大专以上的文化层次为主体（71.7%），高中以下文化层次出游力较低（2.5%）。

3）职员是旅游消费的主力军，其次是学生和离退休干部

贵州民族村寨旅游者的职业构成以职员为主，包括公务员、企事业管理人员、文教技术人员、服务销售人员，其比例达57.5%，其次是在校大学生，他们对民族村寨旅游有较强的好奇心。因此，双休日到民族村寨去游览和休闲度假是当前最直接的需求特征（表4-5）。

表4-5　贵州民族村寨旅游国内游客职业构成　　（单位：%）

职业 地区	公务员	企事业管理	文教技术	服务销售	军人	农民	离退休	学生	其他
贵州	15.3	19.1	11.0	12.1	1.6	2.4	5.2	21.3	12.0
贵阳	5.6	19.0	8.5	7.0	1.0	2.1	9.2	36.0	11.6
黔东南	18.5	24.8	9.9	17.1	2.5	3.0	1.9	13.0	9.3
黔南	21.8	13.5	14.7	12.2	1.3	2.0	4.5	15.0	15.0

4）出游距离以短程为主

国内游客平均出游天数，一日游占35.4%，多日游客为64.6%。在多日游客中，近程（在外停留1～3日）合计占75.8%；中远程游客（停留4日以上）占24.2%，其中远程游客的比例较小。说明目前贵州民族村寨旅游市场是以省内游客为主，周边地区游客占有一定份额，远程游客是今后主要的目标市场。

5）出游季节分明，出游时间相对集中

民族村寨游客出游季节夏季为旺季（56%），冬季为淡季（13.1%）；出游

时间主要选择在周末（40%），非周末出游比例相对偏低（33.3%），黄金周旅游流量最为集中。在出游时间构成比例中，以节假日为主（63.1%），其中以周末的出游量最高，“五一”“十一”和春节是中国游客的旅游黄金周，时间虽短，但所占比例较高，为23.1%。另外，在民族盛大节日期间，如苗族的姊妹节、鼓藏节、吃新节，布依族的三月三、六月六、查白歌节，侗族的祭萨节、花炮节，水族的端节、卯节，等等，也是民族村寨游客出游的高峰时段。

4.2.2 民族村寨旅游需求分析

旅游需求是指旅游者在某一特定时期内，在每一价格水平下愿意并且能够购买的某一旅游产品，以实现其特定的偏好或欲望；购买的具体数量形成了旅游需求量[262]。旅游需求产生于人们需要利用旅游活动满足自身需要的欲望，从其产生的条件而言，只有人们对某种产品或服务的消费需要具有一定的支付能力时，人们的需要才会转化为经济学意义上的需求。从微观经济来看，旅游需求表现为旅游者根据收入和价格等因素来决定如何达到消费效用的最大化。从宏观经济来看，人们关注的是一个社会的旅游消费与收入的函数关系，如国民收入与旅游支出之间的关系，解决人均国民生产总值达到多少便可产生国内旅游需求和国际旅游需求。从旅游需求的基本定义出发，旅游动机、支付能力和闲暇时间是旅游需求实现的3个必不可少的约束条件[263]。同时，旅游需求还会受到社会环境、文化、可达性等众多因素的影响，可以说，旅游需求是多种复杂因素交互作用的结果。

4.2.2.1 民族村寨旅游需求模型

1）相关研究回顾

Bull构筑了旅游需求模型[264]［（式4-1）］，Bull认为，细分市场i的旅游影响因素有旅游者偏好U、旅游产品特性Z、旅游产品数量与种类X、旅游产品价格P、旅游所需时间T、可自由支配收入Y和闲暇V。

$$
\begin{aligned}
&\max\ U_i = U_i(Z) \\
&\text{s. t.}\ \ Z = g(x) \\
&PX \leqslant Y \\
&TX \leqslant V \\
&X \geqslant 0;\ Z \geqslant 0
\end{aligned}
\tag{4-1}
$$

谢彦君把非旅游产品价格纳入旅游需求模型中，认为旅游需求是多种复杂因素交互作用的结果。他将旅游需求模型表示如下[265]：

$$D_t = f(P_t,\ P_1 \cdots P_n,\ Y,\ T,\ L) \tag{4-2}$$

即旅游需求 D_t 取决于旅游产品价格 P_t 、非旅游产品价格 $P_1 \cdots P_n$ 、个人收入 Y、个人兴趣与偏好 T 及闲暇 L，与 Bull 模型相比，谢彦君把旅游产品数量与种类 X 排除在旅游需求模型之外。

查尔斯 · R. 戈尔德耐把影响旅游需求的因素简化为两大类：倾向因素和阻力因素[266]：

$$D=D\text{（倾向，阻力）} \tag{4-3}$$

其中，倾向因素有：历史、文化、心理、人口、营销、正外部性等；阻力因素有：经济距离、文化距离、服务成本、拥挤、季节性、负外部性等。

李仲广把上述各种旅游需求的影响因素归类并构建旅游需求模型如下[267]：

$$D=D(U,\ I,\ L,\ A) \tag{4-4}$$

其中，偏好 U——旅游动机因素；

收入 I——价格、工资、税收等可统一为收入因素；

闲暇 L——旅游时间约束；

可达性 A——旅游阻力因素。

2）民族村寨旅游需求模型

民族村寨旅游需求的形成是多种复杂因素交互作用的结果，与其他旅游需求相比，民族文化因素对民族村寨旅游需求的影响显得尤为重要，因而本书将民族文化因素纳入民族村寨旅游需求模型之中，通过下面的函数关系加以表示：

$$D=f(M,\ E,\ L,\ P,\ W,\ A\cdots) \tag{4-5}$$

其中，D——民族村寨旅游需求；

M——民族村寨旅游动机；

E——支付能力；

L——闲暇时间；

P——民族村寨旅游产品价格；

W——民族文化；

A——可达性。

4.2.2.2 影响民族村寨旅游需求的因素

1）民族村寨旅游动机

旅游动机是指驱使人们有意外出旅游的内在动因。旅游动机的产生在很大程度上同人们的心理类型、文化修养、阶层、年龄、性别等个人因素有关。同时，其产生也受到社会历史条件、经济发展状况和个人所处的社会环境及旅游信息等因素的影响。相对而言，民族村寨旅游动机具有“求新、求异、求乐、求知”的特点。

旅游动机是形成旅游需求的首要的主观条件。在大多数决策过程中，发挥作用的动机都不局限为一种。不同的旅游动机将意味着旅游者在旅游形式、出游时间、旅游组织方式和旅游目的地类型选择的差异。尤其是不同的旅游动机决定了旅游者类型的多样性，这种多样性又表现为旅游者的消费水平的多样性，故而才会有旅游者在旅游目的地选择上的多样性，才使得各个民族村寨能在激烈竞争的旅游市场中找到相应的发展空间（表4-6）。

表4-6　贵州民族村寨游客旅游动机构成　（单位:%）

旅游动机	民族风情	历史古迹	旅游购物	节庆活动	科考会议	宗教	其他
贵州	56.7	19.0	6.3	12.2	2.3	1.3	2.2
贵阳	46.7	24.7	6.2	13.4	2.9	2.7	3.4
黔东南	69.7	7.9	5.1	13.9	1.3	0.3	1.8
黔南	53.8	24.4	7.7	9.4	2.6	0.8	1.3

2）支付能力

旅游需求是一种有效需求，而有效需求必须是具有支付能力的需求。如果人们仅有旅游欲望而无支付能力，是不可能形成有效需求的。旅游需求的实现在很大程度上取决于人们的支付能力的大小，旅游支付能力是形成现实旅游需求的基本条件。在旅游消费没有成为日常性习惯消费的阶段，旅游支付能力是指在人们的全部收入中扣除必须缴纳的税金和必需的生活及社会消费支出后的余额中可能用于旅游消费的货币量。

支付能力一般以可自由支配收入作为考察指标，可自由支配收入越高，往往预示着旅游支付能力越强。人们的可自由支配收入与民族村寨旅游需求有着密切的联系，通常人们可自由支配收入越多，旅游需求就越大。因而可自由支配收入同民族村寨旅游需求之间存在正相关变化的关系，即旅游需求量与人们收入呈同方向变化。

3）闲暇时间

闲暇时间就是人们在日常工作、学习、生活之余及必需的社会活动之外，可以自由支配的时间。作为产生和实现旅游需求的客观约束条件，这里的闲暇时间实际上指的是历时较长的连续性余暇时间。

尽管人们的闲暇时间并不属于经济的范畴，但它同民族村寨旅游需求具有密切的联系，进而会影响到民族村寨旅游的经济效应。一方面，闲暇时间的长短将影响居民的旅游地域范围，从而在某种程度上影响旅游产业的产业关联度效用的发挥；闲暇时间的长短将影响居民的旅游方式，从而影响旅游需要的实现程度；闲暇时间的长短还将影响居民的旅游效用函数（如旅游是采取多点流转式的数量型还是少点滞留式的质量型），从而影响旅游产品的结构升级，影响旅游产业的稳步发展。另一方面，闲暇时间的空间分布将影响旅游需求的集中程度，进一步影响旅游经济的质量。如果闲暇时间过于集中，则容易造成旅游需求的爆炸性增长，使旅游供给难以适应需求，旅游供求严重不均衡，旅游质量难以保证，而且如果对这种需求增长缺乏正确的认识，还容易再度形成民族村寨旅游供给的无效增长，造成旅游经济的泡沫性增长。

4）民族村寨旅游产品价格

旅游产品价格是决定和影响旅游需求的因素之一。在影响旅游需求的其他因素不变情况下，旅游需求量总是随旅游产品价格的涨落而发生相应的变化。当旅游产品价格上涨时，旅游需求量就会下降；当旅游产品价格下跌时，旅游需求量就会上升，即旅游需求量与旅游产品的价格成反向变化。与其他旅游产品相比，民族村寨旅游产品价格普遍低廉，适合普通工薪阶层的消费水平，因而旅游市场需求面大。但随着游客的大量涌入，民族村寨日益面临旅游资源被破坏的危机。同时，旅游产品市场的竞争也日趋激烈。因此，民族村寨在进行旅游开发时，要关注民族文化内涵的挖掘，保持与其他旅游产品的差异性，在旅游市场竞争中要以“质”取胜而不是以“价”取胜。走高端旅游路线（即“低流量、高质量、高附加值”[268]的旅游）是民族村寨旅游未来的一个发展趋势。

5）民族文化

文化包括了一套内隐的与共享的观念、传统、价值及期待，从而使不同群体的人相互区别。它表明了社会单元的独特性和价值观念。像国家一样，组织、行业和职业群体也拥有自己的文化，旅游者也有他们自己的文化。亚拉伯罕·匹赞姆（Pizam）等指出就所感知的民族性差异而言，民族文化对旅游者行为有重要的影响[269]。

民族文化对民族村寨旅游需求的影响体现在两个方面：其一是人的行为的民族文化传统性是因耳濡目染和“习得”形成的。成长的民族文化环境影响着一个人的生活兴趣，影响着他所担当的“角色”，影响着他如何与他人发生联系，影响着他知觉事物的方法，影响着他的消费心理及作为消费者的行为方式。因此，除了人们生活其间的物质文明环境和自身的物质生活水平的影响以外，民族文化环境和氛围对于他们会形成怎样的旅游需求也会产生深刻的影响[270]。其二是体验民族文化是旅游者到民族村寨旅游的目的之一，各民族文化被人们视为旅游活动中期待了解的对象，民族文化因素发挥着旅游需求刺激源的作用。

6）可达性

旅游活动与一般经济活动的一个最大区别就是：一般经济活动都是商品或服务向市场和消费者流动，形成各种商品流、服务流；而旅游活动则反过来，目的地是不可移动的，要发生旅游交易，必须以游客（也就是市场或需求）向旅游目的地流动为前提。

游客向目的地移动的难易程度称为可达性，也称可进入性。游客到目的地的难度越高，可达性越低，反之，可达性越高。有时候，人们用可达性来表示某目的地与外界联系的便捷程度，包括地理可进入性、经济可进入性、制度可进入性、社会可进入性等。地理可进入性取决于位置和距离；经济可进入性由运费和通信费决定；制度可进入性即由制度因素决定的场所对外生产要素和商品交往的方便程度；社会可进入性是由社会因素（语言文化等）所决定的场所对外交往的便利程度[271]。

4.3 民族村寨旅游的通道系统分析

通道系统是民族村寨旅游系统的基本组成部分和旅游活动的前提条件，民族村寨发展旅游除了基于自身的“吸引力”外，还需要通道系统的支持才能在旅游目的地和客源地之间搭起沟通的桥梁。通道系统由交通通道和信息通道子系统组成。交通通道子系统指支撑旅游目的地旅客流和货物流流进、流出的交通方式，路径与始终点站的运行及其之间的相互影响，包括旅游目的地内的交通服务设施的供给及其与旅游客源地区域交通连接方式的供给[272]。信息通道子系统指保证旅游信息在旅游目的地和客源地之间畅通传递和反馈的通道，包括由政府、旅游目的地或旅游销售商向旅游者提供的信息服务子系统及旅游目的地策划和主办的意在激发潜在游客出行动机的旅游营销子系统。

从流动性视角观察，通道系统中旅游流动的第一个层面是人流，它构成了旅游流动的基础；第二个层面是信息流和资金流；第三个层面是文化和价值观念的流动。这是旅游流动中最为隐蔽同时也是最具深远影响的部分。正是它们的流动，使旅游成为了一股足以影响民族村寨政治、经济、社会、人口和文化变化与发展方向的重要力量。在旅游通道系统中，如果把交通通道子系统视为人体的血管，那信息通道子系统就是人体的经脉。

4.3.1 民族村寨旅游交通通道子系统分析

交通通道提供了从客源地到目的地的移动所需的设施，不仅为旅游业发展提供物质硬基础，而且控制着人流、物流、信息流、资金流、文化流等旅游软基础设施的分布。交通通道首先影响民族村寨与旅游客源地之间的人流、物流，继而影响信息流、资金流、文化流等。交通通道除了增加交通流量外，交通通道的变化还可能改变旅游流的模式及相应的旅游发展模式。

4.3.1.1　交通通道对民族村寨旅游发展影响的实证分析

关于交通通道子系统的研究，不能把旅游交通简单地看作服务于旅游业的相互分离的交通方式的一种组合，而是根据它对民族村寨旅游系统的广泛影响来研究。基于此，本书在考虑数据的可得性和贵州省旅游业发展与其民族村寨旅游业发展具有相似的演变趋势及具有一定线性关系的基础上，以贵州省为实证分析对象，通过贵州省交通系统与旅游业发展的相关性分析，来评估交通通道对民族村寨旅游发展的影响。

1）变量与数据的选取及变化轨迹分析

在实证分析中，选择贵州省客运量（包括铁路、公路、水路）、民航游客吞吐量及旅客周转量（包括铁路、公路、水路）作为衡量交通系统的指标，选取贵州省旅游者人数（包括入境旅游者和国内旅游者）作为衡量旅游业发展水平的指标。样本数据来源于《贵州六十年》及《贵州统计年鉴2010》，取样时段为1996～2009年，贵州省客运量、旅客周转量、旅游人数变化轨迹分别见图4-2～图4-4。

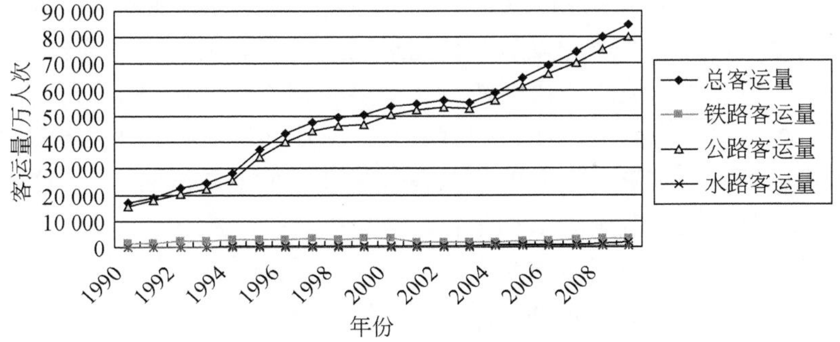

图4-2　贵州省客运量变化轨迹

资料来源：《贵州六十年》及《贵州统计年鉴2010》

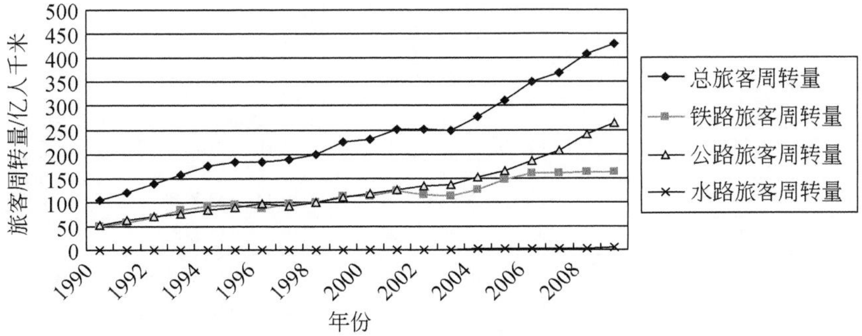

图4-3　贵州省旅客周转量变化轨迹

资料来源：《贵州六十年》及《贵州统计年鉴2010》

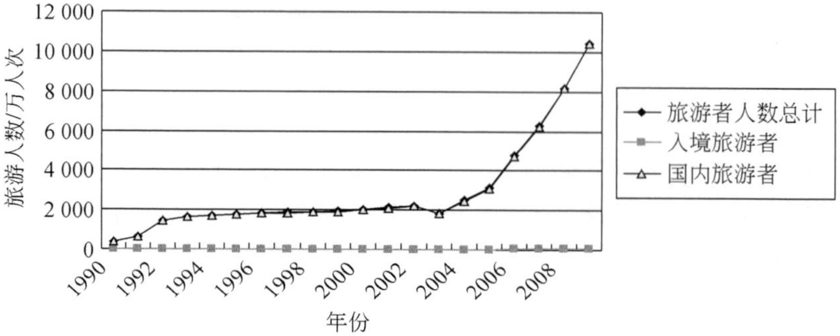

图 4-4　贵州省旅游人数变化轨迹

资料来源：《贵州六十年》及《贵州统计年鉴 2010》

2）相关性分析

通过 Eviews5.0 软件对 1996～2008 年贵州省交通系统与旅游业发展的相关性分析（表 4-7）可知：贵州省交通系统与旅游业发展呈现明显的相关关系，其中公路客运量与旅游者人数的相关系数远高于铁路客运量与旅游者人数的相关系数，说明现阶段贵州旅游业的发展对公路运输的依赖性很高，民族村寨旅游发展更是如此。入境旅游者数量与民航游客吞吐量的相关系数要高于国内旅游者与民航游客吞吐量的相关系数，说明贵州省航空运输业的发展将会吸引更多的入境旅游者；水路客运量与旅游者人数的相关系数很高，根据贵州的实际情况说明，目前贵州省的水路客运针对旅游活动运行的比较多。铁路旅客周转量与旅游者人数的相关系数远远高于铁路客运量与旅游者人数的相关系数，说明铁路运输的效率比较高，贵州省的铁路建设尤其是高速铁路的建设将会极大缩短旅游者流动的时间，增大旅游者流量。

表 4-7　贵州省交通与旅游指标的相关性分析

类型	旅游者人数总计	入境旅游者	国内旅游者
客运量	0.820 176	0.913 475	0.862 362
铁路客运量	0.513 543	0.516 905	0.661 033
公路客运量	0.811 493	0.909 128	0.852 164
水路客运量	0.954 273	0.914 341	0.880 821
民航游客吞吐量	0.926 557	0.933 208	0.859 400
旅客周转量	0.907 394	0.953 805	0.897 571
铁路旅客周转量	0.814 359	0.944 254	0.875 500
公路旅客周转量	0.940 435	0.938 853	0.890 690
水路旅客周转量	0.967 523	0.891 793	0.867 939

4.3.1.2 旅游交通通道子系统分析

1）交通通道的结构

交通通道子系统分为3种基本的组成部分。

交通线路：交通线路既指旅游目的地与客源地之间交通线路，如公路、铁路、水上航线、空中航线等，也包括旅游目的地内部的旅游路线，如游径、索道等。对旅游业来说，交通路线是使旅游者有能力从他们的定居地到他们想要抵达的旅游目的地旅行的关键要素。对民族村寨旅游发展而言，一方面要考虑旅游交通路线的通畅；另一方面，由于“旅游地屏蔽效应”的存在，在局部区域旅游发展中，也要考虑旅游交通路线对区域内各个民族村寨旅游发展的影响。例如，贵州省修通了凯里—西江千户苗寨的直达公路后，虽然西江千户苗寨的游客量迅速增加，但引起雷山县周边民族村寨的游客量下滑。

交通始终点站：从本质上讲，始终点站是交通方式之间的转换点，指从一种交通方式到另一种交通方式的切换点，例如，铁路始终点站经常是铁路运输与航空运输、公路运输、海上运输之间的中转点，旅客通过其进行换乘。作为关节点，始终点站的交通衔接畅通与否直接决定通道中的旅游者数量。

交通工具：交通工具影响旅游者旅游的成本、时间、舒适度与安全性能等。随着科学技术的高速发展，交通工具的性能迅速提高。例如，高铁的运行使旅游者能更快、更舒适、更安全地到达旅游目的地。另外，带有娱乐、体育、辅助病老残幼旅游者和欣赏意义的特种旅游交通工具，如滑竿、轿子、马匹等，在民族村寨旅游发展过程中也要给予高度重视。因为这些特种旅游交通工具一方面能提高旅游者的满意度，另一方面也能带动民族村寨的劳动就业。

2）交通通道的功能

旅游交通通道子系统的功能由内核向边缘拓展有3种功能（表4-8）。

表4-8 交通通道在旅游目的地发展中的作用

基本功能——沟通和安全	交通通道子系统的主要作用是沟通旅游地与外界，因此在保证旅游地可进入性的同时，要加强道路安全措施，注意疏导管理，避免出现车辆拥堵、人员拥挤
支持功能——联系和服务	交通通道子系统要发挥桥梁作用，连接各景点，实现景区一体化。旅游交通系统的服务宗旨是“游客至上”，最大限度地满足游客的各种出行需要，以塑造良好服务形象
延伸功能——审美和体验	交通通道子系统要与旅游活动相结合，在旅客旅行途中，合理安排路线和驻停，将欣赏自然景观和感受特色文化融为一体，消除旅客的单调漫长感，增加审美情趣

以上3种功能中，交通通道的沟通和安全是民族村寨旅游发展首先要保证的功能。郎德上寨近3年游客量的突变正是由于交通通道的变化（详见6.1.3小节）。民族村寨旅游发展为了实现旅游者跨地域的流动，扩大信息流和资金流，进而加强与外界文化和价值观念的交流，必须打破空间障碍；为了加快旅游流动，必须缩短旅游者流动的时间，增大旅游者流量，而所有这些只有通过对空间上固定的交通基础设施的投资和建设才能实现。因此，交通通道对于目的地旅游发展最根本的功能在于它决定并提供了旅游流动性。

在保证沟通和安全的基础上，联系和服务是民族村寨旅游在下一步的发展中必须重视的功能，只有在为游客提供良好的人性化服务后，才能赢得更好的口碑，从而吸引更多的游客。风景道路规划的目的就是引导旅游者参观一些具有欣赏价值的历史、文化和自然特征的地区[273]。审美和体验功能是民族村寨旅游交通通道规划和发展未来的方向。

4.3.2 民族村寨旅游信息通道子系统分析

旅游活动中使用价值获取方式的特殊性——即以人的流动而非物的流动来获得对象物的使用价值，凸显出了信息传递对旅游供给的价值实现的重要作用。如果旅游者的对象物可以流动，则可以主动到达目标市场，从而在地理空间上接近消费者，增加消费者与对象物的接触机会和选择的可能性，适当地降低供给与需求之间达成交易的时空约束，推动价值与使用价值的转移得以完成。但是，由于旅游活动中，使用价值的获得必须通过人的流动来实现，在这种现实情况下，就应该有另一种“流”来代替物的流动，增加消费者对对象物的接触了解，这种“流”就是关于对象物的“信息（流）”[274]。旅游业具有很高的信息需求，旅游之前、旅游过程中及旅游之后都需要集聚大量旅游信息，才能完成整个旅游活动。旅游服务可以看作一个系列服务的流程，旅游市场的供应方，包括旅游组织、旅游目的地、旅行社、旅游公司、民航、饭店、银行、购物中心等需要提供关于旅游商品和服务的信息；中介机构需要根据来自不同消费需求信息，聚合、组装旅游产品，从而根据旅游消费者的偏爱向其提供个性化的产品及服务；旅游者通过获取、分析和比较旅游供给方提供的有关旅游目的地和设施相关信息，最后做出旅游决策。因此，不论是旅游供应方向旅游消费者提供有关于商品和服务的信息，还是计划出游者借助信息进行旅行决策，都需要互动的旅游信息。

信息是关于客观事物特征的反映，是客观存在的一切事物通过物质载体所发送的消息、情报、指令、信号中所包含的一切可传递和交换的知识内容。世界上的一切事物，都在以它们的特征向外界显示各种信息，借以表现自身的存在和运动。信息被称为人类的“再生资源”，对繁荣经济、创新知识、传播文化、制定决策起着重要的作用[275]。在信息化浪潮的冲击下，民族村寨旅游的发展越来越离不开互动的旅游信息，旅游信息在一定程度上决定民族村寨旅游发展的成败。旅游信息通道是旅游系统内部各子系统联系的纽带，信息通道是否畅通，决定民族村寨旅游系统内部各子系统之间能否协同发展。

4.3.2.1 旅游信息的内涵

1）旅游信息的概念及含义

旅游信息是旅游资源、旅游活动和旅游经济现象等客观事物的反映，包含以下 3 层含义：

①旅游信息是对旅游资源状况的客观反映；

②旅游信息是对旅游活动运动、变化、发展状况的一种客观的最新描述；

③旅游信息是对旅游经济现象的本质与规律的真实反映。

2）民族村寨旅游信息的特点

旅游信息是信息的一种类型，信息一般具有客观性、价值性、存储性、传递性、共享性、依附性、可开发性和能动性等特征，民族村寨旅游信息除了具备信息的一般特点外，还具有以下一些自身的特点：

①时效性。旅游信息具有很强的时效性，其价值随时间的改变而改变。滞后或过时的旅游信息将影响旅游业的正常与可持续发展。

②非对称性。由于旅游产品和旅游经营管理的地域差异，使得目的地与客源地之间、供求双方之间拥有旅游信息状态的不对称。

③规律性。旅游者对旅游信息的需求及旅游信息量的增长具有一定的规律性。例如，在旅游淡季，对旅游信息的需求量比较小，旅游信息量的增长也很小，在旅游旺季却相反。

④动态性。由于旅游系统的各要素都处在不断变化、发展之中，故反映旅游活动运动、变化、发展状况的旅游信息也是动态的。同时，旅游活动的异地性也使得对旅游信息的需求具有动态性[276]。

⑤广泛性。由于旅游活动的构成广泛复杂，旅游信息不仅包括与吃、住、行、游、购、娱六大要素相关的众多领域，还包括旅游者等其他相关的信息，其信息类型多，来源广而复杂。

⑥文化性。民族村寨旅游地都有各自民族文化背景的宗教信仰、禁忌习俗等，如苗族村寨，虽然热情好客，但对旅游者异性同床有禁忌，这是旅游者到苗族村寨去旅游必须了解的信息之一。民族村寨旅游信息的文化性是其区别于一般旅游信息的特征。

4.3.2.2 旅游信息通道子系统分析

旅游信息通道是旅游系统内部各子系统联系的纽带，因而旅游信息通道系统也相应地需要功能各不相同的子系统之间相互配合、协调才能保证信息通道的通畅。旅游信息通道系统通常包含以下子系统。

1）旅游目的地营销系统

旅游目的地营销系统起源于国外，并取得良好的营销效益，现已逐渐成为一种替代性的、新的旅游营销模式。旅游目的地营销系统对外是目的地宣传服务系统，对内则是目的地管理系统。按照服务对象的不同可分为两种：一种是面向游客的信息模式，主要是为游客展示各种旅游目的地信息，方便游客；另一种是面向旅游目的地各管理部门及旅游供应商的管理模式，实现各部门、各行业之间的信息更新、传递。20 世纪 90 年代初期，国家旅游局决定实施“金旅工程”后，我国旅游目的地营销系统获得了快速的发展，以九寨沟为代表的一批旅游景点相继建成目的地营销系统并投入运行，取得明显效果。在一些景区有将景区管理信息系统与目的地营销系统合二为一的趋势，整合各方面资源，建立目的地营销与管理信息系统。

2）旅游目的地信息系统

随着旅游业的蓬勃发展，大部分 5A 级、4A 级、3A 级景点都建立了自己的网页，通过互联网开展信息发布和宣传促销活动。一些景点还设置了触摸屏信息查询系统，系统通过拨号的方式与旅游局网络信息中心连接。还有部分旅游景区建立智能化管理信息系统，作为旅游景区的基础设施。它既是内部管理的操作平台，又是对外服务的联系窗口，提高了旅游目的地的管理水平和服务档次，进一步促进了旅游资源的开发和可持续利用。

3）旅游交通信息系统

随着旅游业的兴起，旅游交通日渐成为旅游业的重要支撑部门。在信息化浪潮中，旅游交通规划、管理调度和服务保障等领域与信息、网络技术的结合越来越紧密，并正在向智能交通系统及其产业化方向发展。航空预订、车船客运、旅游目的地旅游交通服务系统已经相继建成，国际上普遍认为建立在交通信息化基础之上的智能交通系统产业，将是 21 世纪最有影响的巨大产业之一。

4）旅行社信息系统

旅行社信息系统一般包含旅游线路、外联销售、陪同管理、对外结算、财务管理和办公自动化等子系统。旅行社信息系统包含一个相当大的资源信息库，存储经营所需的客源信息及旅游沿线的交通、住宿、游览等信息。

5）饭店信息系统

饭店信息系统是广泛应用和相对成熟的旅游信息系统。它实现了饭店客房预订、排房、结账、查询等业务的计算机管理。其前台子系统一般包括预订、接待、排房、结账、审核、查询、电子门锁、电视等声光电控制等；后台子系统包括财务管理、办公自动化、客户档案库管理、资产管理等。

6）旅游电子商务系统

旅游电子商务系统是指以旅游企业为主导的，应用互联网技术和网上支付结算，实现网上交易，拓展市场，调整企业同消费者、企业同企业、企业内部关系，并实现内部电子化管理的商业体系。它以互联网为依托，消费者直接参与，并涉及企业运作的各个层面（产品设计、市场营销、企业管理、客户管理、资源管理、供应链管理等）。网络技术和支付手段的不断发展使得旅游电子商务系统发展如火如荼。

7）旅游电子政务系统

旅游电子政务系统是基于管理信息系统和网络设施突破时空限制建立的内部办公系统和对外服务系统的总称。旅游电子政务系统的建立，主要为实现旅游行政部门内部办公自动化，协调旅游管理部门与旅游企业、旅游管理者、旅游经营者、旅游从业人员和旅游者之间的关系，提高旅游行政管理的工作效率和服务能力[277]。

对民族村寨旅游系统而言，旅游信息通道子系统是目前各子系统当中的一个“短板”。从贵州民族村寨发展现状来看，目前尚未搭建起旅游目的地营销系统和目的地信息系统，更谈不上旅游信息通道系统内部各子系统的相互配合、协调。各民族村寨各自为战，对外宣传仅限于当地政府开展的一些公共关系活动和互联网上的一些宣传介绍。但随着旅游业的竞争日趋激烈，旅游信息通道系统建设是一个发展趋势，尤其是民族村寨旅游营销系统和民族村寨旅游地信息系统的建设，更是迫在眉睫。贵州要以信息化带动民族村寨旅游发展，在宣传促销、开拓市场、行业管理等各个方面，全面推进信息化建设。

4.4 民族村寨旅游地系统分析

民族村寨旅游目的地系统（以下简称民族村寨旅游地系统），是指为已经到达出行终点的游客提供游览、娱乐、食宿、购物、享受、体验及其他服务等旅游需求的多种因素的综合体，是旅游系统中与旅游者联系最密切的子系统[278]。从旅游目的地功能视角而言，它由旅游吸引物、设施和服务三方面要素组成。但是，民族村寨旅游地系统与其他旅游目的地系统相比有一个显著的区别：民族村寨在开展旅游活动之前，已经作为一个相对独立的“生态环境–社会文化–经济”复合系统运转了几百上千年，民族村寨系统存在自身的运行机制。民族村寨旅游地系统不仅包含自然生态系统的各组成要素，更重要的是增加了围绕民族村寨村民和旅游者而产生的社会经济系统各要素。因而研究民族村寨旅游地系统不能仅从旅游目的地功能视角出发，而应该把旅游目的地的功能纳入民族村寨系统中，从“超旅游”视角对其进行系统研究。“超旅游”与“大旅游”不是同一个概念。“大旅游”主要是从旅游产业角度考虑，讲的是旅游产业、多产业之间的关联度，而“超旅游”体现的是跳出旅游来看旅游和跳出旅游来发展旅游的思想[279]。就民族村寨旅游地发展而言，“超旅游”视角是指超越旅游产业发展要素本身，而从更加广泛的、直接关系到民族村寨旅游发展的要素的出发，特别是包括民族村寨生态环境保护与开发、民族文化传承与利用、区域经济产业结构配置、社会影响与利益主体间权益关系协调等内容的考虑。因此，民族村寨旅游地可以看作是“生态环境–社会文化–旅游经济”复合系统。

4.4.1 民族村寨旅游地系统的结构

民族村寨旅游地系统是一个有机整体，是由生态环境系统、社会文化系统和旅游经济系统 3 个子系统构成的开放的复合系统。

生态环境系统是民族村寨旅游赖以生存的基本物质环境，是生态系统和环境系统在特定时空的组合。涉及生物和环境（包括自然环境和人工环境）各种要素，包括太阳、空气、水体、森林、气候、岩石、土坡、矿藏、自然景观、动物、植物、微生物等，以及人工建造的设施，如民居、鼓楼、风雨桥等构成的人工环境。

社会文化系统是民族村寨中村民及其自身活动所形成的非物质性生产的组合，涉及人及其相互关系、意识形态和上层建筑等领域，包括人口、文化、艺术、道德、宗教、法律、政治及人的精神状况等。

旅游经济系统是民族村寨旅游的物质生产和服务系统，是凭借旅游资源和设施，向旅游者提供旅游活动所需的各种产品和服务，以满足其吃、住、行、游、购、娱等需求的系统。旅游经济系统的关联性大、综合性强，对民族村寨而言，包括旅游业、农业、畜牧业、渔业、手工业等。

民族村寨旅游地生态环境系统、社会文化系统和旅游经济系统 3 个子系统各自都以其特有的方式对整个民族村寨旅游地系统发挥着作用。但这 3 个子系统并不是孤立封闭的，而是相互交织、相互联系的，共同形成按照一定规律组合形成相辅相成、相生相克的共生关系[280]。民族村寨旅游地“生态环境–社会文化–旅游经济”复合系统包含二元复合结构和三元复合结构。二元复合结构如生态环境-社会文化结构、生态环境-旅游经济结构、社会文化-旅游经济结构等。三元复合结构指生态环境-社会文化-旅游经济结构，即民族村寨旅游地系统本身的结构。在民族村寨旅游地系统中，各子系统所形成的二元、三元复合结构在其形成和运行过程中会求同存异，通过自我调节和人为干扰的作用而尽量协同。如果相互之间因为某种原因不能协同或者是人为地进行某些结构调整都有可能带来一些负面效应。如某一子系统的存在超越了另外一个子系统的最大承载能力，相互之间就不能协同发展，必然带来整个系统的退化。从生态环境系统的视角而言，民族村寨旅游发展必须遵循自然规律，在民族村寨旅游生态环境承载力范围内向旅游者提供自然资源支持旅游活动的正常开展；从社会文化系统的视角而言，村民在参与旅游活动的过程中，需要与旅游者之间进行大量的物质、文化、信息等的交换，因而旅游活动的开展必须在村民所能容忍的社会文化承载力范围之内；从旅游经济系统的视角而言，民族村寨旅游发展必须在经济承载力（设施承载力和市场承载力）范围之内，同时，民族村寨旅游发展必须给村民带来实实在在的经济收益，只有这样，村民才会主动参与到旅游活动当中，保护村寨环境、展示民族文化，促进民族村寨旅游发展。

4.4.2 民族村寨旅游地系统的特点

民族村寨旅游地系统除了具有民族村寨旅游系统的特性以外，与其他旅游地系统相比，还具有如下特点：

1）民族村寨旅游地系统的主体要素是人

人是民族村寨旅游地系统的主体，民族村寨旅游地系统是由人类从事的一切活动及人类与环境的复杂关系所决定的。人类是民族村寨旅游地系统的生产者，民族村寨的一切设施都是人类建造的。人类用自己的汗水和智慧改造大自然。人类的生命活动是民族村寨旅游地系统中能量流、物质流和信息流的一部分，人类亦具有其自身的再生产过程；人类又是民族村寨旅游地系统中的主要消费者，不论是民族村寨旅游地自有的村民还是外来的旅游者，不论是长期还是短暂地生活在民族村寨旅游地中，都要或多或少地消耗民族村寨旅游地中的资源；人类还是民族村寨旅游地系统的主宰者，其主导作用不仅在于参与民族村寨旅游地系统的各个过程，更重要的是人类为了自身的利益对民族村寨旅游地系统进行着控制和管理。人类的旅游经济活动对民族村寨旅游地系统的发展起着重要的支配作用，因而民族村寨旅游地“生态环境-社会文化-旅游经济”复合系统的发展演化，必然受制于人的主体认识和决策环节。

2）民族村寨旅游地系统的非线性

民族村寨旅游地系统是一个多因素、多层次、多变量和多功能的复合开放系统。多因素是指含有生态环境的、社会文化的和旅游经济的各种影响因素；多层次是指从物到人、从个人到组织、从组织到社会、从社会经济到社会文化等各种层次；多变量是指描述该系统时，可供选择作为变量的对象非常众多；多功能是指系统的相互作用可以是相加的，也可以是相减的或中性的，由要素间的协同状态而定。这些因素决定了该系统内部子系统之间及下一层次要素的相互作用是非线性的关系。

民族村寨旅游地系统是开放的系统，需要与外界进行着物质、能量、信息、人才、资金、技术等方面全方位的交流与交换。在与外界的交换过程中，民族村寨旅游地系统会受到外部因素的影响，外部因素的影响使系统内部子系统之间及下一层次各要素之间产生非线性的相互作用，自我调节以适应外部环境。非线性是不平衡性的深化和发展，是民族村寨旅游地系统与外界交流交换的必然结果。民族村寨旅游发展按照旅游地生命周期理论呈现出 S 型的发展曲线，就是旅游地系统内部非线性机制作用的外在表现。

3）民族村寨旅游地系统的自组织性

自组织性指在一定的环境条件下，由系统内部自身组织起来，并通过各种形式的信息反馈来控制和强化这种组织的结构。民族村寨旅游地系统的自组织性是指旅游系统通过内部各要素之间的协同以形成与系统外部环境关系的协调，即旅游地系统具有环境的适应性和学习的能力。例如，传统的现代化和文化适应理论认为，当传统社会与技术高度发达的工业社会相遇时，传统社会必然受害。在旅游领域，这种情况被定义为“台球冲撞模型”，即当一个社区或者一种文化（静止的红球）被外力推动的白球（旅游发展）撞击后，社区（红球）只能朝着各种旅游利益集团的合力方向滚动。事实上，不同社区和文化并不是被动的，它们通常会作出积极回应，而不是被动地被外力所主宰[281]。民族村寨旅游地系统内部有着本身的自我调节和运转机制，受到外界的影响，产生“适应—去影响—受新的影响—新的适应”的反应。这种不断的“适应—影响—新的适应—新的影响”，是一种系统内部要素的学习式适应过程。

4.4.3 民族村寨旅游地承载力分析

民族村寨旅游地发展的关键就是要将旅游活动的总量水平控制在民族村寨的环境承载力范围之内。考察民族村寨旅游地环境承载力的一个必备前提是能满足旅游者的最低旅游需求，其核心层面是对民族村寨社会文化与生态环境造成的负面影响在可持续发展范围内，在同时满足这两个条件时，整体民族村寨旅游地环境所能承受的旅游及其相关活动在规模和强度上的极限值就是环境的承载力。

旅游目的地环境承载力（Tourism Environmental Carrying Capacity，TECC）由多个指标体系构成，用以定量反映一个地区旅游资源发展潜力的水平。经济合作与发展组织（Organization for Economic Co-operation and Development，OECD，1981）将旅游环境关系分为自然系统、人工系统和文化系统，与之对应，TECC具体可分为旅游地生态承载力、旅游地资源承载力（用于衡量自然系统）、旅游地经济承载力（用于衡量人工系统）、旅游地社会文化承载力、旅游地心理承载力（用于衡量社会文化系统）等5个组系[282]。

1）旅游地生态承载力

旅游地生态承载力是TECC指标体系中最重要的一组参量，旅游地生态承载力的计算式是：$C=(k_1+k_2+k_3)\times S/T$，其中$C$是生态承载力，$k_1$是单位旅游地生态环境自然净化能力系数，$k_2$是自然恢复能力系数，$k_3$是人工恢复能力系数，$S$是旅游地生态环境面积，$T$是单个旅游者的污损系数，其中$k_1$、$k_2$、$S$是定值，$k_3$、$T$是变量。由此可以看出，旅游地生态承载力与旅游地生态环境平衡和人们的旅游活动强度相关，因此有学者对其定义为："在旅游地生态环境保持平衡的状态下所能承载的最大旅游活动强度。"[283]

2）旅游地资源承载力

旅游地资源承载力是旅游地可用资源的总量与旅游者人均消耗的资源量之比。旅游业的发展需要耗费大量的资源，包括一些不可再生的自然资源，因此就会出现一个资源使用阈限，超过了这个阈值，旅游地系统就不能正常运行。旅游地可用资源的总量是客观可测的，旅游者人均消耗的资源量则是不确定的，其值越大，旅游活动强度越大，而旅游地资源承载力则越小，因此，也可以说旅游地资源承载力反映了旅游地资源所能耐受的旅游活动强度极限。

3）旅游地经济承载力

旅游地经济承载力是指旅游业发展所依托的服务设施、基础设施及相关支持性行业等因素和旅游市场本身所能承载的最大旅游活动强度，是非垄断因素导致的旅游供给价格弹性为零时的旅游供给总量。旅游业是一种要素配置产业，其正常运行需要各相关产业要素在规模、数量、种类等方面相适应、相匹配，形成协同效应；同时，旅游业又是一种完全市场化的产业，其发展规模受市场规模的制约。

旅游地经济承载力一般由设施承载力和市场承载力构成。设施应包括民族村寨旅游地的交通、住宿、餐饮等方面，每方面都有其最大容量，可称为最大分容量，设施承载力则取最大分容量中的最小者。在充分满足市场容量的情况下，设施承载力等于现实旅游供给能力。在充分满足设施容量的情况下，按照边际收益递减规律，当旅游业的边际收益等于边际成本时（MR = MC），市场因素就会导致旅游供给停止增长，因而此时市场承载力等于供给停止点时的供给总量而小于实际旅游供给能力[284]。

4）旅游地社会文化承载力

旅游地社会文化承载力是指旅游地居民对外来旅游者文化的耐受度。旅游业过度发展会造成当地传统文化被外来文化涵化、道德扭曲等一系列负面影响，导致当地居民排斥旅游者，使旅游业失去正常发展所需社会环境[285]，出现社会超载危机。我们可采用各种不同角度的比率进行综合衡量，如旅游地文化涵化率（原有地域独特文化种类/存留地域独特文化种类）、旅游地居民生活习惯变化率（现在的生活习惯/原来的生活习惯）及旅游地道德失范率（现有犯罪率/原有犯罪率）等，若所得综合指标等于1，此即为社会承载力极限。若综合指标大于1，则超过民族村寨社会文化承载力，民族村寨村民表现出对旅游的抵触。

5）旅游地心理承载力

旅游地心理承载力是指旅游者对旅游目的地其他游客数量的耐受度，即在保证旅游质量和旅游者最大满足度的前提下，旅游目的地所能承载的最大游客数量。旅游质量是一种感知质量，游客心理满意度是衡量旅游质量的重要因素，过于拥挤的空间往往会造成游客心理上的反感，影响游客的感知质量，给旅游业的持续发展带来影响。旅游地心理承载力可用旅游目的地最佳容量来表示，首先确定某一目的地游客最佳停留时间（T_1）和最佳人均占用空间（S_1）两个参数，然后通过公式 $C = TS/T_1S_1$ 求出（C 为最佳容量，T 为开放时间，S 为总游览面积）。该指标是一个质量指标，不同于景区最大容量这一物理指标。

旅游业的综合性决定着 TECC 指标体系的多维化特征。TECC 的 5 个指标群组是一个相互联系、相互制约的多维有机体，分别从不同的层面评判旅游地的 TECC 水平。旅游地生态承载力主要是从旅游业赖以生存的外部生态环境方面来衡量目的地旅游业发展的适度性，强调的是生态保护意识；旅游地资源承载力主要是从旅游资源的供给能力方面来衡量目的地旅游业发展的可能性，强调的是产出能耗比；旅游地经济承载力主要是从旅游供求方面来衡量目的地旅游业发展的协同性，强调的是效率；旅游地社会文化承载力主要是从目的地居民福利方面来衡量目的地旅游业发展的外部支持性，强调的是和谐；旅游地心理承载力主要是从游客心理感受方面来衡量目的地旅游业的质量，强调的是满意度。生态、资源承载力是刚性制约，只能相对提高，而经济、社会文化、心理承载力则是柔性制约，人工拓展的可能性较大。针对同一目标环境，各指标群组所反映出的环境承载力极限是不同的。5 个指标群组之间在具体应用中有一定的顺序性，要根据目标环境特征和区域旅游特点，灵活确定各指标的优先考虑顺序[286]，根据“木桶原理”，在对民族村寨旅游地衡量中，TECC 由指标体系中制约性最强的一个或一组决定，即 TECC = min {旅游地资源承载力、旅游地经济承载力、旅游地生态承载力、旅游地心理承载力、旅游地社会文化承载力}。

4.5 民族村寨旅游支持系统分析

民族村寨旅游客源市场系统和目的地系统在空间上是两个相对独立的子系统，通过通道系统的空间连接作用，实现旅游需求和旅游供给的内在逻辑联系。然而 3 个相对独立的子系统要发挥“整体大于部分之和”的系统功能，还需要一个由制度、技术、教育培训等要素组成的支持系统的支撑，才能让 3 个相对独立的子系统相互作用、相互影响，组成一个结构紧密、完整的民族村寨旅游系统。

4.5.1 民族村寨旅游制度子系统分析

制度是能够约束人们行为的一系列规则。这种规则既包括了人类社会的经济规则，同时也包括了社会规则和政治规则。舒尔茨（Schultz）认为制度的基本功能是提供具有经济价值的服务；道格拉斯 · C. 诺思将制度的功能视为创造秩序和降低交易的不确定性；林毅夫和鲁金特则认为制度的基本功能是节约和再分配[287]。由此可见，民族村寨旅游发展离不开制度子系统的支持。民族村寨旅游制度由正式制度和非正式制度构成。

4.5.1.1 民族村寨旅游的正式制度

正式制度是指人们有意识制定的一系列政策法规，对于民族村寨旅游发展而言，持续的、切合实际的旅游政策的维系和发展是旅游发展的基础，建立健全完善的旅游法规是旅游发展的重要条件。旅游政策、法规和旅游的关系，一方面表现为旅游作为社会经济的一种关系总和，其特定的社会经济性质决定政策的内容及水平，即旅游的发展将推动旅游政策、法规的发展；另一方面政策、法规会对旅游发展起到不同的推动或阻碍作用。在民族村寨旅游正式制度子系统中，政府处于特别重要的位置，政府在财政、税收、投资、金融等有关政策、法规的倾斜，为民族村寨提供交通、通信、能源、水力等基地设施上的支持等对民族村寨旅游的发展将起到极大的促进作用。

1）民族村寨旅游政策

旅游政策是国家或地区在一定时期对旅游产业做出的关于发展方向、原则要求、产业布局、政策导向、支持措施等方面的规定。旅游产业政策的具体内容包括产业定位政策、产业导向政策、产业宏观政策、产业市场政策、产业布局政策、产业配套政策、产业投入政策、产业组织政策、产业技术政策、产业保障政策等[288]。从产业特征和发展前景看，旅游业属于国家产业政策支持的范畴。1992 年党中央就把它确定为第三产业的重点之一，1995 年进一步将其明确为第三产业中“积极发展”类的第一位；1998 年将其定位为国民经济新的增长点；2003 年，国务院总理温家宝要求把它培育成为国民经济的重要产业；2006 年，国务院副总理吴仪强调旅游行业要认真贯彻落实中央关于建设社会主义新农村的战略部署，以旅游促“三农”，为建设社会主义新农村做贡献。旅游业的一系列定位，反映了国家对民族村寨旅游业的重视程度不断加强。

20 世纪 80 年代后，在中共中央、国务院关于加快发展第三产业的重大战略决策指导下，中共贵州省委、省人民政府把旅游业作为支柱产业来培育和发展。

1986 年 5 月 7 日，贵州省人民政府批转省旅游局《关于进一步发展我省旅游事业的报告》提出要明确目标，全面规划，突出重点，加快发展旅游事业。

1994 年 12 月 25 日，《中共贵州省委贵州省人民政府关于实施开放带动战略打好扩大开放总体战的决定》中对旅游业的发展明确要求：要把旅游业作为贵州重要的先导性产业来开发，努力发挥其社会经济综合效益。

1996 年 9 月 26 日，《贵州省国民经济和社会发展“九五”计划和 2010 年远景目标纲要》提出贵州省旅游业发展的总体目标：将旅游业培育成为新的支柱产业，把贵州省建设成为自然风光与民族文化相结合的旅游大省。

2000 年 5 月 15 日，《中共贵州省委贵州省人民政府关于我省实施西部大开发战略的初步意见》中指出要抓好一批生态博物馆和民族村镇的建设，加大旅游宣传推介力度，大力推出新的旅游方式，着力拓展国内外旅游市场，积极开发民族特色旅游商品，提高旅游的风光优势、民族特色和文化品位。

2002 年 12 月 13 日，中共贵州省委、省人民政府发出《关于加快旅游业发展的意见》。该意见针对贵州经济发展的实际，从资源和市场的比较优势中，确定把贵州旅游业作为促进全省经济结构调整的重要产业，充分发挥其在扩大就业、增加收入及保护、优化环境等方面的重要作用，提出了加快旅游业发展的指导思想和总体目标、加快旅游业发展的工作重点、加快旅游业发展的政策措施及在全社会营造支持、关心和帮助旅游业发展的氛围等方面的具体要求和措施。

2004 年 7 月 29 日，《中共贵州省委贵州省人民政府关于加大力度实施西部大开发战略的若干意见》指出要实施旅游发展精品战略。争取在重点旅游区率先取得突破，通过滚动开发，形成新的精品景区和精品线路[289]。

2007 年，贵州省成立了省旅游改革与发展领导小组，连续出台了一系列重要文件，针对旅游管理体制改革、旅游基础设施建设、乡村旅游发展等问题，提出了“保住青山绿水、发展和谐旅游”的理念，并对旅游产业布局进行了合理调整与安排。

以上一系列旅游政策的出台，加快了民族村寨旅游发展的步伐。

2）民族村寨旅游法规

民族村寨旅游发展涉及众多利益层面的关系。这些关系的确定和协调除了通过市场机制、行政机制和文化机制进行控制外，还依赖于法律、法规的约束和控制。作为旅游发展的支持系统，旅游法规的运作主要通过调整旅游法律关系来达到推动旅游事业更快发展的目的。旅游立法的宗旨就是制定调整旅游活动关系的一系列法律规范，以保障旅游事业的健康发展。

贵州省旅游业于20世纪80年代初起步发展，旅游法制工作也从这个时期起逐步开展起来，各项规章制度不断地建立和完善。1993年6月，为加强对全省旅游行业的管理，省人民政府下发了《贵州省旅游行业管理暂行规定》，贵州省旅游工作开始步入正常有序的行业管理；1995年5月16日，省人民政府发布了《贵州省旅游业管理规定》。规定的颁布实施，进一步规范了旅游市场，提高了服务质量，维护了旅游者和旅游企业的合法权益，促进了旅游业的健康发展；《贵州省旅游管理条例》于1999年9月25日经贵州省第九届人民代表大会常务委员会第十一次会议通过颁布，于2000年1月1日起施行，这是贵州省第一部旅游业管理的地方性法规。2002年2月27日，贵州省旅游局发布了《贵州省旅游村寨定点管理暂行办法》；2004年7月1日，贵州省质量技术监督局发布了《贵州省乡村旅舍等级评定与管理》[290]。以上一系列法规促使贵州民族村寨旅游业逐步步入法制化、规范化的发展轨道。

4.5.1.2 民族村寨旅游的非正式制度

非正式制度是人们在长期中无意识形成的，有持久生命力的，且通过文化结构代代相传的一系列规范[291]。非正式制度包含风俗习惯、价值观、伦理意识形态等，其中意识形态是基于道德来判定社会现行制度结构的，故处于核心地位。非正式制度的特点在于：①传统文化的堆积层。非正式制度在任何历史时期，都是在民间经过人们约定俗成而订立的共同规则，不论发展过程如何，民族的、传统的文化烙印始终无法磨灭。②固定的沿袭路径。非正式制度一旦确立，即在民族文化中连续传承下来，异于正式制度的跳跃性变化。③他者文明的体现。相异的经验、风俗和心理，形成了不同类型的社会文明，而非正式制度正是差异的始肇者。非正式制度有正式制度无可比拟的生生不息的活力，其作用力潜移默化于日常生活之中。非正式制度对民族村寨旅游系统的影响与其他旅游系统相对而言显得尤为重要。例如，郎德上寨民族村寨旅游的成功发展与其采用的管理和分配机制——“工分制”密不可分，而“工分制”的形成与苗族文化传统中的价值信念、伦理规范、风俗习惯和意识形态等密切相关（详见 5. 1. 4 小节）。

正式制度和非正式制度同属于社会规则体系，一个社会中总是先有非正式制度如风俗习惯、伦理道德等，然后才有正式制度如法律制度、政治制度等；非正式制度具有约束力，而正式制度具有强制力。根据制度的“相容性原理”，两种效能不同的制度之间是紧密联系、相辅相成的。没有正式制度，缺乏强制性的非正式制度就会缺乏实施效率甚至有名无实；同时任何正式制度有效发挥作用，都需要一定非正式制度的辅助，否则由于意识观念等原因而产生的抵制情绪会使正式制度丧失效力。正式制度和非正式制度是相互依存、相互补充的，非正式制度是正式制度的前提和基础，非正式制度约束的有效性依赖于正式制度的支撑，两者共同规范着人们的行为。

4. 5. 2　民族村寨旅游技术子系统分析

技术是指从产品的研究、开发到销售整个过程中所应用的知识。人类社会的经济发展史表明，经济增长水平总是伴随着人类社会技术水平的提高而上升的[292]。从经济发展理论的视角而言，探讨技术进步在经济增长中作用的经济增长理论模型，经历了从外生技术进步到内生技术进步的演进历程。无论是外生技术进步的索罗模型，还是内生技术进步的阿罗的“干中学”模型、罗默模型、卢卡斯模型、格罗斯曼和赫尔普曼模型，都认为技术进步是促进经济增长的关键性因素。

旅游技术是民族村寨旅游系统中最重要的组成部分，同时也是民族村寨旅游应对发展新趋势的重要支撑力量。旅游技术是推动旅游产业创新实践的直接动力，也是提高发展效率的内在动力。面对大众旅游时代的来临，旅游技术以信息化和自动化为支撑，应用一系列先进的现代制造技术和装备技术，提高产业发展效率，不断创新旅游生产、管理、消费的各个环节，凸显旅游业“以人为本”的服务理念，为旅游消费者创建便捷舒适的消费模式。同时，对旅游资源的规模化开发，使旅游业必须解决可持续发展问题：如何引进各种节能减排技术，建立循环经济模式，以最大限度降低对资源的浪费和减少对环境的破坏？在低成本竞争时代，为促进旅游产业转型升级，如何减少企业对资源环境的依赖？如何渡过旅游交通、旅游安全等领域出现的瓶颈？如何发展互动式、参与性的新旅游形式？这一切都需要强大的技术支持。

技术与旅游产业的动态结合是双向的，技术影响旅游产业是通过技术的物化过程——研发、工程化、商品化，使新技术扩散渗透于旅游产业的生产设备、管理设施、特色产品等分支中，促成新产品和新设备的产生，推进生产方式、管理方法、市场模式的转变，旅游业还可以借助高技术创发新的产品，拓展旅游概念空间，如太空旅游、虚拟旅游等。旅游产业的发展可引发科学技术的提升，在旅游市场需求推动下，科研机构不断推出新技术、新装备、新产品，在客观层面上推动了技术进步。

旅游技术是当前民族村寨旅游系统发展中的薄弱环节。民族村寨旅游系统的发展，无论是目的地系统的旅游设施，还是交通通道系统的建设和旅游信息通道系统的构建都离不开技术系统的支持。旅游技术创新将有助于解决民族村寨旅游发展进程中的难题，助推旅游产业升级发展。

4.5.3 民族村寨旅游教育培训子系统分析

民族村寨旅游教育培训子系统是贵州民族村寨旅游发展的重要保证。目前，贵州民族村寨旅游总体处于发展初期，部分村寨还处于参与阶段，旅游人力资源开发存在很多缺陷，专业人才十分匮乏。贵州民族村寨旅游人力资源仅具有数量上的优势，而素质较低，文化结构差距大。民族村寨旅游从业人员中，除了个别管理人员文化程度能达到大专水平外，其他工作人员教育水平偏低，导游人员主要是当地初中毕业生或假期返乡的学生，未受过专业的导游培训，也没有取得过导游资格证。专业的技术人员如市场营销、环保、规划等人才寥寥无几，使民族村寨旅游的发展局限在政府掌握和支持的力度上，民族村寨旅游开发处于被动局面。美国经济学家舒尔茨认为：“改善穷人福利的决定性生产要素不是空间、能源和耕地，决定性要素是人口质量的改善和知识的增进。”大多数西方经济学家也都认为，劳动者技术水平低是经济发展的一个十分重要的障碍[293]。人口素质的提高在很大程度上是通过教育来实现的。做好人力资源教育培训，有利于解决民族村寨旅游人力资源开发的方向性问题，确保民族村寨旅游可持续的协同发展。

教育有广义和狭义之分。狭义的教育只包括学校正规教育。广义的教育包括学校正规教育、非学校正规教育和非正规教育3种形式。学校正规教育是指在学校进行的，参加者一般是未开始参加工作的青少年。非学校正规教育是指在非学校的正规教育机构中接受短期的、专门技术的训练，参加者往往是成年人，与学校正规教育相比，具有课程时间短、目标更明确、与实际生产联系更为紧密的特点。如扫盲班和培训中心。非正规教育指的是在各种教育机构之外进行的学习方式，人们可以在家里、工作岗位上和社会中学习到不少知识和技术，这种方式通常被称为“边干边学”（或“干中学”）[294]。在民族村寨旅游教育培训中，更多的是非学校正规教育和非正规教育这两种形式。

5 耗散结构理论视角下民族村寨旅游系统运行研究

民族村寨旅游系统符合耗散结构系统的开放性、非平衡性、内部非线性调节及通过涨落达到有序 4 个特征，因此，民族村寨旅游系统可从耗散结构理论视角对其运行进行研究。本章首先基于民族村寨旅游系统的非平衡性及开放性探讨其负熵的引入，然后基于民族村寨旅游系统内部非线性调节及通过涨落达到有序的特性研究其非线性动态演化过程。

5.1 民族村寨旅游系统负熵的引入

民族村寨旅游系统在运行过程中需要不断与环境保持着能量、物质和信息的交换，使系统获得负熵流。只要外界输入系统的负熵足够多，能抵消系统内不可逆过程导致的熵产生，系统就不会趋向衰退，而是向更加有序的方向发展。民族村寨旅游系统从外界引入负熵的形式多样，十分复杂，以下从自然、经济、社会及文化等方面探讨负熵的引入过程。

5.1.1 民族村寨旅游系统自然过程的负熵引入

在整个自然界中，生态环境系统的物质循环分为生态环境系统的营养物质循环（简称生物小循环）和生物圈中的生物地球化学循环（简称地质大循环），前者是在后者的基础上进行的，后者是包括前者在内在的生物循环、液态循环、气态循环和沉积循环，即自然界四大循环的辩证统一过程。这一过程与生态系统中的能量转化是同时进行，互为条件的。能量不断地流动与转化和物质不断地循环与转换的统一运动，形成了无限循环的生态环境系统的总循环[295]。民族村寨旅游系统自然过程的熵交换是指旅游系统的自然生态要素按生物小循环和地质大循环而形成的各种自然物质的循环过程。这种循环在生态环境系统中通过生产者、消费者、分解者及环境的序列过程而进行。

从生物小循环视角观察，民族村寨旅游生态环境系统自然过程的熵交换主要反映在有高度流动性的客流和物流方面，这种流动是全开放性流动。无论是旅游者还是村民，他们首先作为生命体的存在必然有能量的吸收与转换，还有随之而来的物质消耗与循环。生态环境系统中维持生命活动的能量主要来自于太阳能，通过绿色植物的光合作用，把太阳能转化为化学潜能，然后沿食物链营养级关联因子，逐级向顶部方向流动，每经过一级绝大部分能量以热的形式在呼吸作用过程中消耗，这样能量呈阶梯状递减，形成“生态学金字塔”。各营养级之间能量的转换存在“林德曼效应”，即转换率平均为10%左右。所以民族村寨旅游生态环境系统必须不断地从外界获取能量，引入负熵以保障旅游系统的运行。

从地质大循环视角观察，如果把民族村寨旅游系统看作一个多维的时空体，自然过程的熵交换可以从垂直和水平两个方向实现。在垂直方向上，太阳辐射是地球负熵的主要来源。由于太阳辐射源源不断地给地球带来了大量的负熵流，克服了自然界不可逆过程带来的熵增。因太阳辐射而生长茂盛的地球绿色植被，不但是生态系统中食物链的起点，也为旅游社会经济系统创造生态适宜的环境条件，如释放大量氧气、净化空气等；在水平方向上的熵交换主要由地质过程引起的。地质环境作为民族村寨旅游生态环境系统的基础载体，也是旅游系统负熵的一个重要来源。由于地壳运动、风化、侵蚀及人类活动，地球内部的地热、岩石、矿物及营养元素等被源源不断地带到地表并释放出来，也给地球表层环境带来了巨大的负熵流[296]。民族村寨旅游系统源源不断地通过自然交换过程引入负熵，为系统的生存和发展提供基本的生态保障和环境支撑。

5.1.2 民族村寨旅游系统经济过程的负熵引入

民族村寨旅游经济子系统需要从外界引入负熵，以提供旅游经济增长所需的动力。由于影响民族村寨旅游系统经济增长的因素众多，在研究民族村寨旅游系统经济过程的负熵引入时，只能抓主要因素，对其与外界的交换过程进行分析。

5.1.2.1 民族村寨旅游系统经济增长影响因素的实证分析

关于民族村寨旅游系统经济增长的影响因素，本书借鉴经济学的相关理论，从经济学视角对其进行分析。根据经济发展理论，影响民族村寨旅游系统经济增长的因素主要有旅游资源禀赋（包括自然资源和文化资源）、资本、人力资源、技术进步、制度因素等。上述因素中，旅游资源禀赋是贵州民族村寨旅游增长的支点，贵州民族村寨正是在旅游资源禀赋上具有相对比较优势，才选择了发展旅游的道路。本节分析中，主要考虑资本、人力资源、技术进步、制度等因素对民族村寨旅游系统经济增长的影响，在柯布–道格拉斯（Cobb-Douglas）生产函数模型的基础上，运用索罗余值法分析民族村寨旅游系统经济增长过程中各因素对旅游经济增长的贡献率，从而找出主要因素，对其进行重点分析。

1）民族村寨旅游系统经济增长的索罗余值分析

在经济学分析中，许多经济增长模型将柯布-道格拉斯生产函数作为分析的基础。柯布-道格拉斯生产函数的一般形式为

$$Y_t = A_t K_t^{\alpha} L_t^{\beta} \tag{5-1}$$

其中，Y 为总产出量；t 为时间；A 为其他投入要素对总产出量的影响；K 为资本投入；α 为资本投入对产出的弹性系数；β 为劳动投入对产出的弹性系数；L 为劳动产出增长率。

从柯布-道格拉斯生产函数的生产函数关系中，经济学家发现资本与劳动投入的增加只能部分解释产出的增长。即年产出增长率 Y_t 除了部分地可由资本产出增长率 K_t 和劳动产出增长率 L_t 来解释之外（α 和 β 分别为产出对于资本和劳动的弹性系数），还有一部分是由剩余项 A_t 来解释的。以罗伯特·索罗（Robert M. Solow）为代表的新古典增长理论认为，在现实的经济增长中，人均收入的增长率快于劳动和资本这些要素投入的增长率，这中间有一个“残差”（即“索罗余值”）难以解释。罗伯特·索罗把“残差”归结为“技术进步”。罗伯特·索罗认为，技术进步在短期的表达含义上是“生产函数任何一种形式的移动（变化）”，“经济的加速和减速、劳动力教育状况的改进及各种各样使得生产函数发生移动（变化）的因素可以归入技术进步之中”。由此可见，罗伯特·索罗关于技术进步的含义比较宽泛，即影响生产函数移动（变化）的一切因素都是技术进步，其中主要体现在新的资本存量中的技术成果、教育和劳动力素质的改善等。国内外学者对技术进步做过多种不同的定义，总体而言，“技术进步”一词有狭义和广义两种解释。狭义技术进步主要指生产领域和生活领域所取得的技术进步。广义技术进步是指产出增长中，除劳动力和资本投入增加的作用之后，所有其他因素作用的总和，即除劳动力和资本投入增加使产出量增长之外，其他使经济增长的所有因素均为技术进步。显然，广义技术进步是指科学研究、硬技术、软技术及人类实践活动不断变革和综合、集成创新推动自然界、人类社会和经济可持续地、协同地发展的过程[297]。

目前，许多经济学家把“索罗余值”看成是全要素生产率（Total Factor Productivity，TFP）的提高。全要素生产率等于产量与全部要素投入量之比。这个概念最早是由简·丁伯根（Jan Tinbergen）于1942年提出来的，之所以提出全要素生产率这个概念，是因为单要素生产率（产量与某一特定投入量劳动或资本之比）只能衡量一段时期内某一特定要素投入效率的变化，而不能表示生产效率的全部变化。一般来说，资源的配置状况、技术创新的扩散程度、规模经济、管理水平、人力资源及自然资源的状况等因素也都对生产效率有着显著的影响，而这些因素却不能在单要素生产率的变化中反映出来[298]。

罗伯特·索罗在其外生技术进步经济增长模型的基础上提出了索罗余值法，

索罗余值法的基本框架，是一个讨论产出增长率、要素投入增长率与全要素生产增长率三者之间关系的模型。该模型以柯布-道格拉斯生产函数为基础，模型假定：①规模报酬不变；②技术变化是希克斯“中性”的。其基本思路如下：

柯布-道格拉斯生产函数：

$$Y_t = A_t K_t^{\alpha} L_t^{\beta}$$

对生产函数的一般方程全微分可以得到：

$$\frac{\mathrm{d}Y/\mathrm{d}t}{Y} = \frac{\mathrm{d}A/\mathrm{d}t}{A} + A\frac{\partial f}{\partial K}\frac{\mathrm{d}K/\mathrm{d}t}{Y} + B\frac{\partial f}{\partial L}\frac{\mathrm{d}L/\mathrm{d}t}{Y} \tag{5-2}$$

令：

$$y = a + \alpha k + \beta l \tag{5-3}$$

用式（5-3）代替式（5-2），则 y 为总产出率，a 为全要素生产率（包含了技术进步、制度因素、规模经济、效率改善及知识进展等因素），α 是资本投入对产出的弹性系数，k 为资本投入的增长率，β 则是劳动投入对产出的弹性系数，l 为劳动投入的增长率。

索罗余值法反映了全要素生产率、资本、劳动对经济增长的贡献度。对式（5-4）处理得：

$$l = \frac{a}{y} + \frac{\alpha k}{y} + \frac{\beta l}{y} = E_a + E_k + E_l \tag{5-4}$$

则 E_a，E_k，E_l 分别表示全要素生产率、资本投入、劳动投入对经济增长贡献率。

2）民族村寨旅游系统经济增长的生产函数模型

柯布-道格拉斯生产函数：

$$Y_t = A_t K_t^{\alpha} L_t^{\beta}$$

对生产函数两边取自然对数，可得

$$\ln Y_t = \ln A_t + \alpha \ln K_t + \beta \ln L_t \tag{5-5}$$

在规模报酬不变（即 $\alpha + \beta = 1$）和希克斯中性条件下，则有

$$\ln\frac{Y_t}{L_t} = \ln A_t + \alpha \ln\frac{K_t}{L_t} \tag{5-6}$$

3）指标的选取及描述性分析

在计量分析中，考虑到数据的可得性、准确性及旅游产业属于第三产业，旅游六要素（吃、住、行、游、购、娱）与第三产业密切相关，旅游业发展与第三产业发展之间存在一定的线性关系。因而对贵州省第三产业投入产出的计量分析可以大致反映贵州民族村寨旅游系统经济增长的影响因素。

本书选取贵州省第三产业生产总值（Y）作为衡量旅游业经济增长水平的指标，选择贵州省第三产业全社会固定资产投资额（K）作为衡量旅游业投资的指标，选择贵州省第三产业从业人员（L）作为衡量旅游业劳动力投入的指标。样

本数据来源于《贵州六十年》[299]，取样时段为1996～2008年。借助EViews 5.0软件，先计算柯布-道格拉斯生产函数的α和β值，然后运用索罗余值法计算出全要素生产率、资本投入、劳动投入对旅游经济增长贡献率。

图5-1给出了贵州省第三产业生产总值（Y）、第三产业全社会固定资产投资额（K）和第三产业从业人员（L）的发展轨迹。

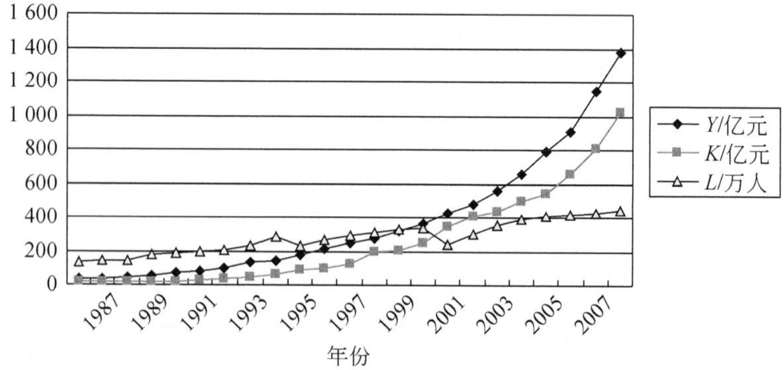

图5-1　贵州省第三产业Y、K、L的变化轨迹图

4）模型的回归与检验

（1）单位根检验

数据变量ADF检验结果如表5-1所示，ln（Y/L）和ln（K/L）在一阶差分下都通过了临界水平为1%的ADF单位根检验，说明这两组变量在一阶差分下平稳，记为I～（1）。变量的ADF检验结果（表5-1）。

表5-1　变量ADF检验结果

变量	检验类型（C, T, L）	ADF检验值	各显著性水平下的临界值			检验结果
			1%	5%	10%	
Dln（Y/L）	（C, T, 0）	-5.963 1	-4.467 9	-3.664 9	-3.261 5	平稳
Dln（K/L）	（C, 0, 0）	-4.365 8	-3.788 0	-3.012 4	-2.646 1	平稳

C为含截距项；T为含趋势项；L为滞后阶数；变量前加D表示一阶差分

（2）模型的回归结果及检验

$$\ln(Y/L) = 0.3902 + 0.693 \times \ln(K/L) + u_t \quad (5\text{-}7)$$
$$t \qquad (9.9528)\ (23.8735)$$

$R^2 = 0.9645$　$\bar{R}^2 = 0.9627$　$F = 569.94$　$DW = 0.4898$

模型中DW值偏低，说明模型中可能存在自相关，经过一阶差分法调整如下：

$$\ln(Y/L) = 0.4248 + 0.626\times\ln(K/L) + AR(1) + u_t \quad (5\text{-}8)$$
$$t \quad (6.3495)\ (12.2286) \quad (4.9764)$$

$$R^2 = 0.9881 \quad \bar{R}^2 = 0.9869 \quad F = 791.98 \quad DW = 1.7465$$

模型回归结果判定系数高达98.8%，表明模型对数据拟合程度高；F 统计量为791.98，表明方程显著；DW 值为1.7465，接近2，表明方程不存在自相关。以上数据表明回归效果很好。

模型结果转化为柯布–道格拉斯生产函数：

$$Y = 1.53K^{0.626}L^{0.374} \quad (5\text{-}9)$$

相应的索洛增长方程为

$$y = a + 0.626k + 0.374l \quad (5\text{-}10)$$

5）旅游经济增长贡献率测算

运用索罗余值法，计算出全要素生产率、资本投入、劳动投入对旅游经济增长的贡献率，表5-2是贵州省1987～2008年每年各因素的年度贡献率，表5-3是贵州省1987～2008年间按旅游发展阶段划分的各因素贡献率均值。

表5-2 贵州旅游经济增长主要因素贡献率（1987～2008年）

年份	资本	劳动力	全要素生产率
1987	-0.015 870	0.095 470	0.920 404
1988	0.111 241	0.035 019	0.853 740
1989	0.066 731	0.546 647	0.386 622
1990	0.267 012	0.121 199	0.611 789
1991	0.606 265	0.044 326	0.349 410
1992	1.084 340	0.105 107	-0.189 450
1993	0.659 183	0.146 621	0.194 196
1994	2.544 200	0.580 971	-2.125 170
1995	1.316 320	-0.323 840	0.007 521
1996	0.157 558	0.297 964	0.544 478
1997	1.014 079	0.188 827	-0.202 910
1998	3.050 780	0.208 332	-2.259 110
1999	0.320 724	0.168 925	0.510 351
2000	0.832 863	0.059 877	0.107 261
2001	1.533 163	-0.682 620	0.149 454
2002	0.873 110	0.682 156	-0.555 270
2003	0.287 787	0.420 131	0.292 082

续表

年份	资本	劳动力	全要素生产率
2004	0.437 380	0.204 374	0.358 245
2005	0.322 539	0.079 873	0.597 588
2006	0.834 014	0.054 324	0.111 662
2007	0.571 062	0.056 242	0.372 695
2008	0.798 412	0.063 482	0.138 105

表 5-3 贵州旅游经济增长主要因素贡献率均值（按发展阶段）

年份	资本	劳动力	全要素生产率
1987～1990	0.107 277	0.199 584	0.693 139
1991～2000	1.158 631	0.147 711	-0.306 340
2001～2008	0.707 184	0.109 746	0.183 071
1987～2008	0.803 313	0.143 337	0.053 350

6）结果分析

从表 5-3 可以看出，在过去的 22 年中，资本投入对贵州旅游经济增长的贡献率最大，是贵州旅游经济增长的主要源泉。其次是劳动力投入，最后才是全要素生产率所包括的规模经济、知识进展和制度因素等原因。这与唐晓云对中国旅游经济增长因素分析的结论[300]是一致的。

从旅游业发展阶段来看，在起步阶段，即 1990 年以前，国家对旅游业的发展不够重视，在这一阶段贵州对旅游业的资本投入不多，资本投入对旅游经济增长的贡献率不大，而全要素生产率贡献率最高，其次是劳动力投入。这种状况与民族村寨旅游发展状况基本吻合，这一阶段民族村寨旅游活动的开展主要围绕交通相对比较方便的民族村寨开展，旅游接待主要以政府接待为主，辅以零星的散客。

在成长阶段，即 1991～2000 年，在这一阶段由于国家对旅游业的发展逐渐重视，贵州对旅游业的资本投入开始增加，资本投入在成长阶段弹性非常大，因而资本投入贡献率迅速提高，成为旅游经济增长的发动机。但是在成长阶段旅游经济的增长比较粗放，导致全要素生产率贡献率均值为负。结合民族村寨旅游发展状况来看，在成长阶段，随着我国人民生活水平的提高，人们对旅游的需求逐渐增加，民族村寨旅游逐步走向市场化。但是，民族村寨由于长期闭塞，缺乏旅游发展的经验，加上没有科学的指导，许多民族村寨对旅游资源进行浅层次、粗放式的开发，对以后旅游发展的负面影响很大。

在加快发展阶段和快速发展阶段，即 2001～2008 年，随着西部大开发战略的实施，贵州对旅游业的资本投入继续加大，由于资本投资边际效益递减规律的作用，在这一时期，资本投入的贡献率虽然仍排在首位，但是开始下滑。全要素生产率逐步回升，但劳动力贡献率一直下滑。在这一时期，随着我国经济的迅速发展和人民生活水平的不断提高，加上带薪假期时间的增多，旅游需求迅猛增加，对民族村寨旅游系统发展而言，既是机遇，也是挑战。一方面，由于客源市场系统需求的增加，要求旅游地系统的供给相应增加；另一方面，民族村寨旅游发展急需科学的规划和指导。

综上所述，现阶段民族村寨旅游系统经济增长主要关注两个方面的问题：一方面，除了关注资本投入的“量”外，更应关注资本投入的“质”，以质带量，改变片面追求引入资本数量，而倚重引入资本的质量，将“投入产出效率”作为衡量指标；另一方面，应该更多地从劳动力、制度及技术进步角度来提高劳动力和全要素效率。因此，民族村寨旅游发展既要加大资本投入，也要提高旅游劳动者素质、增强旅游业制度创新和技术创新的能力。

5.1.2.2 民族村寨旅游系统经济发展资金的引入

资金是民族村寨旅游经济子系统发展的物质基础和运行的保障。资金缺乏制约了基础设施的建设和完善，从而影响民族村寨旅游产品的开发。多年来，人们一直对旅游业的发展存在认识误区，认为旅游是投资少、见效快的产业，但是从旅游的发展来看，虽然旅游业自身的发展所需的资金相对于其他产业而言较少，但是其支撑条件所需代价却比较大。首先是交通问题，旅游是一项流动的活动，必然对出行的要求较高，通达性和便捷性是必要条件，庞大的基础设施建设费用，需要政府的政策倾斜和资金支持；其次是支撑产业，旅游发展必需的住宿业、餐饮业、娱乐业、休闲产业等都需要资金；第三才是民族村寨旅游业自身的资金需求[301]。前二者是民族村寨旅游系统发展的前提和基础，后者是旅游经济子系统自身发展的需要。

学术界一直在致力于探讨发展中国家贫困的根源和探索摆脱贫困的途径。美国经济学家 Leibinstein 提出的“临界最小努力”理论认为发展中国家应努力使经济达到一定水平，冲破低水平均衡状态，以取得长期的持续增长。在不发达经济中，人均收入提高或下降的刺激力量并存，如果经济发展的努力达不到一定水平，提高人均收入的刺激小于临界规模，那就不能克服发展障碍，冲破低水平均衡状态。为使一国经济取得长期持续增长，就必须在一定时期受到大于临界最小规模的增长刺激[302]。

美国经济学家 Nurkse 在“贫困恶性循环”理论中指出，发展中国家的经济在供给和需求两方面都存在“贫困恶性循环”，而资本缺乏是产生这种恶性循环的根本原因（图 5-2）。

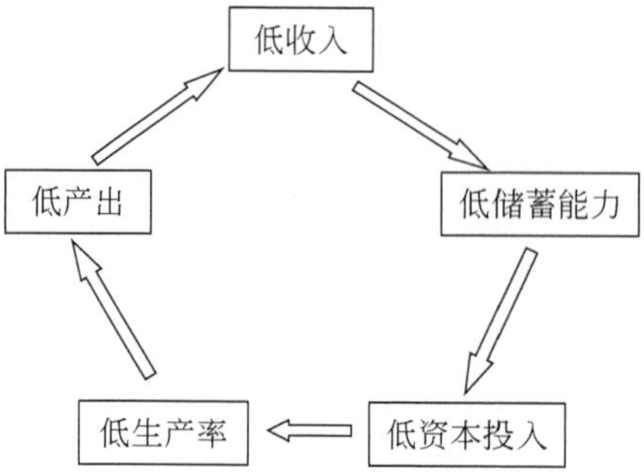

(a)从供给角度看

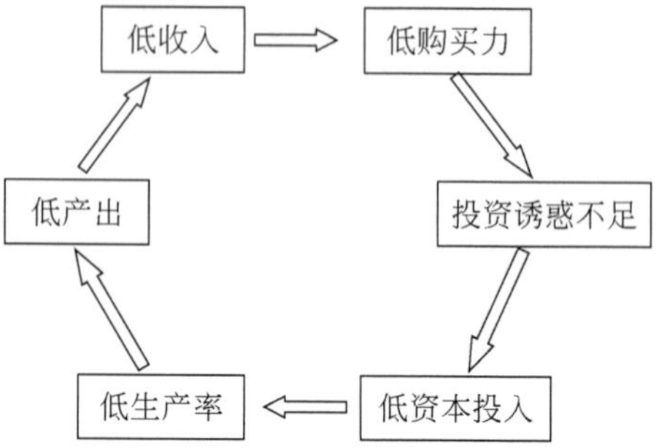

(b)从需求角度看

图 5-2 纳克斯的贫困恶性循环示意图

资料来源：转引自刘晓鹰主编：《旅游经济学》[303]

从供给角度分析，由低资本投入导致低生产率、低产出，从而造成低收入和低储蓄能力，低储蓄能力再形成低资本……不断进行恶性循环。要终止这一过程，要从源头的资本入手，投入大规模资本，以提高生产率和产出，增加收入和储蓄，由此形成更大规模的资金投入……不断进行良性循环。从需求角度分析，由低资本投入导致低生产率、低产出，从而造成低收入和低购买力，低购买力使投资信心匮乏而不愿追加投资，资本积聚水平仍保持在低位……不断进行恶性循环。要终止这一过程，仍要从源头的资本入手，大规模资本的投入，提高生产率和产出，增加收入，提高购买力，增强投资信心而引发进一步投资，以形成更大规模的资金投入……不断进行良性循环。

以旅游业为投资切入点的旅游投资能够改善民族村寨经济发展条件，促进经济增长。大规模旅游资本的投入一方面可以促进民族村寨相关产业生产率的提高，扩大产出，增加村民收入和储蓄；另一方面能够深度开发民族村寨的旅游资源，提升吸引力，进一步刺激旅游消费，提高村民收入和购买力水平，从而扩充投资渠道，促进资本规模的升级。形成资本是解决民族村寨贫困恶性循环的出发点，加大旅游投资力度、提高旅游投资效率是促进民族村寨经济体系良性循环的重要途径。

1）民族村寨旅游融资途径

民族村寨旅游是社会经济及城市化发展到一定阶段的产物，客源市场相对而言社会经济条件优越，城市化和现代化水平较高。习惯了现代化生活的游客对服务、接待设施有较高的清洁、舒适要求，与一般的民族村寨村民的生产生活条件还是有较大差距。民族村寨需要逐步完善环境整治、基础设施及旅游服务设施等方面的建设，满足游客的需求。这要求前期资金投入较大，因而民族村寨旅游投入产出呈现出高投入高产出阶段⇒中投入高产出阶段⇒低投入高产出阶段的特点。民族村寨在旅游发展前期资金缺口非常大，旅游基础设施投入不足，已经成为民族村寨旅游发展中的一个突出问题。因此，必须依靠多种融资方式和渠道筹资。民族村寨旅游筹资主要途径有以下几点。

（1）政府引导型资金投入

虽然旅游业是以市场机制为主体配置资源，但是政府给予的投入对于旅游投资的流向和流量起着导向作用。旅游基础和服务设施项目，由于经常涉及大量投资，加之建设周期长回收慢，目前还要多依靠政府性资金进行引导，以创造良好的投资环境。旅游作为民族村寨新的经济增长点，需要增加财政对旅游业的基础性和导向性的投入，安排一定数量的旅游专项资金。因此，民族村寨有关的旅游基础设施建设项目首先应争取国家或地方政府投资立项，在不能满足国家财政直接拨款条件的情况下，也要争取财政贴息方式或由财政为项目发行债券和获得贷款提供担保。

（2）争取政策性银行贷款

政策性银行是国家政策性金融体系的主体，不同于一般的商业性银行，在业务管理中与财政、计划、中央银行等部门都有密切的关系。政策性银行贷款根据国家产业政策来确定资金使用方向，可以为部分基础性项目投资提供有偿但相对便宜的资金。与商业性投资贷款相比，具有贷款利率的优惠性、贷款对象的专门性、贷款作用的补充性等特点。这些都有利于降低旅游开发投资的成本和增加旅游投资的规模。民族村寨旅游基础设施项目的建设投入资金，尤其是交通道路的建设资金，地方政府可考虑争取政策性银行贷款。

（3）鼓励企业投资旅游项目

企业投资主要针对的是一些具体的民族村寨旅游经营项目或旅游服务项目，如投资某个民族旅游村寨、建立旅行社、旅游商品工厂和酒店及旅游运输公司等。这些投资项目管理相对简单，投资规模适中，回收期较短，风险相对较小。随着我国市场经济的发展和旅游投资管理体制的深化，由大中型企业担当旅游项目投资主体的投资方式将进一步发展。在旅游企业发展中，除了靠企业自身的自我积累投资旅游项目外，还可以通过收购与并购、间接融资、直接融资等多种方式筹集资金，以增强企业实力，扩大投资规模并提高投资收益。

（4）拓宽并规范个人投资渠道

个人投资主要是独资或几个人集资在民族村寨开办旅游餐饮、住宿设施、风味餐饮、纪念品店等。个人投资虽然单个投资项目的资金投入少，但众多个人投资的累加可以缓解民族村寨旅游发展资金缺口，并且可以提高剩余劳动力就业率，增加投资者和当地居民收入。另外，也可以对旅游项目起到拾遗补缺的作用，为旅游者提供许多便利条件，有些个人投资发展的民俗风情旅游项目甚至成为旅游产品的有机组成部分。个人投资要按照“谁投资、谁受益”的原则，逐步形成旅游产业投入产出的良性机制。

（5）“股份制”融资

为了合理地开发民族村寨旅游资源，可以根据资源的产权将民族村寨旅游资源界定为国家产权、村寨集体产权、村民小组产权和农户个人产权4种产权主体。在开发民族村寨旅游时，可采取国家、集体和农户个体合作，把旅游资源、特殊技术、劳动量转化成股本，收益按股分红与按劳分红相结合，进行股份合作制经营[304]。在缺乏外来资金投资的情况下，也可以通过村民入股的方式，按照投入资金的多少折合成一定比例的股份，各出资方按照股份的大小共同承担风险，分享收益。荔波县联山湾布依村寨就是采用这种方式解决旅游发展的资本投入“瓶颈”，走上致富之路。

2）案例研究——联山湾布依村寨的“旅游专业合作社”

联山湾位于贵州省荔波县驾欧乡，是一个以世界自然遗产地——小七孔景区和大七孔景区为依托，以大七孔库区的山水景观为背景，以山秀水美的村寨田园风光和布依族农耕文化为特色的布依族村寨旅游景区。联山湾地处小七孔景区边缘，是大七孔景区的上游景区，距麻尾至驾欧旅游高速公路出口仅6 km，距荔波县城28 km，距麻尾火车站38 km，距荔波机场45 km，小七孔环景区公路驾欧—朝阳公路穿越整个景区，区位与交通优势比较明显。

联山湾布依村寨旅游资源丰富：村寨海拔高700～800 m，森林覆盖率达70%以上；冬无严寒，夏无酷暑；梯田层次分明，坝田狭长平缓；村庄错落有致，民居依山傍水；布依族文化尤具特色，加上区位与交通优势比较明显，非常适合发展旅游。但是多年以来，联山湾由于缺乏发展旅游的启动资金，旅游业一直没有发展起来。直到2007年，贵州省委、省政府确定修建麻驾旅游高速公路，荔波申报世界自然遗产成功，第二届全省旅游发展大会在荔波隆重举行，荔波机场正式通航等一系列千载难逢的发展机遇摆在了面前，驾欧乡联山村委会才下定决心发展旅游。

驾欧乡联山村委会在荔波县有关部门和驾欧乡党委、政府的帮助指导下，根据《中华人民共和国农民专业合作社法》规定，按照“自愿、自由、公开”的原则，动员村民们入股开发本村得天独厚的民族村寨旅游资源，投资30万元开发联山湾乡村旅游项目。2008年5月开始筹建荔波县联山湾乡村旅游专业合作社，2009年6月22日正式在荔波县工商局注册登记成立①。联山湾作为纯布依族农民合股合作开发的民族村寨旅游景点，在短短的几年时间里，采取“旅游开

① 资料来源：贵州荔波联山湾乡村旅游网，http：//www. gzlblsw. com。

发、文化先行、宣传出击”的办法，深入挖掘、丰富和发展地方民族文化资源，使新开发建设的联山湾民族村寨旅游区成为荔波最具影响力的民族村寨旅游景点，吸引了大量的游客前往联山湾旅游观光和考察学习。对加快联山村调整农业结构、促进农业生产和农民增收进行了有益的尝试，初步探索出了一条“旅农结合”的民族村寨发展新路子。

3）民族村寨旅游的投资效率

关于民族村寨旅游的投资效率，从理论上我们可以借鉴哈罗德-多马模型进行分析。哈罗德-多马模型是在20世纪40年代分别由英国经济学家哈罗德（R. Harold）和美国经济学家多马（E. Domar）提出来的，这一模型沿袭凯恩斯的储蓄-投资的均衡分析方法，以一些严格的假设条件为前提，集中考察了社会资本再生产过程中的3个变量及其相互关系。这3个变量是：①资本系数 V；②储蓄率 S；③有保证的总经济增长率，以 G_A 代表。在这个产量增长率下，社会预期的投资需求，恰好等于本期的储蓄供给，这时经济处于均衡状态。所以有保证的增长率，能实现均衡状态的增长率，又称均衡增长率。因此哈罗德-多马模型的核心公式可以简化为

$$G_A = \frac{\Delta Y}{Y} = \frac{S}{V} \tag{5-11}$$

它表明在资本系数为已定的情况下，有保证的增长率取决于储蓄倾向，而不是取决于储蓄或收入的绝对水平[305]。

哈罗德-多马模型启示我们，民族村寨旅游的增长与旅游投资的效率紧密相关，当投资效率高时，会促进旅游增长，而投资效率低下则可能会导致旅游负增长。因此，民族村寨旅游的发展重点要倾向于“质、量结合”，不仅关注旅游投资数量的增长，还要注重其投入产出率的增长方向，以保证后续发展走上良性轨道。由于影响其变化的因素较多，可以通过多种途径相结合的方式来提高投资效率：对于进行旅游投资的资本，可以增加其结构中的技术含量，以期拉动地区经济增长；对于行政引导方面，要创造良好的投资环境，为投资者提供公平竞争的条件，推进投资市场化建设，为旅游投资提供体制支持；对于民族村寨，要以凸显特色为中心，发展具有本民族特色、本土特色、文化含量高的旅游产品，提高投资的经济效益；对于区域发展，以民族村寨间的协同合作为基础，加强联合，以期优势资源互补，扩大旅游投资“乘数效应”。

5.1.3 民族村寨旅游系统社会过程的负熵引入

民族村寨旅游系统社会过程的负熵引入，以下主要从提高旅游劳动者素质的角度进行分析。提高民族村寨旅游劳动者素质，一方面要健全旅游教育培训内容

体系，另一方面要开展形式多样的旅游教育培训形式。

5.1.3.1 民族村寨旅游教育培训内容体系

民族村寨旅游教育培训按培训对象可分为民族村寨村民培训和旅游专门人才培训两大类，在实践中还需继续细分，根据不同的培训对象传授不同的培训内容。

1）民族村寨村民培训

（1）村寨民族文化的传承培训

少数民族传统文化代表了不同时期不同民族的基本文化特征，共同组成了中国传统文化。由于原始性、不可逆性，其具有重要的科研价值，为开展民族学和人类学的各项研究提供翔实资料；而多样性、生动性，又赋予其较高的经济文化价值，对促进文化传播和少数民族地区经济建设也颇有深意。因此，在民族村寨旅游开发过程管理中，必须坚持科学引导，有效地保护好当地的少数民族文化资源。

在口头与非物质文化的传播中，蜡染、纺织、土法造纸、造房、石雕、簸箕画、编织等都是传承已久的工艺技术，而老人、妇女、技师、工匠、祭师、歌师等则是村寨文化的承载者和传播者——也是在民族村寨旅游开发中最宝贵的人力旅游资源，为激发其保护、传承文化的能力，应让其适当参与旅游开发管理及收益分配，而少年儿童是文化的承习者，应通过民族村寨旅游的开发培养其对当地传统文化的自豪与热爱。

在民族文化传承培训中，有计划收集、整理村寨的口头与非物质文化和物质文化遗产，在村寨中设置当地传统文化艺术展示场所，通过熟知民族村寨历史文化知识的村民开展对村寨文化遗产的认识教育，使村民自豪自觉自愿地保护文化遗产。对村寨历史文化进行研究和整理，激发鼓励民族村寨艺人对年轻一代进行相关历史文化和传统工艺的传授；在民族村寨中小学中应开设关于民族文化遗产的相应课程。提高民族村寨导游队伍素质，进行民族村寨历史和民族文化等相关的知识培训，建立和提高文化遗产保护意识。

（2）村民旅游服务技能的培训

培训的内容包括景区管理培训、社区导游培训、旅游商品开发引导性培训、旅游商品经营服务培训、旅游交通服务培训、景区安全保障体系培训、村寨环境卫生培训、社区法制培训及社区餐饮、娱乐、民族村寨旅舍服务培训等。上述培训内容主要通过村民调查或参与的形式，做到双向选择，既能解决实际问题，又达到培训预期效果。

（3）民族文化环境保护与发展培训

开展民族村寨旅游培训必须落实到如何处理好文化旅游资源开发与保护的问

题，从宏观和长远利益角度分阶段、分层次进行民族村寨旅游资源培训。具体措施有：培训中强调文化资源的重要地位，使接受培训人员具有民族自豪感；培训中除了必需的理论知识外，需结合民族村寨民族文化的特色进行针对性培训；培训避开强势文化对少数民族文化的同化效应，并传授解决办法或经验；实行开放立体式的发展战略，使保护与开发并重，研究与利用并举，把少数民族地区珍贵的文化遗产真正纳入旅游开发规划建设之中；民族村寨旅游资源开发必须使当地少数民族受益，全方位培训少数民族村民，使他们具备开发管理好民族村寨旅游业的智慧和能力；为巩固民族村寨村民温饱水平并加快其奔小康进程，有必要对温饱线上的村民进行农业（农、林、牧、副、渔）生产技能培训，鼓励其大力发展旅游业所需要的农产品。

2）旅游专门人才培训

（1）行政管理人员培训

培训的内容包括民族村寨旅游知识、旅游管理理论与技巧、人力资源管理、员工辅导技巧、管理创新与领导艺术、领导团队精神、民族村寨旅游开发策略与责任感和民族村寨旅游可持续发展培训等。

（2）旅游企业管理人员培训

旅游企业包括旅行社、旅游开发公司、星级饭店、旅游商品开发公司和旅游运输公司等。根据不同性质开展不同方向的企业管理培训（如旅行社管理、饭店管理、投资管理、旅游车队管理和企业管理等），还有旅游经济培训，民族村寨旅游文化开发与保护培训，旅游有关的法律、法规和标准培训与考核，经理领导能力与艺术培训，管理沟通培训，旅游统计分析与计算机培训，团队精神培训，旅游管理技巧培训和旅游心理与员工激励培训，等等。

（3）民族村寨旅游开发规划人员培训

培训的内容包括民族村寨旅游理论知识、民族村寨旅游资源调查与评价培训、民族村寨旅游市场营销分析培训、民族村寨旅游创新培训、规划素质与规划法规培训考核等。

（4）民族村寨旅游市场营销人员培训

市场营销人员对民族村寨旅游产品有效打入市场、获得经济收益有很大作用。培训内容包括旅游电子商务培训、旅游市场营销技巧、旅游广告、制定服务标准培训、旅游市场细分与开发培训等[306]。

5.1.3.2 民族村寨旅游教育培训形式

在实践中，旅游专门人才培训可委托大专院校等教育机构培训；对村民的旅游教育培训，建立民族村寨旅游社区流动培训站是切实可行的途径。当地政府通过聘请资深的旅游专家定期到民族村寨培训村民，一方面有利于将旅游业培训计划分散进行，解决村民在旅游发展中遇到的问题，提高当地村民的参与积极性；另一方面，也能让所有参与民族村寨旅游工作的当地村民，都有机会、有权利进行培训或接受教育。

5.1.4 民族村寨旅游系统文化过程的负熵引入

民族文化与旅游发展，二者之间是一种互动的关系。本节以郎德上寨为案例，探讨民族村寨旅游系统文化过程的负熵引入，从中也可看到非正式制度对民族村寨旅游系统经济增长的促进作用。

5.1.4.1 郎德上寨简介及“工分制”概述

朗德上寨（以下简称郎德），属贵州省黔东南苗族侗族自治州雷山县报德乡，位于雷山县城北 17 km 处的雷公山麓、望乡河畔，这是一个有 138 户，近 600 人的苗族村寨①。郎德上寨系苗语“能兑昂纠”的意译，“能兑”即欧兑河下游之意，村以河名，“昂纠”即上寨，郎德因属郎德地片上方，故名。朗德始建自元末明初，居民为陈、吴二姓，迄今已有 600 多年寨史，全寨皆为苗族，清咸丰、同治年间，这里是苗民抗暴起义之地。郎德依山傍水，坐南朝北，南面有松杉繁茂的“护寨山”，山上遗留有杨大六反清抗暴的碉堡和战壕。民居依山而建，为木质结构吊脚楼。由于历史文化独特，民族风情浓郁，郎德上寨于 1986 年被国家文物局列为全国第一座露天苗族风情博物馆；1997 年被文化部授予“中国民间艺术之乡”；1998 年被国家文物局列入“全国百座特色博物馆”行列；2001 年成为全国重点文物保护单位；2008 年，郎德成为奥运火炬在贵州传递的第一站，也是全国唯一一个入选举办奥运火炬起跑仪式的村寨。郎德山清水秀，密集的吊脚楼群、鲜艳的民族服饰、饶有风趣的拦路酒和苗味佳肴，特别是热烈的踩铜鼓、吹芒筒芦笙、铜鼓舞等，都强烈地吸引着中外游客。

郎德在 20 世纪 80 年代中期开展旅游活动之初，集体接待表演规模宏大、环节众多，但是在管理和分配制度上又无可借鉴的案例。在此背景及苗族传统文化的影响下，郎德在形式上借用大集体时期的“工分制”进行民族村寨旅游的管理和分配。经过 20 多年的修改和完善，今天郎德的“工分制”原则是“按劳分配”，体现了“公平、公开、公正”的特点，与大集体时期吃大锅饭的“工分制”有着本质不同。

郎德“工分制”是一个严密而复杂的管理和分配制度，虽然没有完整的明文规定，很多规则均为口头约定，或散见于村规民约中，但每个村民对这些规则

---

① 资料来源：笔者 2010 年 8 月郎德上寨田野调查。

都很熟悉和清楚。郎德“工分制”工分发放及结算大体如下。

①工分按村民接待的角色和着装发放（表5-4、表5-5[307]）。每场旅游接待以家庭为单位，按家庭实际出工人数，记工分一次。

表5-4 郎德上寨旅游接待“角色”工分表

角色名称	桌长	迎客	芦笙	陪场	学生	管理者
工分值/分	1	1	9	6	1～8	18

表5-5 郎德上寨旅游接待“着装”工分表

着装名称	长衣	便衣	盛装	盛装加银衣	盛装加银衣银角
工分值/分	10	9	11	15	20

②“工分”分时段发放。为防止村民迟到早退，旅游管理小组采取按接待程序分时段3次放票的做法。以盛装加银衣为例，第一次，客人进寨之前发4分；第二次，拦门酒唱歌敬酒仪式结束后发3分；第三次，“团结”舞演结束，发8分。

③凭分记酬。郎德村民每户拥有一本工分本，旅游接待结束后，每家每户到村旅游小组按家庭实际出工人数及所领工分牌登记工分。同时，村旅游管理小组的工作人员在管理小组的工分登记册上也登记上每户旅游接待的工分，便于统计核对。每月末，村会计先统计出当月可分配旅游接待金额总数和全村总工分，计算出每个工分的价值，然后核对管理小组的工分登记册和每户工分本上的名字和数据，按工分比例与参加旅游接待的家庭结算。

郎德“工分制”主要体现了“公平、公开、公正”的特点：

①公平。郎德全体村民，都可以参加旅游接待活动并以“按劳分配”原则参与收入分配。并且，村民参加与否，或农忙时是否参加，都是自愿的。除了有的村民因外出打工或在外读书、工作等原因，没有参加旅游接待活动外，郎德总体而言，基本上达到100%的社区参与旅游。

②公开。郎德村委规定，在旅游接待的表演总收入中，村委提留25%，用于寨上修桥补路，维护寨容寨貌及与旅游有关的开支。其余的75%对村民按劳分配，凭工分计酬。郎德村民以户为单位，每月按工分本上登记的工分结账一次，如有疑问，可与旅游接待小组成员核实。旅游收入和分配情况定期公布（表5-6），并受村民监督。旅游接待小组成员每三年重新选举一次，由全体村民投票决定。

表 5-6　郎德 2009 年旅游收支表　（单位：元）

收入项目	金额	支出项目	金额	余额
2008 年结余				521 665.23
活动	121 357.00	分配	91 017.75	
外收	8 031.37	领据	295 711.66	
人饮	1 532.80	人饮	101.00	
电视	1 911.00	电视	—	
柴火	—	卫生	5 436.00	
住宿	120.00			
厕所	1 082.00			
2009 年合计	134 034.17	2009 年合计	392 266.41	–258 232.24
总计				263 432.99

资料来源：郎德旅游接待小组提供

③公正。“工分制”对旅游接待小组成员严格要求，并向老、弱、病、残等弱势群体倾斜。例如 70 岁以上的郎德村民及病残者，无论到场与否，每场表演可人均记 6 分；小孩（学龄儿童）只要穿着民族服装到场，依年级高低分别记 1～8分（表 5-7）；作为演员的妇女全程参与完整个接待表演每人每场最高的可拿 20 分；而旅游管理小组成员每个人每场只能拿 18 分，如果迟到还要扣分。

表 5-7　学龄儿童工分表

年级	长衣	银衣	演员	备注
1～2	4	4	—	男女生不到 4 年级，不准敬酒、扛桌子
3～4	6	6	2	
5～6	8	8	2	

资料来源：郎德旅游接待小组提供

5.1.4.2　“经济–文化人”视角下的郎德“工分制”分析

生存环境的多样性和经济生活的多样性，造就了民族文化的个性特质，而现实的物质生产活动中产生的特定的民族意识，又成为影响该民族生存与发展的基础经济生活的要素。由民族文化特征所赋予的价值观念、道德意识、选择方式等，成为民族特定的文化价值标准，对民族经济生活起着重要影响[308]。

苗族历史悠久，源远流长。根据史籍记载、考古发现及苗族心史传说资料，苗族发祥于我国长江、黄河、淮河的入海处，苗族的远祖先人与伏羲女娲有着密切的关系。5000 多年前，他们北渡黄河，挺进中原，形成了名曰“九黎”的部落集团。诚如范文澜在《中国通史》中说的：“九黎族最早进入中部地区。”蛮族中九黎最强，大概是联合 9 个部落，每个部落，各包括 9 个兄弟族，共 81 个兄弟族，蚩尤为大酋长。著名的涿鹿之战，以黄帝战胜蚩尤告终。蚩尤余部流向长江中下游，开拓发展，又建立起著名的三苗国。后经尧、舜、禹三代的不断征伐，他们又流向长江以南的荆州一带，被称为“荆蛮”。秦汉以后，他们又流向武陵五溪地区，并顺着五溪溯江而上，进入贵州、四川、云南和广西。直至中华人民共和国成立前，大部分苗族地区已经进入阶级社会，但也还有一部分仍处于原始社会末期的发展阶段，保留着共同劳动、讲互助、均分配的原始生产关系，与之相适应的伦理道德观念在社会生产和生活的各个领域仍有许多遗存，并在苗族社区发挥着重要的作用[309]。郎德在现代经济社会中仍然体现着浓郁的苗族传统文化，因而1986年被国家文物局列为全国第一座露天苗族风情博物馆。

美国人类学家 A. L. Kroeber 和 C. Kluckhohn 认为，“文化存在于各种内隐和外显的模式之中，借助符号的运用得以学习和传播，并构成人类群体的特殊成就，这些成就包括他们制造的物品的各种具体样式，文化的基本要素是传统（通过历史衍生和由选择得到）思想观念和价值，其中尤以价值观最为重要”[310]。在现代经济社会中，民族文化因素提供一种价值观直接影响民族的意识，其社会功能主要是为经济生活和政治生活提供某种约定俗成的行为规范[311]。苗族传统文化中对郎德选择“工分制”影响的主要因素如下[312]。

1）苗族传统文化的“团结互助、集体至上”

在苗族的传统文化和道德观念中，群体是远高于个体的现实存在，是被“神圣化”了的具有崇高意义的存在，个体必须归属于群体。在苗族的“议榔”组织和习惯法中，有一种关于对违犯榔规者给予“开除”的处分，被“开除”者即使不被驱逐出村寨或一定社区，也被断绝同“议榔”的各成员的一切交往。“开除”是一种仅次于处死的严厉处罚，受罚者亦感到离开群体是很严重的问题，脱离群体就意味着失去了庇护，失去了生存的权利。苗族谚语就说：

有水才成田，合众才成人。
桩多篱笆稳，人多力量强。
大家团结，人财两得。
齐心干活才有吃，合力劳动才有穿。
人要一条心，鱼要一条水。

2）苗族传统文化的“平均主义”

直到近、现代社会，苗族仍保留着原始的平均主义，如进山狩猎，他们捕获猎物后，还有一套完整的分配方法：一般通过领头老人进行分配。在分配猎物之前，首先要向山神祈求、敬祭，报答山神的恩赐。有人说：今天一帆风顺获得这样好的猎物，这杯酒这块肉应敬山神。他们把山神敬祭完后，那老人说：今天是谁的猎手，应得猎头和一条腿。众答没有意见。众人又对老人说：您也有一份功劳，应得一只肉腿。老人点点头。其余的人都按老人的吩咐，一一平均分配，随意挑选，各得一份。这种平均分配猎物的方法，是原始人类的分配方式。

3）苗族的传统文化的“公平、公正、公开、民主”

由于苗族原始社会延续的时间较长，原始共产主义道德的影响较深。著名的苗学专家凌纯声在《苗族的地理分布》中就指出：“苗民有公意决之。故事必会议……尚复有所谓公理与民意也。”“善团结，贵信用，尤重视公意。”历史上苗族从未建立过自己的国家政权，其内部阶级分化不明显，人与人之间大体上是平等的，在政治生活领域民主意识较浓。无论是在鼓社、议榔组织内部或是在家庭内部，凡事关全体的活动或事件，都要经过民主协商形式，让大家充分发表意见，鼓头、榔头和家长，只能依据多数人的意见做出决定。平等观念限制了依附的关系，因而培植了民族的正义观念和公平意识。

从上述分析可知，郎德的“工分制”充分体现了苗族传统文化的价值观念及伦理道德。郎德“工分制”，是苗族社区群众调动和汲取本民族传统文化因素，通过独特的制度安排来应对旅游发展的积极尝试[313]。近几年，上级政府部门一直希望郎德扩大旅游规模，引进旅游企业参与旅游开发，但遭到了旅游管理小组成员及村民的一致反对。在田野调查中，笔者发现大多数村民认为邻近村寨——西江千户苗寨的“公司制”旅游发展模式不好，主要因为分配不公平。而对自己村寨的“工分制”非常认同。这说明，民族传统文化对本民族群体行为的选择和制度安排具有限定和支配作用。

苗族传统文化的价值观念及伦理道德作为民族社会的上层建筑，总是和一定的物质生产方式相适应。在苗族的传统文化中，丰富的淳朴美德主流和有一定局限性的支流并存。如道德调节的狭隘性[314]，表现为一些道德知识局限于自己村寨、部落和民族范围之内。郎德对于“内外”的区分是明晰的。郎德的村民一直将自然村寨的边界作为划分我-他的标志，凡是在此界限内的都属于“我”，而出于其外的则是“他”，在“我”圈中的人可以分享圈中的资源。在行政划分中，“郎德上寨”不仅包括作为自然村的郎德，还包括对面山顶上的包寨。但是在郎德的旅游开发过程中，包寨被排除在外，没有参与任何旅游接待活动也没有被归入旅游目的地中。因为在郎德村民看来，所有的旅游资源都是“我”的，因此收益也是“我”的，自然郎德“工分制”的支配范围仅限于本寨。

以上分析，主要体现了郎德村民的“文化人”属性。下面，我们从郎德“工分制”的演进历程来了解村民的“经济人”属性。

郎德现在的“工分制”是经过20多年的发展逐步完善起来的，建立初期的“工分制”与今天的“工分制”有所不同。例如，在“工分制”初期，工分牌在旅游接待过程中仅发一次，在表演开始之前领取。但是，随着旅游接待活动的开展，旅游接待小组人员发现有村民出现了“搭便车”的行为。一种情况是，一些村民在领了工分牌就离开表演场地，等表演结束后就来登记工分；另一种情况是，表演进行到一半，村民才到场，也要求领取工分。“搭便车”的村民从旅游接待表演活动中获得了收益但并未承担相应的成本和贡献。在“经济人”视角下，郎德的旅游集体接待表演活动可视为一种公共资源。公共资源具有负外部性，人们过度使用公共资源几乎不用承担成本，而限制自己使用所产生的收益却分散到所有共同使用公共资源的人身上。因此，个体在做决策时不会主动考虑自身行为所包含的所有社会成本。所以，郎德一些村民在旅游集体接待表演活动上存在“搭便车”的动机，等着消费别人供给的公共资源。这种“搭便车”的行为如果任之发展，结果会产生“公地悲剧”，即郎德村民谁都不参加旅游集体接待表演活动。美国经济学家曼瑟尔·奥尔森（Mancur Olson）认为，除非一个集团中人数很少，或者除非存在强制或其他特殊手段以使个人按照他们的共同利益行事，有理性的、寻求自利的个人不会采取行动以实现他们共同的或集团的利益[315]。郎德旅游接待小组为避免“公地悲剧”状况的发生，经过集体商议，修改工分牌的发放制度，把每一个角色的工分牌分解为三部分发放。以盛装加银衣为例，第一次，客人进寨之前发 4 分；第二次，拦门酒唱歌敬酒仪式结束后发 3 分；第三次，“团结”舞演结束，发 8 分。三次发放工分牌的制度虽然增加了旅游接待小组成员的工作量，但是在很大程度上遏制了“搭便车”的行为，避免了村民迟到早退现象。

郎德的“工分制”虽然是针对旅游集体表演活动设计的，但是在郎德的其他旅游接待活动中处处体现了“工分制”的身影。以民族工艺品销售为例，2000 年前后，村民为向客人兜售各种工艺品，在表演节目结束前就开始拥入，严重影响了表演者的发挥和游客的观赏，为争抢客人而互相争吵，既损害了郎德的形象和口碑，也伤害了村民之间的感情。面对这种混乱局面，旅游接待组召集村民大会，议定并宣布：在郎德集体表演的新鼓场地面周圈上，所有销售摊位统一划定编号，一个家庭固定一个编号，抽签决定每次工艺品的卖家，必须在节目表演结束后才能进行交易。这样的规则符合“公平、公开、公正”的原则，及时有效地恢复了村落的秩序。

综上所述，郎德的“工分制”及其演进历程体现了村民在旅游活动中的经济行为既有为适应市场经济需要的“经济人”行为的特点，又有受民族传统文化深深影响的“文化人”的特征。搞清楚文化观念与经济行为的这种互动关系，才能理解和认识少数民族传统文化与经济发展互动的原理和机制[316]。这也是本书以“经济-文化人”作为民族村寨旅游发展研究逻辑起点的缘起。

5.1.4.3 郎德旅游发展外显的文化过程的负熵引入

如果把郎德苗族传统文化的价值观念及伦理道德对“工分制”形成的影响

视为一种内隐的文化过程的负熵引入，则郎德在旅游发展过程中接待表演节目对外来文化的吸收可视为一种外显的文化过程的负熵引入。

郎德现在的旅游民族歌舞表演（表5-8）并不都是土生土长的，是村民在旅游发展过程中主动学来的。朗德村民一般通过3种途径吸收外来文化：一是通过外村、外地嫁入的媳妇带来传授的；二是村里的青年人在外出“文化打工”过程中学来的；三是在雷山县文化馆、文工队对本村组织的培训过程中习得[317]。

表5-8　郎德旅游接待表演节目

序号	节目名称	表演内容与道具	来源（原生）地
1	铜鼓舞	2人击鼓，众人围圈舞蹈	雷山县长坳村
2	高排芦笙舞	7男人组成芦笙队演奏	雷山县岔河村、雀鸟村
3	敬酒舞	2男吹芦笙，8女穿短裙舞蹈，舞毕向客人敬酒雷	雷山县短裙苗族支系
4	欢迎舞	一男一女吹笙，12人男女舞者	经雷山县文化馆改编
5	小芦笙舞	3男吹改进型芦笙表演	雷山县文化馆编曲
6	锦鸡舞	12女短裙盛装舞蹈	经雷山县文化馆改编
7	木鼓舞	1人击鼓，4女舞蹈	台江县施洞等地
8	反排木鼓舞	使用木鼓，2男6女随鼓点舞蹈	台江县反排村
9	女子芦笙舞	4女边吹笙边舞蹈	黄平县谷陇
10	竹竿舞	4男3女表演，欢迎客人参与	学自广西桂林
11	斗鸡舞	4男吹笙表演	贵州省歌舞团创作
12	省亲舞	一男一女省亲表演，多人跳板凳舞，芦笙伴奏，台江施洞民歌	戏剧化表演
13	讨花带	3男吹笙，3女舞蹈，表演逃花带	本地民间芦笙调
14	苗岭飞歌	3女演唱	本地民间歌调
15	情歌对唱	2男2女对唱	本地民间歌调
16	团圆舞	芦笙队吹奏、全场主客参加舞蹈	本地芦笙舞

资料来源：《从村寨空间到村寨博物馆——贵州村寨博物馆的文化保护实践》（2009）

从郎德旅游接待表演节目的来源可以看出，民族村寨旅游系统在发展过程中具有开放性的特点，不断接受外来的文化，与原生文化相结合，对民族文化的保护和传承起着促生作用。从耗散结构理论的视角看，系统的存续和发展需要外界负熵流的支撑，因此民族传统文化系统的延续需要不断地从外界引入文化负熵流，推进系统向更加有序的方向发展。

5.2　民族村寨旅游系统的非线性动态演化

民族村寨旅游系统演化既受系统内在因素的影响，又受各种随机因素的影响，它的演化历程是非线性的动态复杂过程。因此，研究民族村寨旅游系统的非线性动态演化，就需要把复杂的旅游问题转化为理想的简单问题。在转化过程中，我们既需要理论模型的指导，又需要数学模型的支撑。以下对民族村寨旅游系统非线性动态演化的研究，以巴特勒的旅游地生命周期理论作为理论指导，以Logistic 曲线模型作为数学模型支撑。

5. 2. 1 旅游地生命周期理论

旅游地生命周期理论始于德国学者 Christaller 年 1963 年发表的论文《对欧洲旅游地的一些思考：外围地区—低开发的乡村—娱乐地》，是旅游学关于时间的理论。“生命周期”一词最早出现在生物学领域中，是作为描述某种生物从出现到灭亡的演化规律和过程的术语，而后被广泛应用于许多研究领域，被引入旅游领域后，与旅游学相关理论相结合，产生了旅游地生命周期理论。Christaller 在论文中阐述了他观察到旅游地都经历一个相对一致的演进过程：发现（Discovery）、成长（Growth）、衰落（Decline）。但是，学者们在引述和研究旅游地周期理论时一般使用巴特勒的六阶段周期模型。自 Christaller 对旅游地发展的最早研究，到巴特勒旅游地生命周期理论的产生，而后有众多学者致力于对其研究，或理论延伸，或实证应用，学者们不断对其进行批评与修正，或全盘否定，或辩证对待。也正因为如此，该理论在不断的发展中。

5. 2. 1. 1 巴特勒的旅游地生命周期理论

加拿大学者巴特勒于 1980 年重新对旅游地生命周期理论做了系统研究和阐释，将 Christaller 的三阶段演进过程进一步划分为 6 个阶段，即探索（Exploration）阶段、参与（Involvement）阶段、发展（Development）阶段、稳固（Consolidation）阶段、停滞（Stagnation）阶段、衰落（Decline）或复苏（Rejuvenation）阶段，并且引入了使用广泛的 S 型曲线来加以表述（图 5-3）。巴特勒认为旅游地像产品一样，

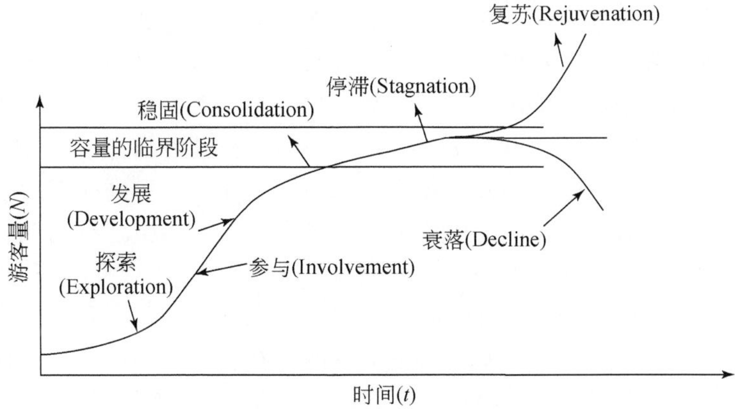

图 5-3 旅游地生命周期模型

资料来源：《旅游地发展研究新论》（2009）

只是旅游者的数量取代了产品的销量。目的地不断地进化和改变，它的改变因为各种各样的因素，包括旅游者偏好与需求的变化，物质设备与设施不断退化及可能的更新，原生态自然和文化吸引物的改变（更甚者消失），而这些正是该地区最初的吸引力。旅游地生命周期各阶段特点见表5-9。

表5-9　旅游地生命周期各阶段特点

发展阶段	各阶段主要特点
探索阶段	旅游者数量较少，呈无序分散状，有限的旅游活动未改变旅游目的地的自然、社会和经济环境
参与阶段	旅游者日益增多，一些简单的广告和简易设施随之出现，旅游市场已初具雏形，旅游对目的地社会生活产生了一定影响
发展阶段	旅游者数量不断攀升，目的地基础设施有较大改善，并通过多种渠道进行旅游形象宣传，日趋完善的旅游市场吸引着外来投资和外来劳动力，目的地经济结构发生根本性变化
稳固阶段	目的地经济发展与旅游息息相关，旅游经济贡献率不断增加。广告力度进一步加强，游客数量继续攀升，但增长率有所下降
停滞阶段	游客数量达到最大，旅游地环境容量已达到或超过极限，当地居民对旅游者多有反感，游客对目的地也日渐失去了兴趣，旅游地形象与地理环境脱离
衰落或复苏阶段	在衰落阶段，旅游者被新的旅游地所吸引，目的地的旅游市场出现委顿。停滞阶段也可能通过深入挖掘旅游资源和扩大客源市场等方式进入复苏期

资料来源：根据邹统钎等（2008）《旅游学术思想流派》和保继刚等（1999）《旅游地理学》等相关资料整理

巴特勒指出，等达到了旅游地的最大容纳量后，终会出现在旅游总体质量和吸引力上的降低[318]。在旅游地生命周期的最后阶段有以下几种情形可能发生：①旅游目的地的经重新开发，再次吸引大批游客，进入复苏阶段；②旅游目的地对原有设施资源进行了小规模的整改，逐步恢复对游客的吸引力，但人流量增长缓慢；③旅游目的地以维持现有客流量为目标，保持现有发展水平；④旅游目的地不注重保护环境 、过度开发资源，对游客的吸引力骤减，出现衰退症候；⑤灾难性事件或不可控事件的发生使客流量急剧下降，下滑到底部后很难恢复到正常水平。与此同时，生命周期曲线形状可能会因为不同旅游目的地所具有的不同的特征而发生变化，如发展率、游客数量、可进入性、政府政策和相似的竞争地数量等。对旅游地规划者、开发者、管理者来说，必须转变态度：旅游吸引物不是无限的，应当作有限的、不可再生的资源来看待，小心保护与保存。旅游地的开发应保持在一个可承受的范围内，其潜在的竞争力才能持久。

5.2.1.2 旅游地生命周期理论述评

自 1980 年巴特勒提出旅游地生命周期理论之后，该理论受到学术界的广泛关注，应用、验证和讨论的文章层出不穷，尽管有不少批评，但接受这个理论的趋势更强。对旅游地生命周期理论的应用和讨论主要集中在 3 个方面：①作为旅游地的解释模型；②指导市场营销和规划；③作为预测工具。Cooper 认为，旅游地生命周期理论作为一个解释旅游发展的模型，揭示了各个阶段不同变化的影响力，能提供给旅游地管理者长远的规划思想，如能将其与供求双方的变量完美地结合起来，可能为旅游理论开拓新的发展方向[319]。

从目前国外对旅游地生命周期理论的研究状况来看，有几个方面值得思考：①子系统研究。旅游地作为一个复合的系统，由各子系统组成，各子系统不断发生此消彼长的变化，对系统的内部结构发生影响，进而影响系统的生命周期演化。对旅游各子系统的研究将成为旅游地生命周期的新趋势。②实用性。目前对于旅游地生命周期理论仅停留在主观层面上。实际上由于旅游地背景和现状的复杂性，不存在一个可用于所有地方的普适性规律。对于特定区域的旅游地研究，必须根据理论框架，结合实际的客观参量，因地制宜进行分析才具有实际意义。③前瞻性。目前关于旅游地生命周期理论的案例研究中，很少注意到旅游地在发展稳固阶段的潜在衰退症候。研究如何重组复兴，固然能延长旅游地的生命周期，若能在停滞阶段之前及早地准备应对旅游产品衰退的潜在危机，在一定程度上可能会减轻损失。④涨落管理。突发事件会导致旅游地生命周期曲线的演化出现涨落，尤其是突发性恶性事件将带来巨大的负面影响，因此危机管理意识需不断强化。

巴特勒的旅游地生命周期理论为我们提供了研究民族村寨旅游地演化过程的理论框架：结合各旅游地的具体参量，考证不同民族村寨旅游地的生命周期特点，分析构成民族村寨旅游系统的子系统和内在因素，为民族村寨旅游地的管理、规划和建设提供理论支撑。从目前状况来看，旅游地生命周期理论在以下两方面亟待深入探讨：①如何建立旅游目的地生命周期数学模型，科学地统计数据，利用计量软件分析其内在规律，并预测其未来发展。②如何实现与其他理论的契合。影响旅游地发展的因素数量众多，单靠一种理论很难全面了解旅游地的发展特性，应与其他理论相结合，或许可以弥补旅游地生命周期理论研究中的缺陷。

5.2.2 民族村寨旅游系统演化的 Logistic 曲线模型

巴特勒的旅游地生命周期理论的主要缺点在于“描述性太强而规范性不

够”，因此模型的数学处理是旅游地生命周期理论应用于实践的有效途径之一。考虑 Logistic 曲线模型与旅游地生命周期 S 型演化曲线相似，并且旅游地游客数量从开始的缓慢增加⇒快速增加⇒平稳发展⇒停滞阶段这一动态变化过程与生物学中的种群增长机理相类似。因而 Logistic 曲线模型可以作为描述旅游地生命周期 S 型演化曲线的数学模型。

5.2.2.1 Logistic 曲线模型

1838 年比利时学者 Verhulst 提出用 Logistic 函数作增长曲线后，Logistic 曲线模型在生物学、医学、人口学、经济学等诸多领域得到了广泛应用。Logistic 曲线模型主要论点是个体数量与资源量的关系。在自然界中，当种群在一个有限空间中增长时，随着密度的上升，对有限空间资源和其他生活条件利用的限制，种内竞争增加，必然要影响到种群的出生率和死亡率，使自然种群不可能长期地按几何级数增长。种内竞争降低了种群的实际增长率，一直到停止增长，甚至使种群下降。种群在有限环境条件下连续增长的一种最简单的形式是 Logistic 增长（Logistic Growth），它是生态系统中生物量增长的基本法则和典型的自组织机制，其特点为：生物量的增长既有其自身生长发育的规律，又同时受环境容量的限制，其增长趋势是由正反馈力和负反馈力综合作用而导致的非线性 Logistic 曲线式增长。其方程为[320]

$$\frac{\mathrm{d}N}{\mathrm{d}t} = rN\left(\frac{N_m - N}{N_m}\right) \tag{5-12}$$

其中，$\frac{\mathrm{d}N}{\mathrm{d}t}$ 为生物的瞬时净增长率，r 为生物增长率，N 为 t 时刻的生物量，N_m 为饱和容量即最高生物量，$\frac{N_m - N}{N_m}$ 是限制项，表示离饱和容量的距离，其方程的解为

$$N = \frac{N_m}{1 + e^{-rt+C}} \tag{5-13}$$

其中，C 为常量。式（5-13）表明生态系统中生物量的增长呈 S 型曲线。

5.2.2.2 Logistic 曲线模型在旅游研究中的应用

影响旅游系统演化的因素纷繁复杂，难以穷尽，但所有相关影响因素的综合作用最终都会体现在旅游地游客量的变化上。因此，旅游地游客量的变化发展成为度量旅游地演化轨迹的客观参量[321]。基于上述认识，Lundtorp 和 Wanhill 构建了旅游地生命周期的数学表达式——旅游地需求模型。

假设有一旅游目的地 D 正处于开发过程的探索阶段，当第一位“旅游者”来到 D，可认为 D 开始步入旅游的探索阶段，此时到 D 的旅游者的数量为一常数（也可以为零）。随着旅游目的地 D 不断地对外传播信息，在目标市场 M 上 N_m

个人中拥有有关 D 的信息的人越来越多，他们都可能去 D 旅游。

假设在时间 t 时，在目标市场 M 中拥有有关 D 的信息的人有 N 个，用 r 来表示 D 的信息拓展速度，那么在时间 dt 内，拥有 D 的相关信息的人将有 $N\times r\times dt$ 个。另外，没有听说过目的地 D 的任何信息的人还有 N_m-N 个，占总体市场的比例为 $\frac{N_m-N}{N_m}$[322]。所以，在时间 dt 内，拥有 D 信息的人数发生了增长，共为

$$dN = rN\left(\frac{N_m - N}{N_m}\right)dt \quad N < N_m \tag{5-14}$$

其方程的解为

$$N = \frac{N_m}{1 + \beta e^{-rt}} \tag{5-15}$$

其中，β 为常量。很显然，Logistic 曲线模型与巴特勒的旅游地生命周期曲线不谋而合。由式（5-15）不难看出，当 $t \to +\infty$ 时，$N \to N_m$，具备这一条件时，目的地市场完全覆盖。在旅游发展初期，由于去过 D 的旅游者只占相当少一部分，使传播信息速度较慢，一开始 N 增长速度很慢。随着有关的信息被去过 D 的旅游者传播得越来越快，N 不断增长，当有关 D 的信息完全覆盖目标市场 M 时，仅有相当少的人没有听说过有关 D 的信息，因此信息传播速度又将变慢。

旅游地需求模型主要从客源市场系统的视角对 Logistic 曲线模型进行研究，也有学者[323,324]从旅游地系统环境承载力（TECC）的 Logistic 曲线模型的应用展开探讨。从 TECC 而言，方程形式与旅游地需求模型一致，但实际含义却不相同。其理论框架认为在给定研究的景区空间中，必然存在旅游地资源集合所容纳游客能力的上限，也就是“极限承载力”。用 N 表示以游客数量为单位的环境承载力；t 表示时间，$F(N)$ 表示容量自然增长率的一个给定函数，那么，就可以将某旅游地 TECC 用 Logistic 方程来描述：

$$\frac{dN}{dt} = rN\left(\frac{N_m - N}{N_m}\right) \tag{5-16}$$

式中：N_m 表示容纳最大游客量的环境承载力，r 为一常数，表示内禀增长率。旅游地资源利用水平较低时，即游客数量较少时，而相对的环境承载力的增量大。随着游客数量的增多，环境承载力的增量达到最大，增长率逐渐下降，直至 N 增到 N_m 时，$F(N)$ 为零，这时 TECC 达到动态极限阈值。

5.2.2.3 民族村寨旅游系统运用 Logistic 曲线模型的探讨

民族村寨旅游系统在不同的旅游发展阶段，不但旅游者数量不同，而且旅游目的地的接待容量也不同。民族村寨旅游地的接待容量随着旅游活动的发展，不断地有村民参与到旅游经营活动中，接待容量增长速度由慢变快，但是增长到一定的程度后，受到民族村寨 TECC 容量的限制，增长的速度就会下降，呈现出 S

型的发展曲线。

Logistic 曲线通常被划分为 5 个时期：开始期、加速期、转换期、减速期、饱和期。而巴特勒的旅游地生命周期经过 6 个阶段：探索、参与、发展、稳固、停滞，最后进入衰落或者复苏阶段。用 Logistic 曲线仅能模拟旅游地生命周期的前 5 个阶段，无法描述完整的旅游地生命周期。另外，民族村寨旅游系统由于在发展过程中会受到诸多因素的影响，不同的民族村寨在其演化的几个必经阶段所出现及持续的时间各不相同，导致其发展过程中 S 型演化曲线呈现出迥然各异的形态。基于以上原因，许多学者对运用 Logistic 曲线模型模拟旅游地生命周期曲线甚至是旅游地生命周期理论提出质疑。

不同的民族村寨，其旅游地生命周期所表现出不同的发展轨迹，远比巴特勒的 S 型演化曲线更为复杂多样。从系统理论的观点来分析，是因为民族村寨旅游系统演化过程中受到外界因素的干扰产生了的涨落。涨落是指系统的某个变量或某种行为对平衡值的偏离。普里高津的耗散结构理论认为，在接近平衡态的线性非平衡区，涨落的发生只使系统状态暂时偏离，这种偏离状态不断衰减，直至回到稳定状态。而在远离平衡的非线性区，系统中一个随机的微小涨落，通过非线性的相互作用和连锁效应被迅速放大，就可以形成整体的宏观的“巨涨落”，从而导致系统发生突变，形成一种新的稳定有序状态，即“涨落导致有序”[325]。在外界政治、经济、法律制度、社会文化等因素变化不大的情况下，民族村寨旅游系统会通过自我调节适应外部环境的变化，逐步回到原来的发展轨道。在外部环境发生比较大变化的情况下，民族村寨旅游系统会超越原有的平衡状态，产生新的发展路径，使民族村寨旅游沿着多种可能的演化方向和途径发展，通过“涨落有序”达到新的平衡。

Lundtorp 和 Wanhill 运用长时间序列数据，提出了旅游地生命周期的 3 种循环模式，即成长—衰落—稳定模式、主循环—再循环模式和扇贝模式（图 5-4）[326]，说明旅游地生命周期 S 型演化曲线会循环往复，形成周期，构成轮回。

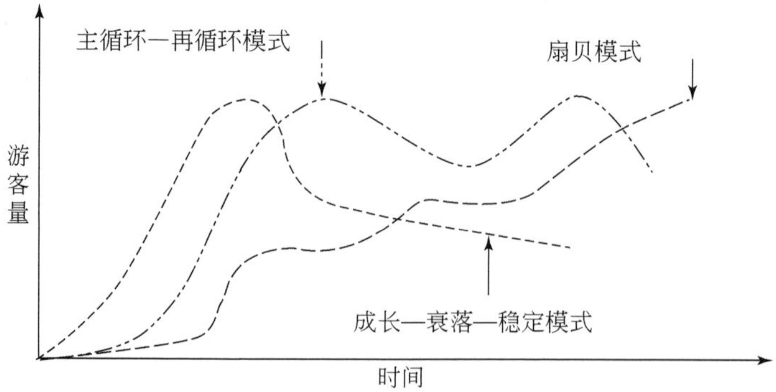

图 5-4　旅游地生命周期 3 种模式

由此，我们可以这样审视和理解民族村寨旅游系统周期演化规律的内涵：任一民族村寨旅游系统必然经历从成长到衰落并相应形成一条不以人们意志为转移的S型演化曲线。民族村寨游客量会在其演化鼎盛阶段达到极值，旅游承载力则达到最大极限阈值。之后民族村寨旅游系统面临演化分歧，或是主动，或是被动地选择衰亡或复苏的演化过程。S型演化曲线会循环往复，形成周期，构成轮回[327]。因此，对民族村寨旅游系统的非线性动态演化研究，需要根据不同民族村寨的具体情况，划分不同的旅游发展阶段，运用Logistic曲线模型分段进行研究，寻找民族村寨旅游演化规律，促进民族村寨延长其生命周期稳固阶段的持续时间。

5.2.3 郎德旅游发展的非线性动态演化

5.2.3.1 郎德旅游生命周期分析

游客量的变化是度量民族村寨旅游系统发展轨迹的客观参量，如果获得民族村寨旅游发展连续时间内的游客量数据，就可以分析该村寨旅游发展的非线性动态演化。郎德采用“工分制”作为旅游的管理和分配制度，其财务人员需要对团队游客及买票观看歌舞表演的游客数量进行登记，因而在郎德旅游管理小组财务人员处保留有1986年至今的游客量数据。虽然该数据仅包含团队游客及买票观看歌舞表演的游客人数（表5-10），但基本上可以反映出郎德游客量的变化轨迹（图5-5）。

表5-10 郎德游客量数据表

年份	国内游客/人次	国外游客/人次	游客量/人次	年份	国内游客/人次	国外游客/人次	游客量/人次
1986	856	90	946	1998	5 418	564	5 982
1987	978	210	1188	1999	5 169	843	6 012
1988	1 355	350	1 705	2000	5 590	948	6 538
1989	1 427	389	1 816	2001	3 358	910	4 268
1990	1 400	353	1 753	2002	5 460	1 737	7 197
1991	1 559	329	1 888	2003	9 602	1 612	11 214
1992	3 369	662	4 031	2004	1 2118	1 742	13 860
1993	1 912	437	2 349	2005	22 916	1 810	24 726
1994	3 846	662	4 508	2006	38 538	3 144	41 682
1995	4 820	558	5 378	2007	50 200	4 800	55 000
1996	4 059	642	4 701	2008	68 880	5 620	74 500
1997	4 836	917	5 753	2009	5 615	915	6 530

资料来源：郎德旅游接待小组提供

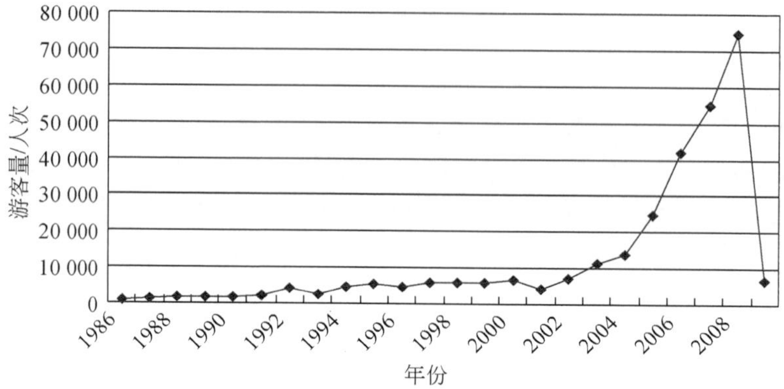

图 5-5　郎德上寨游客量数据图

从图 5-5 可以看出，按照巴特勒的旅游地生命周期理论，郎德在经历探索、参与、发展阶段后，由于凯里—雷山公路的修建，游客从凯里直接通往郎德的道路通行困难，因而郎德还未步入稳固阶段，便出现急剧衰落，没有形成完整的旅游地生命周期。从系统的观点来分析，郎德的发展，是由于交通通道子系统发生突变，民族村寨旅游系统出现涨落。以动态视角观察，对郎德的发展轨迹分段研究，实际上郎德的发展还是遵循巴特勒的旅游地生命周期 S 型曲线。根据目前郎德的发展轨迹，可以分为 3 个周期进行研究：①1986～2000 年（探索、参与阶段）；②2001～2008 年（发展阶段）；③2009～2020 年（复兴阶段）。按照 S 型演化曲线循环往复，形成周期，构成轮回的规律，2020 年以后还会有新的周期出现，在本书研究中，仅进行中期（即 2009～2020 年）预测。2020 年以后的发展，由于不确定因素太多，无法预测。本书首先对探索、参与及发展阶段运用 Logistic 曲线模型分段进行模拟研究，然后再对复兴阶段进行预测。

5.2.3.2　郎德旅游发展 Logistic 曲线模型分析

1）Logistic 曲线模型回归分析

本书借助 SPSS 13.0 软件对 Logistic 曲线模型进行回归分析。SPSS 13.0 软件中自带有包括 Logistic 曲线在内的多种线性和非线性曲线的选项，只要计算出 Logistic 曲线模型中的极值 N_m，输入 SPSS 13.0 软件，便可到模拟结果及用于对比的拟合优度值。在回归分析中，计算 Logistic 模型的极值尤为关键，目前对极值计算方法主要有 4 种，分别为三点法、四点法、拐点法、三和法。相比之下，三点法和四点法用从原有数据的真实曲线上取得的点来计算极值，使计算出来的拟合曲线不会过于偏离真实曲线，预测精度较高且计算简便[328]。本书采取三点法作为计算 Logistic 曲线模型极值的主要方法，并通过旅游地系统环境承载力对其验证。三点式方法确定常数，即取等距离的三点的游客量代入公式：

$$N_m = \frac{2N_1N_2N_3 - N_2(N_1 + N_3)}{N_1N_3 - N_2} \tag{5-17}$$

（1）1986～2000年（探索、参与阶段）

首先计算探索、参与阶段的Logistic曲线模型中的极值 N_m，即最大游客量。本书选取1990年、1992年、1994年的数据代入式（5-17），计算出郎德上寨在1986～2000年的最大游客量为8063人次。在郎德旅游发展的探索、参与阶段，民族村寨旅游客源市场还处于起步培育阶段，信息传播速度较慢，而且村民参与旅游住宿、餐饮等经营活动的户数不多，接待容量较小。因而认为8063人次这个数据比较符合郎德在探索、参与阶段的最大游客接待量。Logistic曲线模型回归结果（表5-11）。

表5-11　模型汇总和参数估计

方程	模型汇总					参数估计	
	R^2	F	df 1	df 2	Sig.	Constant	b1
Logistic	0.932	177.928	1	13	0.000	0.001	0.777

由表5-11可以看出，各项指标通过检验，Logistic曲线模型拟合优度很好。

（2）2001～2008年（发展阶段）

本书选取2004年、2006年、2008年的数据代入式（5-17），计算出郎德在2001～2008年的最大游客量为83 364人次。笔者在2010年郎德的田野调查中发现，村民一方面对郎德2008年的旅游接待感觉有些疲惫，另一方面又希望郎德旅游发展能像2008年那样热闹。由社会文化承载力理论可知，郎德2008年的游客接待量接近了郎德承载力的阶段极限。郎德2008年游客量为74 500人次，考虑2008年年底郎德的游客量因为凯里—雷山等级公路的修建而出现下滑。因而认为83 364这个数据比较符合郎德在发展阶段的最大游客接待量。Logistic曲线模型回归结果见表5-12。

表5-12　模型汇总和参数估计

Dependent Variable：N

方程	模型汇总					参数估计	
	R^2	F	df 1	df 2	Sig.	Constant	b1
Logistic	0.957	134.151	1	6	0.000	0.001	0.509

由表5-12可以看出，各项指标通过检验，Logistic曲线模型拟合优度值很高。

2）数据比较

运用 SPSS 13.0 软件计算出郎德探索、参与、发展阶段每年的模拟值（表 5-13、图 5-6）。

表 5-13　郎德实际游客量与预测游客量对比表

年份	实际游客量/人次	预测游客量/人次	年份	实际游客量/人次	预测游客量/人次
1986	946	939	1998	5 982	5 894
1987	1 188	1 170	1999	6 012	6 270
1988	1 705	1 445	2000	6 538	6 597
1989	1 816	1 769	2001	4 268	3 206
1990	1 753	2 141	2002	7 197	6 077
1991	1 888	2 560	2003	11 214	11 161
1992	4 031	3 019	2004	13 860	19 429
1993	2 349	3 509	2005	24 726	31 176
1994	4 508	4 014	2006	41 682	45 025
1995	5 378	4 520	2007	55 000	58 169
1996	4 701	5 010	2008	74 500	68 313
1997	5 753	5 472			

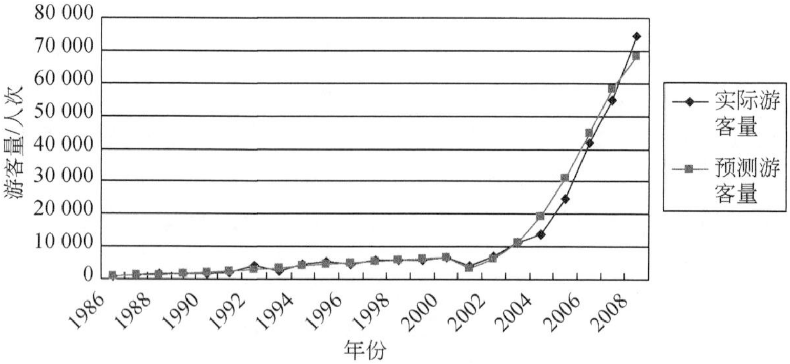

图 5-6　郎德实际游客量与预测游客量对比图

从表 5-13、图 5-6 可以看出，Logistic 曲线模型模拟的结果与实际游客量基本吻合，说明 Logistic 曲线模型能够很好地描述旅游地生命周期 S 型演化曲线，解释民族村寨旅游系统的非线性动态演化规律。

5.2.3.3 郎德游客量预测

旅游预测不仅要找一条好的拟合曲线与已有的历史数据相吻合，更重要的是能正确地预测旅游地未来游客量发展演化趋势。旅游地复兴演化过程，即该过程是在原旅游地走完一个生命周期之后的演化过程。在旅游地演化完成第一个周期后，作为下一个旅游地演化周期的复兴过程，它仍旧遵循旅游地生命周期演化规律，演化曲线呈 S 型。但此复兴过程的演化曲线以原旅游地停滞演化阶段或衰落阶段为其起始点，跨越了探索和参与这两个原旅游地演化阶段，并从发展阶段开始经历稳固和停滞这两个阶段，完成第二个演化周期。再往后发展，又是一个新的衰落或者复兴演化过程。国内学者杨春宇对南岳风景名胜区的实证研究中，证实了这一观点[329]。旅游地复兴演化过程仍然可以用 Logistic 曲线模型进行模拟。本书假设郎德在未来 10 年的旅游发展模式（即以“工分制”为主体的旅游管理和分配制度）不改变的情况下，运用郎德 2001～2008 年的 Logistic 曲线模型对其 2010～2020 年的游客量进行预测，结果见表 5-14、图 5-7。

表 5-14 郎德游客量预测表

年份	预测游客量/人次	年份	预测游客量/人次
2010	6 077	2016	68 313
2011	11 161	2017	74 963
2012	19 429	2018	78 868
2013	31 176	2019	81 015
2014	45 025	2020	82 152
2015	58 169		

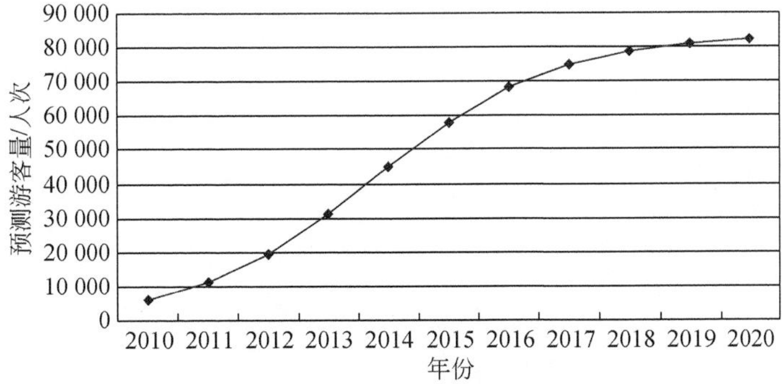

图 5-7 郎德游客量预测图

从表 5-14、图 5-7 可以看出，Logistic 曲线模型预测的结果是一条平滑的 S 型曲线，2010～2020年这一周期的阶段极值大约在2020年前后出现，到达停滞阶段后，郎德旅游的发展又是一个新的衰落或者复兴演化过程。在实际发展中，郎德旅游的发展轨迹可能会出现涨落，导致S型曲线不平滑。例如，2011年全国第九届少数民族运动会在贵州省举办，对民族村寨旅游的发展会有比较大的促进。加上凯里—雷山的公路已于2010年年底修建完毕，郎德2011年的游客量可能会有较大的提升，高于11 161人次。但是，从中长期来看，郎德旅游的发展轨迹还是遵循旅游地生命周期规律，呈S型曲线。

旅游需求预测的最终目的是为民族村寨旅游系统的发展提供理论指导。郎德旅游人数的预测结果有助于郎德确定在复兴周期的不同发展阶段应提供的服务设施的数量及营销宣传的力度，以避免村寨过度开发或开发不足带来的资源闲置或供不应求，促进郎德旅游可持续的协同发展。

6　民族村寨旅游系统协同发展研究

6.1　协同理论视角下民族村寨旅游系统发展分析

协同理论是探索存在于支配生物界和非生物界及一般系统的宏观尺度上的结构、功能的自组织形成过程的某些普遍原理的理论[330]。民族村寨旅游发展涉及的生态环境、社会文化和旅游经济子系统各自具有独立的演化规律和功能，只有各子系统相互协调、协同发展才能减少相互间的能量、物质和信息消耗，在民族村寨旅游发展中发挥出“1+1+1>3”的协同作用。

6.1.1　民族村寨旅游系统协同发展原理

民族村寨旅游系统是生态社会经济大系统下的一个子系统，其自身也可视为由生态环境、社会文化及旅游经济 3 个子系统构成（图 6-1）。生态环境系统是旅游经济系统和社会文化系统发展的基础，而旅游经济系统和社会文化系统则是

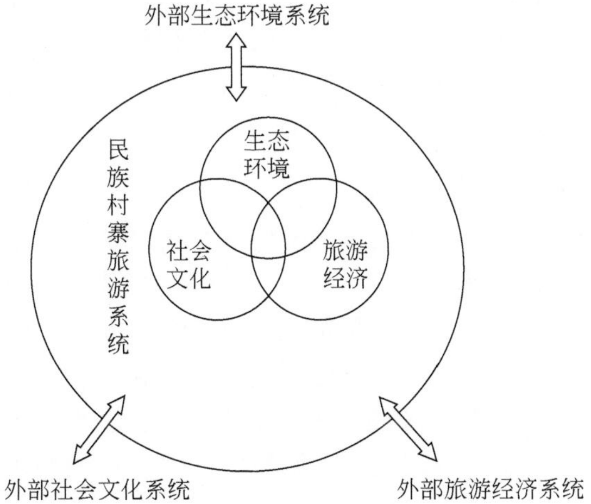

图 6-1　民族村寨旅游生态社会经济系统模型

生态环境系统发展的继续，三者在性质、结构和功能等诸方面既有联系又有区别。要使三者融合为一个有机的协同的系统整体，就应当探寻协同发展的科学原理和规律。

从协同学的基本理论来看，在民族村寨旅游系统中，旅游经济增长与生态环境平衡和社会文化发展之间，客观上存在着一种协同发展的规律。生态环境、社会文化及旅游经济3个子系统之间本质上是对立统一的关系，通过适度调控，建立起多因子（子系统）的协同作用，使社会文化与生态环境、生态环境与旅游经济、社会文化与旅游经济能够有效协同，旅游系统能可持续的协同发展。不过，协同的优化结果并不是自发产生的，必须依靠合理有效的调控整合才能实现[331]。根据有关民族村寨旅游子系统协同的规律性认识，本书从以下几个方面探讨民族村寨子旅游系统发展的原理。

1）社会生态经济平衡原理

在民族村寨旅游子系统协同系统中，既不是单纯的社会文化平衡，也不是单纯的旅游经济平衡或生态环境平衡，要实现整体的动态平衡，使三种平衡本质上和谐统一。生态环境平衡是社会文化平衡和经济平衡的物质基础，一旦生态环境系统失衡，损失必然先降在旅游经济系统上，从而引发社会文化系统的失衡，因此在3种平衡中居于首要地位，主导其他两种平衡。所以，在协同发展观的指导下，切不可以损害某一子系统而求得其他子系统的优先发展，而是共荣共优，互促互利。

2）社会生态经济效益原理

社会文化效益一般表现为综合的整体复合性效益，生态环境效益一般表现为间接的长远的效益，旅游经济效益一般表现为直接的近期效益。由于社会文化效益、生态环境效益和旅游经济效益三者之间是互相联系、互相制约、互为因果的有机关系，三者的统一与和谐是民族村寨旅游系统的最佳效益。只有子系统协同发展，系统才能取得最佳效益。

3）投入产出相适应原理

民族村寨旅游活动，在一定的技术条件下，由旅游经济系统将一部分物质和能量输入生态环境系统（投入），经过生产过程，又从生态环境-旅游经济系统中输出某些物质和能量，进入社会文化系统（产出），由此构成社会生态经济大系统再生产的全过程。社会文化、生态环境、旅游经济子系统协同发展的条件是从生态系统“拿”多少，都必须适量地“还”，而适量是指投入与产出之间的恰当比例，只有这样才能使社会文化、旅游经济、生态环境子系统运转有序。

4）定量按比例组合原理

生态环境、社会文化、旅游经济三大组分，在民族村寨旅游系统的构成中，不但要根据作用决定其发展的先后顺序，而且需要在彼此之间存续适当的数量关系，只有三者之间的数量满足一定的比例关系，整个系统的循环和运转才能正常进行。

5）最佳持续获得量原理

在民族村寨旅游系统中，客观存在着一个最适关系，即在社会文化效益、旅游经济效益、生态环境效益之间存在着一种最适关系，这种关系能启动协同发展的运转机制，保证民族村寨旅游系统持续收获量最大。最适关系的建立要求旅游系统发展中人们的经济行为和社会行为，必须有益于生态系统的稳定与发展，变人类向大自然索取的单向运动为彼此相互交换的双向运动，从而保障社会文化系统的平稳发展及旅游经济系统的持续增长。

6.1.2 民族村寨旅游系统序参量协同模型

协同理论认为，系统的性质的改变是由于系统中要素——子系统之间的相互作用所至。任何系统的子系统都有两种运动趋向，一种是自发地倾向无规无序的运动，这是系统瓦解走向无序的重要原因；另一种是子系统之间的关联引起的协调、合作运动，这是系统自发走向有序的重要原因。系统是自发地从无序到有序还是从有序到无序，就取决于其中哪一种运动趋势占据主导地位[332]。协同理论采用相变理论中的序参量概念来描述一个系统的宏观有序的程度，用序参量来刻划系统从无序到有序的转变，其协同是指在序参量支配下形成的子系统之间的协同运动。序参量之间的协同合作与竞争决定着系统从无序到有序的演化进程。在具有协同性质的民族村寨旅游系统中，序参量支配着各子系统的行为，同时又受各子系统的影响。在本书研究中，把生态环境、社会文化和旅游经济要素视为支配民族村寨旅游系统发展的序参量。

民族村寨旅游系统内各序参量之间的协同涉及各序参量的各个方面，一般会涉及多角度、多形式、多层次的协同，具体表现为系统的目标、结构、功能、时空等方面的协同（图6-2）。生态环境、社会文化和旅游经济序参量通过以上4种协同模式形成支配民族村寨旅游发展的动力，并且作用于各子系统与复合系统所形成的统一体，共同推进民族村寨旅游系统协同发展。

1）各序参量间的目标协同

序参量目标协同是民族村寨旅游系统发展的目的，是子系统协同发展的根本。只有序参量目标协同，才能在民族村寨旅游形成合力，推动民族村寨旅游发展。各序参量的目标协同，需通过系统的多种反馈控制机制共同作用，使生态环境、社会文化和旅游经济等序参量的分目标与民族村寨旅游系统总目标之间产生协同，以实现生态环境、社会文化和旅游经济各子系统的平衡与综合发展。

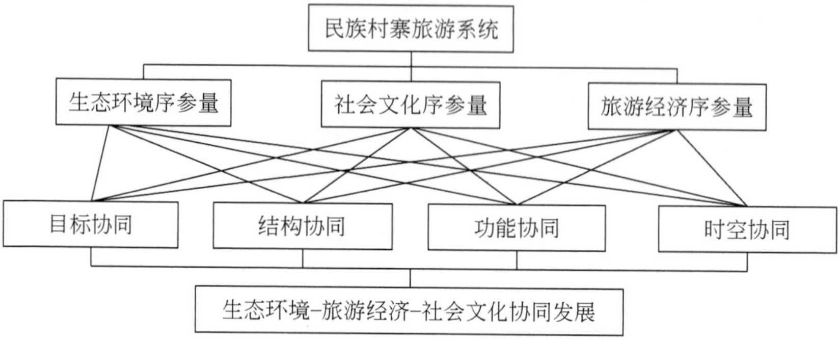

图 6-2　民族村寨旅游系统序参量协同模型

2）各序参量间的结构协同

各序参量间的结构协同反映了各序参量在时空上的有机结合，一般表现为相互渗透、制约和促进。如果各序参量相互之间结构协同，将有利于民族村寨旅游系统的生态环境结构日趋合理、社会文化结构日趋完善、旅游经济结构逐渐优化，最终实现民族村寨旅游系统的结构和功能逐步优化。

3）各序参量间的功能协同

民族村寨旅游发展中，生态环境、社会文化和旅游经济等序参量都具有独立的功能并且在民族村寨旅游发展中发挥着一定的作用。人为因素的干扰和系统结构的变化可能会导致各序参量的功能出现不一致甚至相互抵触，在这种情况下，各序参量间不仅不能实现功能协同，还会因为相互之间的竞争而削弱民族村寨旅游系统的整体功能。因此，在民族村寨旅游发展中，还需努力协同各序参量的功能，使以民族村寨旅游发展为中心的生态环境功能、社会文化功能和旅游经济功能三者在尽量减小物质、能量与信息耗散的情况下协同发展。

4）各序参量间的时空协同

民族村寨旅游系统不能离开时空环境而独立存在，其内部各序参量在不同时间、不同空间的发展存在很大差异且相互影响，而不同时空的序参量之间的协同又会直接影响到民族村寨旅游系统的总体功能。因此，民族村寨旅游发展中需要正确处理生态环境、社会文化和旅游经济等序参量之间的关系，促使各序参量在不同时间和空间上协同发展。

6.1.3　民族村寨旅游系统发展模式

在民族村寨旅游发展中，不同地区的民族村寨在不同时间段的生态环境、社会文化和旅游经济序参量发展状况不同，在旅游系统中的主导作用也不同，因此民族村寨旅游系统发展模式的形态也各不相同。归纳起来，可分为以下几个类型。

①旅游经济序参量主导型。这一类型的民族村寨旅游开发程度较高，旅游经济发展较好。由于这一类型的民族村寨是以对生态环境子系统、社会文化子系统的不合理开发或过度开发来支撑旅游经济子系统发展，其生态环境、社会文化、旅游经济序参量没有处于协同状态，而是处于竞争状态。这一类型的民族村寨旅游发展，生态环境、社会文化、旅游经济 3 个序参量竞争导致系统处于无序状态。如果处于无序状态的初期阶段，其生态环境、社会文化子系统压力大且接近阈值，民族村寨旅游将步入旅游地生命周期的停滞阶段；如果无序状态得不到有效控制，其生态环境、社会文化子系统压力已超越阈值，民族村寨旅游将步入旅游地生命周期的衰落阶段。

②生态环境–社会文化序参量协同主导型。这一类型的民族村寨生态环境相对较好，民族文化比较有特色，但是因为地处偏僻、交通不便、开发成本高、缺乏投资等原因，旅游开发程度不高。这一类型的民族村寨由于人为干扰并不强烈，对于生态环境子系统、社会文化子系统的胁迫作用不强，生态环境、社会文化压力不大且远离阈值，生态环境–社会文化–旅游经济序参量处于一种较低级的协同状态。这一类型的民族村寨尚处于旅游发展的探索、参与阶段，如果外部环境发生改变（例如交通通道子系统通畅），将会步入旅游发展的快车道。

③生态环境–社会文化–旅游经济序参量协同主导型。这一类型的民族村寨旅游开发程度较高，旅游经济发展相对较好，同时对生态环境子系统、社会文化子系统的保护也较好。虽然这一类型的民族村寨的旅游经济子系统不如旅游经济序参量主导型，生态环境子系统、社会文化子系统不如生态环境–社会文化序参量协同主导型，但在较为合理的发展机制下，各子系统能协同发展，其生态环境–社会文化–旅游经济序参量处于一种较高级的协同状态。这一类型的民族村寨，在外部环境没有较大改变的情况下，将在稳固阶段维持较长的生命周期。

6.2 贵州省民族村寨旅游系统发展模式实证研究

从目前贵州省民族村寨旅游发展的总体情况的来看，3 种民族村寨旅游发展类型中，以生态环境–社会文化序参量协同主导型居多，其次是旅游经济序参量主导型，生态环境–社会文化–旅游经济序参量协同主导型的民族村寨较少。

6.2.1 旅游经济序参量主导型

从贵州省际层面来看，虽然旅游经济序参量主导型的民族村寨数量居于次席，但是在旅游开发较早的民族村寨中，旅游经济序参量主导型居多。如镇山布依村、西江千户苗寨、肇兴千户侗寨等。

6.2.1.1 镇山布依村

1）镇山布依村简介

镇山布依村是贵州省贵阳市花溪区石板镇的一个布依族村寨，距省城贵阳西南 21 km，距花溪 11 km，距石板镇 1.7 km，地处花溪风景区和天河潭风景区之间、花溪水库中段的一个半岛之上。全村共 170 多户，约 600 人，全村少数民族人口占 99% 以上，其中，布依族 110 户，人口占 85% 以上，苗族 68 户，其余为汉族①。镇山村始建于明代万历年间，至今有 400 多年的历史。明代朝廷平藩，协调镇李仁宗以军务入黔屯兵安顺，后移屯石板哨镇山，与布依族女子班氏结缘并繁衍生息。从明代兄弟二人的小家族发展到今天多达数百人的李、班同宗异姓的大家族，至今已传到第 17 代。镇山村既是座古寨，又是一座军事城堡，从布局上表现出明显的防御特征，古城墙高 3 m，周长约 700 m，是古代镇山防御外敌、保护生产的历史见证。镇山村三面环水，一面枕山，村寨依山傍水而建，村寨中古木参天，隔河眺望，整个村寨掩映在青山绿水中，自然风光秀丽。寨中有营盘、武庙等古建筑。村民住房以木石结构（石墙石板屋顶或石壁石板屋顶）为主，层次分明，错落有致，古朴典雅，具有浓郁的布依族文化传统色彩。

镇山村作为典型的黔中布依族村寨，保持着鲜明的地方民族特色，1994 年贵州省人民政府批准建立贵州露天民俗博物馆；因其具有历史价值，于 1995 年被批准为省级文物保护单位。1999 年，镇山村被列为中国第一批露天生态博物馆。2000 年成立中挪文化合作项目，联合建设布依族生态博物馆。

2）镇山布依村旅游发展状况

1995 年，镇山村依靠政府的扶持和引导，以原生态自然资源与民族文化资源为支撑，开始发展民族村寨旅游。从旅游产品来看，镇山村旅游活动含有歌舞表演、农家饭、游泳、划船、棋牌、卡拉 OK、住宿等内容。1999 年，镇山村被列为中国第一批露天生态博物馆，使游客数量骤增，民族村寨旅游业迅速发展。2000 ~ 2004 年的 4 年间，年旅游人次达到 10 万余人次，年旅游收入达到 80 余万元。

随着旅游发展规模的扩大，镇山村在旅游开发过程中忽视民族文化的问题逐渐暴露出来。从游客体验来看，如今的镇山村仅剩下石板房，民族文化已荡然无存，使镇山村失去外地游客的青睐，仅成为一个以“农家乐”形式来供贵阳市内游客休闲的普通村寨。并且在旅游接待过程中村民抢客拉客等不和谐现象经常

---

① 资料来源：笔者 2010 年 3 月镇山村田野调查。

发生，引起游客的反感。2005 年后，镇山村游客人次逐渐减少，开始步入旅游发展的衰落阶段。

3）镇山布依村旅游发展序参量分析

（1）旅游经济序参量

镇山村村民一直重视农业生产，在旅游开发之前，农业是村民赖以生存的保障，有“黄金满屋不如种田”“七十二行，种田第一行”等之说；其次是从事渔业，养殖业等。1995 年旅游开发前村民的收入仅为年人均 600 元左右。

旅游开发以后，村民逐渐转向了旅游接待。现在，旅游接待户约占 30%，非接待户约占 20%，传统产业和旅游接待兼营的约占 50%。目前，村民的收入达到年人均 3000 元左右，特别是经营农家乐餐饮的农户，年收入多则十几万，少则数万元。但随着到访游客日趋减少，村民的收入也受到了影响。

（2）社会文化序参量

镇山村因为旅游经济序参量的不平衡发展，导致了村寨社会结构的变化，贫富差距明显，村民之间收入差距拉大；因为竞争，村民之间关系感情淡漠，宗族血亲关系逐渐解体而被市场化关系所代替，由此产生了新的社会问题。

在市场经济的冲击下，传统的布依文化逐渐淡化。以布依族语言为例，目前村寨中 20 岁以下的年轻人大多只能听懂或说出简单布依族语言词汇。旅游业发展对镇山村传统布依文化的传承并没有起到促进作用。

（3）生态环境序参量

镇山村的生态环境在游客数量激增的情况下受到了破坏。表现在：村民为了扩大游客接待量，在盖房时乱挖、乱建，严重破坏了生态环境；为了追求时尚，新建的房屋多为现代风格，与村里原汁原味石文化民族建筑格格不入；为了满足游客的口腹之欲，随意滥捕花溪水库中的鱼虾，破坏了水域生态环境。并且大部分农家乐餐馆做饭都是烧煤和薪材，污染了空气，同时，增加了垃圾及污水的排放量，影响了环境卫生。这一切说明，为了追求经济效益，镇山村旅游业的发展已超越其生态环境子系统的承载力。

（4）综合分析

镇山村旅游的开发模式属于“政府扶持+村民参与”模式，在旅游开发初期，政府发挥了重要的扶持作用：政府投资 400 余万元修公路、建污水处理池，解决了旅游基础设施问题。镇山村旅游的管理模式属于“村支两委+村民”模式，旅游接待过程中的重大事情主要的决定权属于支委会和民委会。从镇山村社区的社会组织角度来看，一方面村党委和村委会作为党和国家机构的最基层组织主导全村的重大事务决策，另一方面，地方的精英权威作为另外一种力量有一定的平衡作用。随着现代化进程的加快，社区中信仰的权威已经解体，传统的寨老在社区组织中影响逐渐减弱，寨老被淡化、边缘化，完全靠官方的法律体系去维系，很多矛盾无法解决。当旅游接待过程中出现村民抢客拉客等恶性竞争时，村支两委也曾制定《镇山村旅游餐饮接待制度》，即俗称的农家乐排号接待制度。但是由于缺乏制度的监督与制约，最终农家乐排号接待制度没有得到长期贯彻执行。由于在旅游发展过程中政府没有进行科学的引导，村支两委和村民委员会没有发挥应有的作用，镇山村旅游的发展虽然初期在经济方面取得了较大的进步，但后期其生态环境、社会文化子系统遭受了破坏。

综上所述，镇山村旅游系统发展是以对生态环境子系统、社会文化子系统的不合理开发来支撑旅游经济子系统发展，其生态环境、社会文化、旅游经济序参量没有处于协同状态，而是处于竞争状态。旅游系统发展由于缺乏生态环境、社会文化子系统的支撑，其旅游经济子系统的发展缺乏动力，形成恶性循环，旅游发展步入衰落阶段。

6.2.1.2　西江千户苗寨

1）西江千户苗寨简介

西江千户苗寨位于雷山县东北面，距县城 37 km，距州府凯里 39 km。西江由也薅、乌嘎、东引、也通、平寨、羊排、也东、南贵 8 个自然村寨村寨组成，共有 1285 户，5600 多人，村民 99% 为苗族，是全国最大的苗寨，也是苗族第五次大迁徙的主要集结地，素有“千户苗寨”之称，被誉为苗族的大本营①。西江苗族人民在这块古老而又神奇的土地上，在征服自然、改造社会的过程中创造了独具特色的民族文化，形成了自己浓郁的民族风情。较具盛名的有西江木质干栏式吊脚楼群，大都依山而建，层层相叠、鳞次栉比，被建筑界赞为“民族建筑之瑰宝”。西江人民热情好客，以歌交流，以舞传情，人人能歌善舞，被称为“歌舞之乡”。在西江，鼓藏节、苗年节、吃新节等民族节日繁多，独具特色，尤以 13 年一次祭祀祖宗神灵大典的鼓藏节最为盛大，被誉为“节日之乡”。西江民间工艺精美绝伦，银饰、刺绣等工艺远近闻名，被称为“银饰服饰之乡”。

西江千户苗寨在 20 世纪 80 年代初，就被贵州省旅游局作为民族村寨旅游开发试点；1982 年省人民政府列其为贵州东线民族风情旅游景点，乙类农村旅游开放区；1992 年，被省政府列为全省历史文化名镇；1998 年被省人民政府批准为全省 13 个“古镇保护与建设村镇”之一。2005 年 11 月，中国民族博物馆西江千户苗寨馆在西江挂牌成立，同年被列入国家首批非物质文化遗产名录。

2）西江千户苗寨旅游发展状况

西江千户苗寨从 20 世纪 80 年代初就开始发展旅游业，由于位置偏僻，交通

① 资料来源：笔者 2010 年 9 月西江千户田野调查。

不便，旅游业的发展处于自然增长状态。2000 年，游客量才 2000 余人，2003 年，游客量突破万人大关之后游客量逐渐增长，到 2006 年，达到 45 000 人次。到 2008 年 9 月“一会（贵州省第三届旅游产业发展大会）一节（第二届中国贵州凯里原生态民族文化艺术节）一展（第一届多彩贵州 · 中国原生态国际摄影大展）”召开前，西江千户苗寨的游客量与朗德上寨差不多。但由于 2008 年“一会一节一展”在西江召开，政府有关部门投入 2.7 亿元，打造“看西江知天下苗寨”为主题的精品旅游目的地[333]，西江旅游基础设施建设得以大幅度提升（例如，此前往返凯里与西江，均需绕道雷山县城，单程耗时 2 小时 30 分以上。修通了凯里—西江的乡村公路后，从凯里到西江只需约 40 分钟就可到达，交通条件大为改善），影响力、知名度迅速扩大，游客量迅猛增长，西江旅游的发展进入了一个新的旅游地生命周期。雷山县旅游局统计资料表明：从 2008 年 9 月 26 日至 11 月 20 日，进入西江的游客达 49.85 万人次，是 2007 年同一时段 4.2 万人次的 11.5 倍，其中“十一”长假期间进入西江的游客为 23.1 万人次，同比增长 344.2%[334]。新华网贵州频道 2009 年 6 月 20 日报道：2008 年四季度至 2009 年一季度，西江千户苗寨实现旅游收入近 2 亿元，同比增长近 10 倍，在全球金融危机的大背景下逆势飘红，创造了民族村寨旅游快速发展的奇迹[335]。不可否认，由于政府的强势介入，西江的旅游经济得到了跨越式发展。但是，当笔者于 2010 年 9 月再次踏入西江千户苗寨，却发现有村民在离村寨前门约 0.5 km 处私自开小面包车搭载散客进入村寨，这一幕，笔者在云南丽江的束河古镇也曾遇到。进入苗寨后，发现西江酒吧、咖啡屋、卡拉 OK 样样俱全，感觉今天的西江千户苗寨，俨然是一个丽江的“民族村寨版”。

3）西江千户苗寨旅游发展序参量分析

（1）旅游经济序参量

2008 年以来，旅游系统旅游经济序参量的快速增长是否使得西江千户苗寨村民的经济生活状况发生改变？据省政府调研组（2009）调查显示：旅游发展使村民普遍受益，农民的收入大幅提高，农民人均纯收入从省旅游产业发展大会前的 1800 元增加到现在的 3200 元（其中有 1100 元来自旅游收入），增长了 77.8%，比雷山全县平均水平高 947 元[336]。但陈志永（2009）对西江千户苗寨调查结果显示：70% 左右的被调查者认为旅游业促进了当地经济发展，81.2% 的被调查者认为旅游开发导致基本生活用品价格上涨；44.4% 的被调查者表示旅游带来的利益自己并没有享受到，44.8% 表示旅游带来收益是很少的；近 85% 的被调查者表示地方精英和政府机构是旅游发展的实际受益者，近 90% 的被调查者表示居民贫富差距随着旅游的发展逐渐拉大[337]。以上调查结果说明西江千户苗寨旅游系统旅游经济序参量的快速增长一方面提高了村民的人均收入，但另一方面也引发了物价上涨、拉大了贫富差距，导致村民认为旅游经济发展并未给经济生活带来实质性收益。

（2）社会文化序参量

西江千户苗寨依托其鳞次栉比的吊脚楼、热情奔放的苗族歌舞、绚丽的银饰服装、独特的苗族饮食、神秘而独特的民族节庆、古老的民族风俗等多元苗族文化发展旅游业。旅游业的发展一方面使苗族传统文化资源的独特性和价值得到外部肯定，村民的民族文化自豪感不断提高，促进了村寨民族传统文化的传承；另一方面，旅游业发展产生的贫富差距拉大、市场竞争加剧等因素也使民族传统文化面临着严峻的挑战。

西江千户苗寨旅游业的发展拉大了贫富差距：其一因微观区位的差异，住在后山上的村民参与旅游经营活动机会较少，致使住在山上和山下及路边村民的收入差距逐年扩大。其二因市场规律的作用，外来经营户及本地具有一定资金、能力较强的旅游经营户在市场竞争中逐渐占据优势，生意越做越好。贫富差距拉大导致村寨出现社会分层，这与苗族传统文化的“平均主义”思想相悖。另外，在经济利益的驱动下，邻居亲戚间争夺游客的市场竞争，使得邻里关系逐渐淡薄，甚至出现有村民违背村寨规定，私自到村外以低价带游客进寨的行为。这与苗族传统文化中的“团结互助、集体至上”观念相冲突。旅游业的发展带来很多负面影响，使西江千户苗寨民族传统文化面临着严峻的挑战。

（3）生态环境序参量

西江千户苗寨目前的游客接待量，已经超出了其生态环境承载力。昔日清凉的白水河曾经是夏天孩子嬉戏捉鱼、节日里放牛打架的游乐场，承载着村民太多欢乐。如今这些都已经、正在或将要改变。白水河堤修建得如同城市的护城河一样，过去村民在白水河里洗衣，衣服就摊在河滩上晒干，现已不再可能；苗寨的建筑密度越来越大，已威胁到西江景观；过去村民将人畜粪便挑上山利用，现在新修旅舍的厕所采用水冲式，部分排泄物倾倒河里，白水河的污染问题也随之产生[338]。并且，村寨里有好几户村民正在修建新房，准备开展游客接待住宿。但是，新建的房屋已经不是苗族传统的木质吊脚楼，而是先用钢筋混凝土搭起原型，再用木质材料在外墙进行装饰。

当然，任何事物的发展都要从两方面来看。西江千户苗寨发展旅游业后，政府进行了包括“厨改”“电改”和“水改”的“三改”，杜绝火灾隐患。这对依山而建、层层相叠，以木质结构为主的西江民居建筑群而言非常有利。

（4）综合分析

西江千户苗寨在旅游发展过程中，逐渐形成了“政府主导+公司管理+村民参与”的发展模式。2008 年，借“一会一节一展”在西江举办之机，地方政府出面引入更多的公司企业加入到西江千户苗寨的旅游开发中来，政府集投资、招商和规划于一身，主导着西江千户苗寨的发展方向。2009 年组建成立了贵州省西江千户苗寨文化旅游发展有限公司，公司属国有企业，负责景区门票的管理，景区内观光车辆营运，景区旅行社和游客服务中心的管理，旅游商品开发与销售，经营性国有资源的开发、经营和管理，景区基础设施建设及维护园林绿化管理，等等。这种“政府主导+公司管理+村民参与”的发展模式并不能真正地体现西江千户苗寨村民的社区旅游主体地位，因为这是一种自上而下的单向垂直型管理模式，没有建立一个自下而上的反馈渠道来听取村民意见和建议，因此在某种程度上没能实现村民的真正参与。

西江千户苗寨旅游系统由于政府的强势介入，导致系统发展出现涨落，使旅游系统发展轨迹步入新的旅游地生命周期。在短时间内，西江千户苗寨旅游系统旅游经济序参量的主导功能得以迅速增强，但是旅游经济序参量没有与生态环境、社会文化序参量处于协同状态，并已经处于竞争状态。其生态环境、社会文化、旅游经济 3 个序参量竞争导致系统处于无序状态，如果这种无序状态没有发生改变，则将极大缩短西江千户苗寨旅游系统的第二次旅游地生命周期持续时间。

6.2.2 生态环境–社会文化序参量主导型

以生态环境–社会文化序参量协同主导型的民族村寨生态环境相对较好，民族文化比较有特色，但是因为地处偏僻、交通不便、开发成本高、缺乏投资等原因，旅游开发程度不高，处于旅游发展的探索、参与阶段。从贵州省民族村寨旅游发展情况来看，大多数民族村寨旅游发展状况都属于这一类型。如六枝梭嘎苗寨、三都板告水寨、怎雷水寨等。

1）六枝梭嘎苗寨简介

六枝梭嘎苗寨位于贵州省中部六枝特区和织金县交界的高海拔地区，距六枝特区 42 km，距六盘水市 132 km，距省会贵阳 208 km。这里居住着一支鲜为人知的具有独特文化的苗族支系，称为“箐苗”，俗称“长角苗”。全寨有 5000 余人，主要分布在以陇戛寨为中心的 12 个不同的寨子里，包括：六枝特区梭嘎苗族彝族乡安柱村（上、下）安柱寨，高兴村陇嘎寨、补空寨、小坝田寨、高兴寨；新华乡新寨村大湾新寨、双屯村新发寨；织金县阿弓镇长地村后寨，官寨村苗寨、小新寨，化董村化董寨，依中底寨。从历史沿革来看，元代，梭嘎 12 寨属亦溪不薛宣慰司即水西彝族土司统辖。明代，梭嘎 12 寨的南部属贵州宣慰司独得则溪的彝族陇氏土司所辖，北部属贵州宣慰司彝族安氏土司亲辖的胧胯、朵你二则溪。清代，南部先属安顺府郎岱厅，后属安顺府羊场巡检司；北部先属贵西平远府，后属大定府平远州。1913 年，南部改属贵西道郎岱县，北部改属贵西道织金县①。六枝梭嘎苗寨仍然处于男耕女织的自然经济状态，过着神秘而原始的部落式生活。村寨由寨老、寨主、鬼司共同管理，寨老是最高领袖，寨主是行政领袖，鬼司是精神领袖。信仰山神，每年三月间隆重祭山、祭树、祭祖等。没有文字，使用刻竹记事，沿袭了几百年的生活用具——石碓和碓窝，至今还在使用。民居为木架构和土墙两种，绝大多数覆盖茅草。梭嘎苗寨的民族传统文化保留得非常完好，有着独特的婚俗、丧葬和祭祀仪式，别具一格的风情歌舞，十分精美刺绣，等等。村民自己种麻、纺纱、织布。长角苗妇女们编戴硕大的发型，用木头做成的向上翘起的牛角，妇女盘头髻十分复杂，需要有人帮忙。首先将长约 2 尺的木角盘置于脑后，再在木角缠盘 10 多斤重的麻掺成的假发②，用白线捆绕为 S 形，两头垂于耳下，形成沉重而巨大的区别于其他苗族支系的头饰，身着青白相间的蜡染刺绣服装和红、蓝、白相间的百褶裙。

为使六枝梭嘎苗寨的民俗民风等有形和无形的文化遗产得到全方位的有效的保护和利用，1995 年，梭嘎生态博物馆项目被正式列入了中挪文化交流项目。1998 年 10 月，中国第一个生态博物馆梭嘎生态博物馆正式开馆，并对外开放。

2）六枝梭嘎苗寨旅游发展状况

生态博物馆的建设推动了六枝梭嘎苗寨旅游业的产生和发展，六枝梭嘎生态博物馆凭借中国第一座生态博物馆的声誉和长角苗独特的民族文化发展旅游业，经过 10 多年的发展，旅游软硬件条件相对完善，旅游活动已初具规模。据位于陇嘎寨的梭嘎生态博物馆资料信息中心粗略统计，自开馆以来六枝梭嘎苗寨已接待来自世界各地近 10 多万游客，包括来自国内外的团客和散客、政府参访团、研究者等。

3）六枝梭嘎苗寨旅游发展序参量分析

（1）旅游经济序参量

六枝梭嘎苗寨村民通过组建表演队、售卖工艺品等方式在旅游发展中受益。但由于游客到访人次不多，停留时间不长，六枝梭嘎苗寨村民的经济状况并没有因为旅游活动而得到明显改善。

（2）社会文化序参量

六枝梭嘎苗寨在文化保护方面，指导思想是“六枝原则”。③：①村民是其文化的拥有者，有权认同与解释其文化；②文化的含义与价值必须与人联系起来，并应予以加强；③生态博物馆的核心是公众参与，必须以民主方式管理；④当旅游和文化保护发生冲突时，应优先保护文化，不应出售文物但鼓励以传统工艺制

① 资料来源：六枝梭戛生态博物馆提供。

② 1 尺≈0.33 米，1 斤=500 克。

③ 2000 年，中挪专家、村民代表、地方政府管理层等在六枝特区举办生态博物馆建设和发展研习班时，经讨论议定“六枝原则”。

造纪念品出售；⑤长远和历史性规划永远是最重要的，损害长久文化的短期经济行为必须被制止；⑥对文化遗产保护进行整体保护，其中传统工艺技术和物质文化资料是核心；⑦观众有义务以尊重的态度遵守一定的行为准则；⑧生态博物馆没有固定的模式，因文化及社会的不同条件而千差万别；⑨促进社区经济发展，改善居民生活。

六枝梭嘎苗寨虽然有“六枝原则”指导，但随着游客到访人次的增多，村民与外界沟通愈发频繁，其传统文化的传承也面临威胁。当然，这种威胁更多的是来自市场经济文化的冲击。

（3）生态环境序参量

六枝梭嘎苗寨由于交通不便，游客到访人次不多，其旅游生态环境保存较好。并且，村民为了更好地发展旅游业，在村寨周围的坡地植树造林，进一步地改善了生态环境。

（4）综合分析

总体而言，六枝梭嘎苗寨旅游系统生态环境及社会文化子系统保护较好，但其旅游经济子系统的发展并不理想。六枝梭嘎苗寨的旅游开发模式属于“政府引导+村民参与”模式、其旅游管理模式属于旅游发展初期的“村民自治”模式。在贵州省，像六枝梭嘎苗寨这种旅游发展类型的民族村寨数量非常多，相对而言，这类村寨民族文化比较有特色，但是因为地处偏僻、缺乏投资等原因导致旅游开发程度不高。

有学者指出，“往往越是需要保护的民族文化生态，其生产和生活方式越落后，对生产和生活方式的保护，可能产生阻碍生产力发展、剥夺社区生活改善的现象。因此，要通过寻找新的经济增长方式，保证满足居民的发展愿望。只有建立自觉的民族文化生态保护意识，才能形成真正的自我管理能力。民族文化生态保护必须建立在居民的自觉意识基础上，才能真正长期地实施下去”[339]。对这种类型的民族村寨旅游系统而言，加强其旅游经济子系统的发展是现阶段的迫切要求。在旅游发展过程中，充分尊重当地村民的自觉意识，让村民能够充分地参与到旅游发展中，是促进民族村寨旅游生态环境、社会文化、旅游经济 3 个子系统协同发展的有效途径之一。

6.2.3 生态环境-社会文化-旅游经济序参量协同主导型

生态环境-社会文化-旅游经济序参量协同主导型的民族村寨旅游开发程度较高，旅游经济发展相对较好，同时对生态环境子系统、社会文化子系统的保护也较好。虽然这一类型的民族村寨在旅游发展过程中也存在着不足，但是瑕不掩瑜，这一类型的民族村寨，在外部环境没有较大改变的情况下，将在稳固阶段维持较长的生命周期。目前，贵州省这一发展类型的民族村寨较少，如郎德上寨、凯里南花村等。

本书以朗德为例，对生态环境-社会文化-旅游经济序参量协同主导型的民族村寨旅游发展进行分析在5.1.4中已对其旅游发展状况进行介绍，这里着重对其旅游系统发展序参量进行分析。

（1）旅游经济序参量

朗德通过发展民族村寨旅游产生了良好的经济收益。1986～1999年，朗德经济收入就由人均205元增至1500元；电视机由5台增至77台；缝纫机由20部增至97部；自行车由15辆增至62辆；手表由10多块增至400多块；银饰由15套增至118套，每套约值5000元人民币[340]。到2008年，朗德村民仅集体接待收入就达到了人均2000元，还不包括旅游住宿、餐饮及民族工艺品销售的旅游收入。朗德历年旅游集体接待收入见表6-1和图6-3。每当表演结束后，朗德的妇女们都要把自己制作的手工艺品拿来销售，平均每户的小商品销售收入可达到2000元左右。目前，朗德从事农家乐经营项目的有20家左右，2008年，户均年收入达到5万元左右。由此可见，朗德旅游业的发展增加了村民的收入，提高了村民的经济生活水平。

表6-1　朗德旅游集体接待收入表

年份	旅游收入/元	年份	旅游收入/元
1986	5 676	1998	71 784
1987	7 068	1999	72 144
1988	1 0230	2000	78 459
1989	10 896	2001	67 020
1990	10 518	2002	81 900
1991	15 104	2003	168 210
1992	32 248	2004	236 700
1993	21 141	2005	370 890
1994	35 776	2006	860 000
1995	47 024	2007	1 100 000
1996	69 036	2008	1 500 000
1997	69 036	2009	130 590

资料来源：郎德旅游接待小组提供

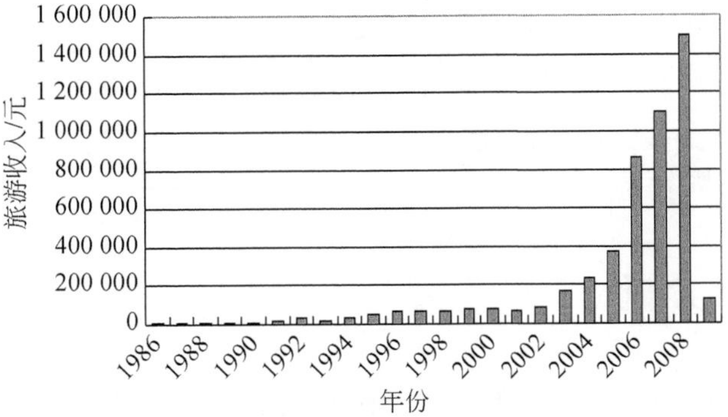

图 6-3　朗德上寨旅游集体接待收入变化图

（2）社会文化序参量

在以“工分制”为基础进行民族村寨旅游管理和分配的模式下，朗德村民基本达到 100% 的社区参与，解决了不同年龄结构的就业问题，尤其是给老人和妇女提供更多的就业机会。

妇女是朗德旅游发展的主力军，不论是民族手工艺品的制作销售、歌舞表演，还是农家乐餐饮食宿的经营，妇女们都发挥着重要的作用，自然社会地位也得到了相应的提高。

老人在旅游发展中的作用除了表现在参与集体旅游接待外，更多的是体现在民族物质和非物质文化遗产的传承上。如苗族古歌、铜鼓古乐、手工艺技法、历史典故等民族文化遗产，都依赖村寨老人的传授。

朗德旅游的发展，不仅扩大了村民的就业机会，而且加强了村民对民族文化的认同感及自豪感，促进了民族文化的传承。

（3）生态环境序参量

由于朗德的年均接待团队游客量一直在 8 万人以内，没有超出村寨生态环境的承载力，因而生态环境保护较好。笔者田野调查期间，村寨前的欧兑河，仍然是夏天村寨小孩嬉戏的乐园，许多游客也融入其中，感受大自然的恩赐。

据朗德旅游接待小组组长陈胜任介绍，前几年的夏天，由于避暑游客的增多，许多村民在河滩上摆摊卖河鲜烧烤，欧兑河一度面临水域生态被破坏的危机。旅游接待小组发现问题后，开会集体商议决定，不允许任何人在河滩上摆摊卖河鲜烧烤。由于谁都不能卖，村民也自觉遵守规定。由此可见，旅游发展的负面效应在一定程度上可以通过合理的控制得到遏制。

（4）综合分析

朗德的开发模式属于“政府扶持+村民参与”模式，从旅游开发之初至今，政府共投入近 200 万元帮助村寨修建入村公路、风雨桥，进行“三线一埋”等基础设施建设，为朗德旅游发展铺垫了良好的基础。

朗德以“工分制”为基础进行民族村寨旅游管理的模式可归为“村支两委+村民”模式，虽然在旅游发展过程中也存在着不足，但是朗德在旅游发展中较好地发挥了生态环境-社会文化-旅游经济三个序参量的协同作用，促进旅游系统实现可持续的协同发展。

6.2.4 比较分析

民族村寨旅游植根于不同的地域和民族文化背景，表现出不同的发展形态和演化规律。现有对民族村寨旅游开发、管理模式的归纳总结，大多局限于一种表层现象的概括。对从表层现象归纳总结的模式而言，无论是“政府扶持+村民参与”“政府主导”“公司主导”等旅游开发模式，还是“村支两委+村民”“政府管理”“公司管理”“村民组织”等旅游管理模式，皆各有利弊。例如，西江千户苗寨的旅游发展在政府的强势主导下，短时间内游客量迅速增加，但其旅游经济子系统发展破坏了生态环境子系统和社会文化子系统；六枝梭嘎苗寨虽然旅游生态环境及社会文化子系统保护较好，但是由于当地政府缺乏资金投入等原因，其旅游经济子系统的发展并不理想。

另外，仅从表层现象进行归纳总结，可能会在同一模式下出现不同的旅游发展状况。例如，镇山布依村和朗德的开发模式属于“政府扶持+村民参与”模式，管理模式属于“村支两委+村民”模式。虽然他们开发及管理模式从表层现象来看属于同一类型，但是旅游发展的状况却迥然不同：镇山布依村的旅游发展日趋衰落，而朗德的旅游发展仍然充满活力。镇山布依村和朗德旅游发展的本质区别在于：镇山布依村过分追求旅游经济效益目标，而朗德在旅游发展过程中实现了生态环境、社会文化、旅游经济效益目标的平衡与综合发展。由此可以看出，仅从表层现象出发进行模式划分，无法把握民族村寨旅游发展的规律。

综上所述，对民族村寨旅游发展模式的探究，要基于协同理论的视角进行深层次内涵的挖掘。在民族村寨旅游系统发展中要避免因单个序参量超前发展或滞后发展而对其他序参量形成压力，从而造成子系统间内在的能量、物质和信息消耗。特别是要注意旅游经济序参量对生态环境、社会文化序参量的影响，要发挥生态环境-社会文化-旅游经济3个序参量的协同作用，促进民族村寨旅游系统实现可持续的协同发展。

6.3 民族村寨旅游系统协同发展机制

民族村寨旅游系统协同发展的形成不是一个自然选择过程，而是在对旅游系统自身发展状况及所处环境变化等多角度的认识下，为保证旅游系统协同发展而进行的有目的的行为过程。从协同理论的基本原理来看，民族村寨旅游系统协同发展包含着一个不可忽视的前提，即通过合理调控，为旅游经济、生态环境、社会文化协同发展建立系统协同作用的机制。机制与系统之间存在着相互作用的关系，一方面机制的运行决定着系统的状态及发展方向；另一方面，系统的特点决定着机制的内容、结构和运行特点。以下从利益协调、政府主导、社区参与、产业化推动 4 个方面探讨民族村寨旅游协同发展机制。

6. 3. 1 利益协调机制

利益相关者理论开始应用于管理中的早期思想可追溯到 20 世纪 30 年代，到 20 世纪 60 年代，斯坦福研究所进一步将“利益相关者”（Stakeholder）这一术语定义为是那些失去其支持，企业就无法生存的个人或团体。Freeman 认为利益相关者是指任何能影响组织目标实现或被该目标影响的群体或个人[341]。利益相关者理论强调对企业的剩余索取权和剩余控制权进行重新分配，强调管理的社会责任和伦理。由于对旅游发展中社区与社区居民参与旅游开发与管理决策、公平分享旅游利益与公平分担旅游负面影响等问题的关注，使得国外旅游研究者在 20 世纪 80 年代的中后期率先将利益相关者引入旅游研究领域[342]。

利益相关者的观点，可以在系统论中找到支撑，系统论认为组织自身是一个系统，组织作为一个系统，需要其领导人以综合、全局、长期、动态的思路来把握发展。组织的发展不仅由组织自身的各种因素的影响与决定，而且受到组织外部众多因素的影响与决定[343]。因此，考察民族村寨旅游系统的协同发展，应当基于系统的开放性，捕捉多因素间的动态联系。

6. 3. 1. 1 民族村寨旅游系统的利益相关者分析

民族村寨旅游系统微观运行的利益相关者主要包括 5 类要素：村民、旅游者、政府、旅游开发商、民族村寨集体组织。其中，村民是最核心的角色，是民族村寨旅游的主体，民族村寨旅游使村民处于多重复杂关系之中（图 6-4）。

①村民：村民是民族村寨旅游的主体，民族村寨自然和文化遗产的拥有者，其利益诉求是多方面的：提升就业率、增加经济收入、改善民族村寨基础设施等。村民凭借对民族民间文化的所有权，使村寨旅游资源成为其专用性资产，因此在民族村寨旅游诸利益相关者中，村民成为核心利益主体。

②旅游者：“求新、求异、求乐、求知”的心理动机是旅游者进行民族村寨旅游活动的驱动力。旅游者作为消费群体，既有经济层面的利益诉求也有精神层面的利益诉求。旅游者在民族村寨旅游活动中注重感知体验民族文化，强调旅游

过程的愉悦性，因此旅游者的利益核心是精神层面的利益诉求。

③政府：政府在民族村寨旅游中发挥主导作用：制定相关的政策、法规、标准及准则，编制旅游规划；提供有关民族村寨旅游的公共设施建设的服务等。政府追求通过民族村寨旅游的发展所实现的社会发展等社会政治利益。政府的支持，对民族村寨旅游的发展起着不可忽视的作用。民族村寨旅游是一项综合性的产业，它的发展涉及许多行业和部门，通过对相关产业的拉动作用，与其他经济部门相辅相成，互相促进。因此就需要各级政府高度重视民族村寨旅游的发展，为其发展提供良好健康的发展环境。

④旅游开发商：旅游开发商在民族旅游村寨中通过旅游投资和开发，获得应有的利益，同时促进民族村寨旅游的发展。旅游开发商在民族村寨旅游发展中的角色像一把“双刃剑”。一方面，旅游开发商整合民族村寨旅游的资源，策划、经营旅游产品，是旅游活动中不可或缺的纽带。另一方面，在缺乏约束机制的情况下，旅游开发商为追求利润最大化，过度开发民族村寨旅游资源，多数开发商只追求短期利益，忽视对自然资源和民族文化的保护，使民族文化陷入了庸俗化和商业化的双重危机。

⑤民族村寨集体组织：民族村寨属于小型社区，尽管规模小，但却完整地包含着“社”（即社会生活）和“区”（即人群地域分布与聚集）的基本内容和相互关系。在民族村寨中，村寨集体组织作为村寨群众自发性组织在旅游发展中起着非常重要的作用。例如，贵州省雷山县郎德上寨的旅游接待小组，代表村民表达利益诉求，与政府及旅游开发商沟通协调，同时对郎德上寨旅游事务进行管理和控制，是村民与政府及旅游开发商沟通联系的桥梁。

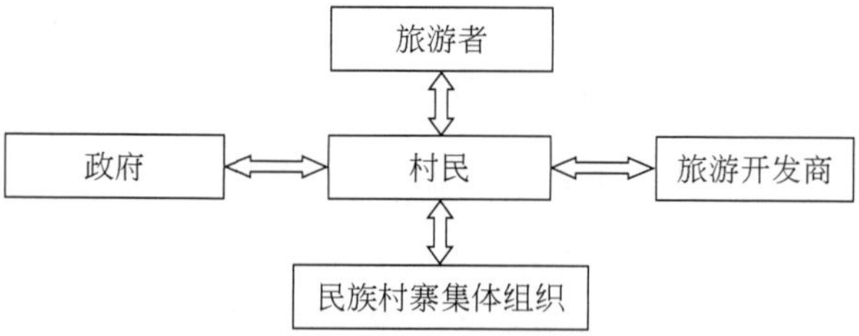

图 6-4　民族村寨旅游利益相关者关系图

6.3.1.2　利益相关者的冲突与调和

民族村寨旅游系统作为一个利益综合体，在系统各构成要素利益协调的过程中，由于各利益相关者群体都有各自的利益诉求，利益相关者的冲突也不可避免。在利益协调中，长期以来的管理思路是编制条例、程序和技术，以达到某种目标，但是通常并不考虑各利益相关群体协同的可能，导致常规的管理手段难以有成效。因此，现有的管理思路应该借鉴治理的思想。

"治理"一词首先出现于 1989 年世界银行所使用的"治理危机"（Crisis in Governance）中，此后"治理"便广泛地用于政治、经济发展研究中。对于治理，学者有多种定义，这些定义或从政府管理出发，或从社会发展出发，或特指某一领域的管理活动如公司治理来概括，但是至今没有能被各方普遍认可的权威界定。尽管如此，目前学者对治理的定义基本上未超出治理的核心理念，就是寻求多主体协作参与，对事务做出有效应对的一系列管理活动。强调现代社会治理不同于传统的政府统治，即它不仅仅依靠自上而下的政府行政权力，而要更多地容纳和依靠非政府主体的自治行动[344]。治理的思想认为旅游系统协同发展中存在着相互影响、相互制约的利益相关者，各个利益相关者拥有一定的资源、具有各自的目标和价值观，这些利益相关者之间有冲突。治理思想不否认和不回避冲突，而试图转变冲突的性质。将两败俱伤的冲突转化为相互学习和适应的过程，建立一个有效地预防和化解冲突的机制，将不同的价值观、原则等转变为旅游系统发展的原则。

在旅游系统的利益协调治理中，仅靠政府本身的有限管理不足以构成完备、有效的社会治理体系。政府将工作重点放在发挥协调、规划、立法、激励和鼓励上，让更多的利益相关群体参与到治理系统中。在民族村寨旅游系统协同发展中，可采用自我治理模式，即引导民族村寨从传统的村民治理向现代公民治理发展。传统的以村民身份为基础的治理只是维护其确定的村民主体的经济、社会利益，而非其他利益主体的利益。而民族村寨旅游发展中，还涉及旅游者、旅游企业、当地政府、民族村寨旅游关心者等其他人员相关者群体。以公民资格为基础的乡村治理结构，代表着国家权力进入农村，为所有的利益主体身份提供一种"普遍性"的公民原则。国家法律进入村庄，代替了过去的地方规则，以其最高的合法性、平等性与权威性获得利益主体的信赖及自觉遵守——在同一规则下，村民与其他利益主体才可能协调与减少利益冲突[345]。民族村寨在建立自我治理模式中，最大的难题是成立民族村寨集体组织。民族村寨可在《中华人民共和国村民委员会组织法》法律背景下，鼓励村民选举成立能代表全部村民意志，能代表多种文化背景，如两委、妇女、寨老、歌师、活路头、巫师等的"村民旅游协会"（如朗德的旅游接待小组），制定利益相关者共同认可的发展目标，动员和使用系统中的有用资源，实现民族村寨旅游系统协同发展。

6.3.2 政府主导机制

政府主导是指在以市场为基础配置资源的前提下，发挥政府的主导作用，通过政府的扶持、引导和协调，全面发动社会力量，加快旅游发展的速度，使旅游业为经济、社会、文化发展做出更大的贡献。从旅游资源和产品的角度看，民族村寨旅游资源是公共性的资源，民族村寨旅游产品是准公共性的产品，按经济规律而言，综合性、信息性、公共性的产品在很大程度上要靠政府组织开发；从旅游产业的角度看，旅游产业是一个综合的大系统，其波及的范围之宽、涵盖的行业之广、涉及的利益之多，不靠政府的主导，根本无法完成各种关系的协调。在目前情况下，单靠不健全的市场机制的作用，民族村寨旅游无法实现规范运作，民族村寨旅游产业也不可能良性发展，因而民族村寨旅游发展需要实施政府主导机制。

政府主导机制的主要内容包括：政策主导、管理主导和资金主导等几个方面。政策主导表现在国家对旅游业的重视程度日益提高，出台一系列扶持旅游业发展的政策；管理主导表现在政府对行业的宏观管理，如制定质量标准和相关法规、开展质量监督、对外整体旅游形象的宣传等；在资金主导上，政府作用主要是对旅游投资进行合理的引导和调控，使旅游业发展所需的人、财、物得到均衡资金支持[346]。旅游业在发展之初，需要强大的物质支持和动力支撑，政府作为旅游发展的开拓者，要充分利用体制中的经济资源，为旅游业的发展奠定雄厚的物质基础，为旅游产业形成规模效益提供强劲的驱动力量。随着市场机制的日渐成熟和市场环境的变化，政府的角色也应发生转变，政府主导作用将越来越侧重于宏观层面，政府在经济发展过程中的主导地位是通过合作者、监督者和促进者的角色体现出来，政府还需依靠市场，并通过有效的公共政策支持市场运作，即从完全意义的主导转向有限主导[347]。在旅游业的发展过程中，政府要加强规范监督作用，颁布法律法规，进行宏观调控，在国家强制力的作用下使旅游业的发展走上正轨。政府负有促进旅游业发展的责任，要协调好社会各方的关系，为旅游业的发展创造良好环境，制定旅游发展宏观规划，提供展示旅游业整体形象的平台。

就民族村寨旅游发展而言，由于民族村寨经济发展水平低、基础设施薄弱，在旅游的开发阶段尤为需要政府的大力扶持，实施以政府为主导的旅游发展战略。在旅游开发过程中，要正确处理民族村寨旅游中政府主导与尊重村民意愿的关系。发展民族村寨旅游要由政府来推动，要以村民为主体，充分尊重村民意愿。政府主导不是包揽一切，而是发挥政府在规划引导、统筹协调、分类指导等方面的优势和积极作用，因地制宜，推动民族村寨旅游的整体发展。村民有选择是否参与民族村寨旅游开发及如何参与民族村寨旅游开发的权利，不应该强求一律[348]。随着民族村寨旅游发展逐渐步入正轨，政府的角色也应发生转变，从完全意义的主导转向有限主导。

6.3.3 社区参与机制

社区是指进行一定的社会活动，具有某种互动关系的共同文化维系力的人类生活群体及其活动区域的系统综合体。西方研究者都倾向于把旅游可持续发展的概念与公众参与结合在一起，他们对社区参与和社区咨询作用的认识已经有20多年的历史。社区方法源自于社区发展理念：整体的、小规模与当地导向的经济增长与社会变迁[349]，后广泛应用于各学科领域。Murphy在《旅游业：社区方法》一书中首次将社区参与的概念引入到旅游研究领域，开始从旅游目的地社会自身研究旅游[350]。具体到民族村寨旅游发展中，可以包括民族村寨村民及其拥有的生产生活空间。社区主动参与，是指在民族村寨旅游发展过程中，当地村民参与到民族村寨旅游规划和发展的每一个阶段，并作为旅游利益相关主体而存在。从整体上分析，民族村寨旅游中社区的参与尚处于初级阶段，还没有完善的管理体制，缺乏相关的法律法规予以规范和引导，相应出现了诸多问题，主要有：参与机会少、程度低，收入分配不合理，游客与社区人际关系紧张，社区环境污染，等等。解决这些问题的有效途径就是让社区居民参与到民族村寨旅游的建设之中。因此，对于社区参与民族村寨旅游的发展，应从以下几个方面认识。

首先，社区是民族村寨旅游资源的一部分，发展民族村寨旅游，村民不能充当旁观者，而是有责任、有义务、积极地参与资源开发。其次，民族村寨旅游发展在促进民族村寨旅游经济和社会快速发展的同时，也不可避免地给民族村寨社区带来了如环境污染、收益分配不公等很多不利的问题，然而承担这些问题的后果的又是当地村民，为了避免或更好地解决这些问题，也应当让村民参与进来。第三，发展民族村寨旅游的重要目的之一是为了提高社区村民的素质，提高社区村民的生活水平，改善社区村民的生活环境和生活条件，以便于促进“三农”问题的解决。

尽管各地民族村寨旅游业的开发模式不同，但都必须注重社区参与。一方面，村民的积极参与，能增强民族村寨旅游的乡土性和民俗文化特色。另一方面，社区参与能使村民真正成为旅游发展的受益者。通过对旅游经营服务和管理的参与，村民不仅能获得更多的就业机会和创收途径，更能意识到民族村寨旅游发展对促进民族村寨经济和社会发展的意义，从而积极投身参与民族村寨旅游产业的发展，并自觉地维护和建设民族村寨生态环境。在具体操作方面，处于初级化发展阶段的民族村寨旅游社区，村民可直接参与旅游交通、导游、餐饮住宿服务及旅游商品的生产和销售；随着民族村寨旅游向高级化阶段发展，可引导他们经营民族村寨旅行社、信息服务公司等中介机构，全面参与旅游市场的营运和管理，促进其经营服务理念和自身素质的提高。社区参与民族村寨旅游开发的形式没有统一的标准，应根据当地社区的实际情况，因地制宜，结合农业生产和民族村寨产业结构调整进行开发，充分体现“社区事务，社区参与”的主旨[351]。

从系统干预的角度而言，赋权是让民族村寨社区参与决策过程和协定收益的起点。赋权必须以一种经济的、社会的、文化和政治的方式进行。从社会的角度，赋权意味着一种平等的教育机会，并给予村民自主发展的技能；从政治的角度看，对旅游发展机会的参与权，对发展的自主选择权是各民族村寨的权利，需要法律保证和保护，形成支持社区参与的政治氛围；从经济的角度，通过赋权向民族村寨提供财政和公共基础设施，帮助民族村寨发展旅游；从技术的角度，信息技术和环境技术的普及能有效加强社区管理旅游和自主发展的能力[352]。民族村寨通常缺乏有效地营销自身的能力，因此通过向民族村寨提供通信网络等技术援助，可以帮助民族村寨发掘市场。通过模拟、教育等多种示范手段，提高民族村寨的社区参与意识，确保民族村寨实行社区参与。

6.3.4 旅游产业化推动机制

旅游业是一个关联性很强、辐射力很广的产业。民族村寨旅游实行产业化，一方面可以促进农村产业结构调整，打破农业一统天下的局面，使部分农村劳动力向第二和第三产业转移，另一方面可以形成“以游养农，以农促游，农游合一”的协同发展。通过旅游业的产业化为农业生产提供更多的资金支持，客观上对农业转型有推动作用；农业的发展为旅游业提供了人力、产品、环境的支持，对旅游业的产业化发展有着积极的促进作用。旅游产业化推动，从协同理论的角度可视其为旅游系统内部各要素通过协同作用形成有序结构的过程。民族村寨旅游系统在产业化推动过程中，要关注以下几个方面的构建：

①农旅业协同化：农产品因旅游活动而打开销路，使农产品价值因旅游业而提升，农业生产为旅游业创造的产品、环境，使游客除了游览自然风光、欣赏民族风情外，也了解了本地的特色农业，满足游客更多的体验需求。“以游养农，以农促游，农游合一”的农旅协同发展方式，激发了当地居民保持挖掘与创新传统农业生产生活方式、传统建筑、传统工艺等文化景观的积极性。

②产业链本地化：为满足游客“吃住行游购娱”的供给，需要大量包括养鸡、种粮、种菜、工艺品制作、歌舞表演等在内的专业户。为保证旅游业给当地居民带来最大程度收益，就地取材，采用当地原料，利用当地劳动力，展示了原汁原味的地方特色。

③经营者共生化：民族村寨旅游经营方面的“飞地化”现象日益突出，旅游收益的大部分被外来投资者拿走，形成“抽血机制”。共生就是给当地人更高程度地参与经营，保证民族村寨的小规模性、当地所有、血亲关系等乡土特征。建立外来户与本地户的合理合作机制，实现外来经营者与本地经营者共生共存[353]。

④延伸旅游产业链：民族村寨在旅游发展中要延伸旅游产业链，使之与种养业、加工业等紧密衔接，形成以旅游业为龙头的产业链，这是促进旅游产业结构升级和民族村寨经济发展的重要途径。建立旅游餐饮原料生产基地，充分利用本

地资源，发展有当地特色的种植业、养殖业和农副产品加工业等，构建旅游饮食产业链；发展特色旅游商品，依托旅游商品带动当地加工业、制造业发展，通过“小商品大产业”“小企业大集群”方式，推进旅游产业集聚发展和结构优化升级。

民族村寨的旅游产业化推动，要因地制宜，有重点地发展本村旅游产业链条。发展民族村寨旅游，应该坚持以“村寨”为立足点来实行产业链本地化和经营者共生化，丰富旅游产品体系，关键是要围绕旅游业进行产业布局和配套，把旅游“吃住行游购娱”六要素有机组织起来，形成围绕主要旅游吸引物发展布局的产业链条，有所为有所不为，加大社区参与，提高当地居民就业，在产业链条上根据具体情况选择外来经营者和选择合作模式。同时，从产业分工的角度看，民族村寨的旅游产业化推动，还需培育多元化的模式。首先，借助自身村寨的地理条件、文化条件、生活条件作为依托，在这个依托的基础上，进一步研究多元化的发展，形成多元发展体系。这种多元发展体系对于一个村寨而言是一种特色，但是从区域视角而言，就形成了一个多元化的模式，即形成一户一特、一村一品的局面。

6.4 民族村寨旅游系统协同发展途径及对策建议

6.4.1 民族村寨旅游系统协同发展途径

民族村寨旅游系统协同发展的基本要求就是生态环境、社会文化、旅游经济3个子系统均实现可持续发展。其中，生态的可持续发展是最基本的，是一切发展的基础。因为只有具备了良好的环境资源和最适的生态结构，民族村寨旅游子系统之间的协同发展才可能实现。可以用3个主持续维来衡量与检验民族村寨旅游系统的协同发展：第一个主持续维是生态环境持续维，表征生态环境系统生产能力的可持续性；第二个主持续维是社会文化持续维，表征社会期望、文化传承的可持续性；第三个主持续维是旅游经济持续维，表征收益报偿的可持续性。在民族村寨旅游系统协同发展过程中，三者相辅相成，缺一不可。民族村寨旅游要实现3个子系统之间的协同发展，需要在实践中不断探索。以下从生态环境、社会文化和旅游经济系统的可持续性3个方面探讨民族村寨旅游系统子系统协同的实现途径。

6.4.1.1 保护生态环境的可持续性

生态环境的可持续性是指民族村寨旅游的发展要以维持和保护当地基本的生态平衡为前提。

在民族村寨旅游的开发中，生态系统的可持续性应放在首位。民族村寨生态环境具有原生态之美，但非常敏感和脆弱。从民族村寨旅游发展的起因来看，民族村寨良好的生态环境是吸引旅游者的重要因素之一，环境一旦恶化，村寨风光和农家菜就不再具有强烈魅力了。人们一度认为自然资源是取之不尽用之不竭的，许多民族村寨旅游的接待者存在急于求成的开发心理，只顾旅游经济效益，不顾社会文化效益和生态环境效益，忽略了环境污染问题，忽视了生态环境的重要性。如果在民族村寨旅游开发建设中忽视生态环境的保护和修复，不但会失去旅游者的青睐，甚至会威胁到当地人的生存，对民族村寨经济社会的影响将是灾难性的。从系统理论角度看，对于一个生态环境系统和旅游经济系统组成的生态经济系统，要想发展走上良性轨道，就必须遵守一个原则即以阈值为限对生态环境系统进行开发利用，否则过度开发后很难复原。因此，注重民族村寨生态环境系统的可持续发展，是实现民族村寨旅游系统协同发展的前提。

保持民族村寨生态环境的可持续性，首先要形成从上至下的环境保护观念。为提高民族村寨旅游参与者——开发者、管理者、旅游者的环保意识，可以针对不同目的开展不同形式的生态环境教育：以培养生态学人格为核心，对旅游者进行生态环境保护教育，社区、村民要以培养环保意识为目标，进行可持续发展的教育，可以设立公众环保教育展示馆。其次，必要的措施和政策，对加强民族村寨的环境保护、保持民族村寨旅游生态环境的可持续性具有积极的作用：对旅游开发者和经营者应进行资质检验，在审核具备旅游开发的能力和权利的基础上，进一步按综合实力划分出不同等级，同时对开发和经营行为造成的环境破坏加强监管。对游客应落实监督措施，制定规章制度，对于破坏环境的行为给予处罚，主要以经济处罚和劳动处罚为主。再次，对民族村寨生态环境变化，要定时定位进行监测，毕竟民族村寨旅游并非是完全的“无烟工业”，应随时关注旅游活动所带来的环境问题并采取有效措施保护生态环境。民族村寨生态环境的美化，更能迎合旅游者“非城市化”的需求，有助于全面优化民族村寨的经济效益、社会效益和环境效益。

在民族村寨旅游的发展过程中，还要确定生态经济适合度，预测生态成本[354]。在充分考虑旅游地的经济社会发展状况的前提下，确定环境承载力和游客容量的阈值。考证生态资源的客观价值，预测旅游开发对环境的影响，以此为基础制定环境保护策略和措施，最大程度避免对生态环境的破坏，降低可能风险。通过宏观政策调整和加大资金投入，达到生态环境系统和社会文化、旅游经济系统可持续的协同发展。

6.4.1.2 实现村寨民族文化的可持续性

村寨民族文化的可持续性是指民族村寨在维护本地区本民族文化特色的基础

上，通过发展旅游提高居民生活水平，而在生活水平提高的情况下，又积极保护传承特色民族文化，以特色促发展，以发展建特色。

民族村寨旅游业的特色就在于民族文化，文化是民族村寨旅游发展的不竭动力，也是其发展的灵魂所在。各民族大杂居、小聚居的生活形态，使得各种民族文化能继承保留并精彩纷呈。正是由于这些不同的民族文化形式吸引了旅游者，满足了他们“求新、求异、求知”的心理诉求。民族村寨旅游接待地的居民，不能因为自己独特的民族文化与城市文化反差太大而丧失自豪感。一些现代化的建筑代替了民族风格的建筑，一些鲜明的民族风情被淡化，一些独特的民俗活动被取消，一味向城市文化看齐、效仿，使民族村寨文化丧失了自己独具的民族特色，成为了城市化、大众化、现代化的文化，也就丧失了对旅游者的吸引力，民族村寨旅游也就失去了其独有的魅力。

民族文化可持续发展的前提是保存、维护、修复人类文化遗产。合理利用开发人文资源，恢复和发扬当地的民族民间文化，是实现民族村寨发展旅游过程中文化可持续发展的基础。自然资源、人文资源的和谐统一是发展民族村寨旅游的原则，为此必须深入发掘当地的人文资源并进行宣传，让更多的人了解独具特色的村寨民族文化，自觉树立文化保护意识，使民族文化资源在民族村寨旅游活动中达到可持续发展。

6.4.1.3 促进旅游经济发展的可持续性

旅游经济发展的可持续性是指民族村寨旅游在使村民获得经济效益的同时，推动民族村寨各产业之间协同发展。

经济效益是民族村寨旅游发展所追求的目标之一。民族村寨进行旅游开发，最原始的动力来源于村民期望改善其社会经济状况。唯物论认为，物质决定意识，经济基础决定上层建筑。因此，只有村民的物质生活水平得到了切实的提高，村民才会更加积极地投身到民族村寨旅游的建设中，享有更多的物质财富，从而促进意识形态的改善、精神财富的积累，进入一种发展的良性循环，最终实现人的全面发展。

为了实现民族村寨旅游经济的可持续发展，需要分别从宏观和微观两个层面设定旅游经济目标，并根据内外因素的变化，对其不断进行调整。从宏观而言，由于旅游产业的关联度大，通过发展民族村寨旅游，推动民族村寨各产业之间协同发展：一方面要加快民族村寨旅游发展，带动其他产业的发展；另一方面要以其他产业为依托，以其他产业的发展促进旅游产业的发展。从微观而言，村民作为民族村寨旅游开发的主体，要使之成为利益主体、发展成果享受的主体：一要增加农民就业机会。以旅游产业带动本地二、三产业的发展，扩大了就业途径，使村民通过参与民族村寨旅游，实现本土就业。二要增加村民的收入。既要使村民得到参与民族村寨旅游的直接劳动报酬，也要开辟村民的资源参股、资金入股等多种创收渠道。三是注重村民的长远利益。在使村民获得眼前切实利益的同时，还要提升村民素质，开展知识技能培训，为村民和村寨的进一步发展打好基础[355]。

旅游经济的可持续发展要以生态环境的可持续发展为前提条件。在民族村寨旅游的发展过程中，要以长期效益为出发点进行统筹规划，通过营造高质量的民族村寨生态环境，促进经济的发展，以期获得持续的经济效益。建立“生态为旅游，旅游为生态”的双赢模式，可以尝试提留部分旅游收入作为资源环境保护基金用于增加养护生态环境的经济投入。同时，民族村寨旅游经济的可持续发展还要关注社会文化的可持续发展。民族村寨旅游在追求经济效益的同时，一方面要避免利益分配不均造成民族村寨村民内部贫富差距过大，另一方面要注重对民族传统文化的保护与传承。

综上所述，发展民族村寨旅游需要全社会的关注与参与。通过寻求民族村寨旅游利益化和持续化的统一，把生态环境保护、民族文化传承与旅游经济效益相结合，才能实现民族村寨旅系统可持续的协同发展。

6.4.2 民族村寨旅游系统协同发展对策建议

1）科学规划与统筹发展并重

对于民族村寨旅游的发展，要进行科学的整体规划，制定三期计划，即长期计划、中期计划和短期计划，分阶段制定发展目标，协调旅游产业中的吃、住、行、游、购、娱六大要素，开发具有地域民族特色的旅游产品。在一个地域中，同级的民族村寨数量较多，对民族旅游村寨的选建要从文化特色、交通条件、社会经济效应等方面综合考察，同一个区域主题相近的旅游村寨不宜过多，选择哪个村寨建设及怎样建设都必须经过科学的论证。建立民族村寨旅游发展的联动机制，保障不同村寨之间旅游开发的公平性，以避免资源浪费、恶性竞争。

2）加强制度化建设，健全监督机制

在民族村寨旅游管理中，要改变松散无序的状态，就必须有章可循，建立健全各项规章制度。建立一套包括市场准入、组织、营销、服务、质量等级评价等在内的发展标准和管理体系，实施规范化管理。健全监督反馈体系，对于制度的执行情况要进行定期检查，及时整改，有效提高管理效率。

3）保障村民旅游收益，提高参与度

为防止过度商业化，应当使当地村民获得绝大多数利益。首先可以开展就业培训，以促进本地农民就业为主，为社区居民提供更多的工作机会，以增加经济收入和提高生活质量，其次对被征用耕地的农民提供适当的经济补偿，为其从事其他生产提供政策和技术支持，再次，要鼓励农民切实参与民族村寨旅游开发活动，鼓励以土地、资金等形式参股分红，经营个体经营摊点，建立旅游相关产业的企业。

通过各种途径，使村民从旅游发展中获得实际利益，建立合理的利益分配机制，实现村民内部的公平分配，保障社区居民的经济来源；加强情感联系与交流，增强其地域认同感，树立主人翁责任感，保护环境，维护传统文化，自觉参与民族村寨旅游开发。

4）形成民族村寨旅游的本地化产业链

民族村寨旅游的开展，提高了村民的生活水平，增加了当地的经济收入，为民族村寨带来了良好的经济效益，从另一个角度开辟了脱贫致富的新路径，解决了一部分当地人口的贫困问题。在民族村寨旅游发展中，要尽可能采用本地原料，使用本地劳动力，形成本地化产业链。

推进旅游产业的本地化，要采用全面发展与重点发展相结合的方针。一方面将民族村寨相关的产业，包括第一、二、三产业，都纳入经济发展规划之中，以相关产业的发展促进民族村寨旅游业，以民族村寨旅游业的发展带动相关产业，通过民族村寨旅游业与当地产业的结合，促进产业结构调整，健全产业体系，实现协同发展。另一方面，努力培育和扶植新的经济增长点，在产业结合处寻找突破，在发展薄弱处进行提高。通过发展旅游商品购物业、加强制造业和产品加工业的发展，增加农业产品的附加值。

5）增强民族文化旅游资源保护意识

为解决民族文化传承中出现的“断代”危机，应注重保护民族文化资源，避免地方特色消逝。首先，要增强当地居民对自身文化的归属意识。村民对于来自异质文化的游客，容易产生否认本地区优秀传统文化的自卑感。通过表演民族特色的旅游节目，使村民的自我价值得到体现，进而升华出民族文化的保护和传承意识。其次，保护民族文化遗产，深入挖掘民族民间文化的内涵，避免文化遗产的过度商业化和庸俗化。保护和发掘民族文化的主要措施有：对居住在村寨的长者开展访谈工作、整理当地的文史资料、开发民间文学、弘扬民间艺术、恢复发展少数民族民间的文化活动。最后，增加居民对本地文化的了解程度，开展民族民间文化的传承教育。民族文化传承教育的途径主要有：印发一些历史、民俗、传说类的宣传册和资料，在青少年的教育中，加入一些本地历史文化和传统民俗的相关知识，适当开设相关的课程和讲座等方式。

6）发展交通运输业，加强基础设施建设

交通作为连接民族村寨与游客的桥梁，对民族村寨旅游的发展进程具有重大影响。要充分利用各项基金和国家地方财政，勘测旅游交通路线，统筹规划建设，保障游客的出入通畅快捷。

为了适应和满足游客多层次的需要，与旅游六要素吃、住、行、游、购、娱相关的基础设施建设必须加强。不断改善住宿环境，提高餐饮服务水平；开展通信、医疗、银行等相关配套设施规划，完善配套设施；建设游客咨询中心、服务中心和投诉中心，完善游客服务体系。

在民族村寨旅游设施建设中，要把握“适中”原则，在现代化标准与本地特色之间达到契合，既不能脱离实际经济条件、资金状况，一味追求奢华，盲目过量开发，也不能过分强调保持“原生态”，不仅不讲舒适，连基本的卫生标准都达不到。

7）加大市场宣传力度，推进旅游业整体营销

进行旅游宣传不仅为了吸引旅游者，也是吸引投资者的途径之一。民族村寨旅游宣传的核心应围绕民族文化及天然山水的特色，糅合多种促销方式，加大营销推广力度。加强公关活动，通过常规宣传、庆典活动提供特色旅游产品和服务信息；进行网络信息发布，制作民族村寨旅游网站，建立网上预定系统；积极参加国内外旅游会议和展览，对民族村寨自然环境和民族文化进行展会宣传，组织有地方特色的歌舞表演，多途径宣传民族村寨旅游。总之，应尽可能地拓宽销售渠道，创新营销策略，整体筹划，统一宣传，塑造良好的旅游整体服务形象。

8）开展从业人员培训，健全专业人才培养体系

为改变从业人员学历普遍低、缺少现代旅游服务意识的现状，对本地旅游从业人员，尤其是农民接待户，开展烹饪、养殖等专业技能培训，以及接待礼仪、民族文化、民间艺术等人文知识为主的素质培训，全面提高业务素质。

各级旅游行政部门应重视旅游教育培训工作，加大对旅游教育培训投入的资金，建立适当的旅游培训基地，对于一些特需的专业，如饭店经营管理、旅行社管理、市场营销、旅游规划、旅游商品开发设计、民族村寨资源环境保护管理等，可采取与高校联合办学的方式来培养人才。

此外，还应重视与发达地区的交流与联合，开辟发达地区的客源市场，以优势资源吸引发达地区的技术支持和资金投入；重视对不同层次旅游产品的开发，根据市场的发展方向和游客的不同需要，针对性地设计不同层次的旅游产品，等等。通过这些举措，促进民族村寨旅游系统的协同发展。

7 结论及展望

7.1 本书结论

本书在田野调查的基础上，采用系统分析、比较分析、定性与定量分析相结合等方法，基于系统视角对民族村寨旅游发展进行研究，得出以下主要结论：

①民族村寨经济发展因农业基础薄弱，依靠农业增收的空间有限；在工业发展过程中，由于受到“三高门槛”（环境保护的高门槛、科技的高门槛、资本的高门槛）的制约，常规的工业化拉动很难带动民族村寨社会经济的发展。对具备旅游资源优势的民族村寨而言，选择发展旅游业，实际上也选择了一条比较特殊的商品经济之路，形成特定的生产方式。随着村民参与旅游服务的领域越来越广、程度越来越深，旅游经济在村寨、家庭中所占的比重也越来越大。最终，将摆脱传统的以农牧为主的自然经济束缚，实现生产方式从传统向现代转变。这是一个意义重大的、颇具根本性的变革。无论其过程中存在着这样或那样的问题，作为变革的方向是不容置疑的。

②民族村寨发展旅游业可使村民离土不离乡，就地实现产业转移，增加经济收入，对村民生活水平的提高有直接促进作用。但是由于目前贵州省旅游业的发展总体处于“富民但尚未强省”的旅游发展初级阶段，民族村寨旅游也在探索发展之中，在发展过程中还存在一些问题，亟待实践与理论的完善。

③民族村寨在进行旅游开发时，要关注民族文化内涵的挖掘，保持与其他旅游产品的差异性，在旅游市场竞争中要以“质”取胜而不是以“价”取胜。走高端旅游路线（即“低流量、高质量、高附加值”的旅游）是民族村寨旅游未来的一个发展趋势。

④交通通道是民族村寨旅游发展的“瓶颈”，现阶段民族村寨旅游的发展对公路运输的依赖性很高，为了实现旅游者跨地域的流动，扩大信息流和资金流，进而加强与外界文化和价值观念的交流，必须加强交通通道的建设以打破空间阻隔；旅游信息通道是民族村寨旅游发展中的一个“短板”，要以信息化带动民族村寨旅游发展，在宣传促销、开拓市场、行业管理等各个方面，全面推进信息化建设。

⑤从生态环境系统的视角而言，民族村寨旅游发展必须遵循自然规律，在民族村寨旅游生态环境承载力范围内向旅游者提供自然资源支持旅游活动的正常开展；从社会文化系统的视角而言，旅游活动的开展必须在村民所能容忍的社会文化承载力范围之内；从旅游经济系统的视角而言，民族村寨旅游发展必须在经济承载力范围之内，同时，民族村寨旅游发展必须给村民带来实实在在的经济收益，只有这样，村民才会主动参与到旅游活动当中，保护村寨环境、展示民族文化，促进民族村寨旅游良性发展。

⑥民族村寨旅游经济增长主要关注两个方面的问题：一方面，除了关注资本投入的“量”外，更应关注资本投入的“质”，从单纯强调增加资本投入转向提高引入资本的质量，提高旅游投资的投入产出效率；另一方面，应该更多得从劳动力、制度及技术进步角度来提高劳动力和全要素效率。因此，民族村寨旅游发展既要加大资本投入，也要提高旅游劳动者素质、增强旅游业制度创新和技术创新的能力。

⑦民族村寨旅游发展的生命周期曲线是指任一民族村寨旅游发展必然经历从成长到衰落并相应形成一条不以人们意志为转移的 S 型演化曲线。民族村寨游客量会在其演化鼎盛阶段达到极值，旅游承载力则达到最大极限阈值。之后民族村寨旅游系统面临演化分歧，或是主动，或是被动地选择衰亡或复苏的演化过程。S 型演化曲线会循环往复，形成周期，构成轮回。因此，需要根据不同民族村寨的具体情况，划分不同的旅游发展阶段，运用 Logistic 曲线模型分段进行研究，寻找民族村寨旅游演化规律，促进民族村寨延长其生命周期稳固阶段的持续时间。

⑧民族村寨旅游发展中要避免因单个序参量超前发展或滞后发展而对其他序参量形成压力，从而造成子系统间内在的能量、物质和信息消耗。特别是要注意旅游经济序参量对生态环境、社会文化序参量的影响，要发挥生态环境-社会文化-旅游经济 3 个序参量的协同作用，促进民族村寨旅游系统实现可持续的协同发展。

⑨民族村寨旅游发展要借鉴治理的思想，协调好各利益相关者群体的利益诉求，让更多的利益相关群体参与到治理系统中，引导民族村寨从传统的村民治理向现代公民治理发展；政府在旅游业发展的初始阶段，要发挥主导作用，大力扶持民族村寨发展旅游，随着旅游发展逐渐步入正轨，政府的角色也应发生转变，从完全意义的主导转向有限主导；赋权是让民族村寨社区参与决策过程和协定收益的起点，赋权必须以一种经济的、社会的、文化和政治的方式进行。

⑩民族村寨旅游发展要实行产业化推动，形成“以游养农，以农促游，农游合一”的协同发展。旅游产业化推动过程中要因地制宜，有重点地延伸民族村寨旅游产业链，以“村寨”为立足点来实行产业链本地化和经营者共生化，促进

农旅业一体化。民族村寨要围绕旅游业进行产业布局和配套，把旅游六要素（吃、住、行、游、购、娱）有机组织起来，形成围绕主要旅游吸引物发展布局的产业链条，加大社区参与，提高当地居民就业。

7.2 本书创新之处

本书在前人研究成果的基础上，通过深入的调查研究和理论思辨，对民族村寨旅游研究进行了有益的探索，本书的创新之处主要有以下几点：

①为民族村寨旅游发展的研究提供了一种全新的视角。本书综合运用一般系统论、耗散结构理论、协同理论及民族学、旅游学、经济学等多学科的相关理论，基于系统的视角对民族村寨旅游发展进行研究，从广度和深度上丰富了民族村寨旅游发展的理论内涵。

②以“经济-文化人”假设作为民族村寨旅游发展研究的逻辑起点。考虑到民族文化观念对民族村寨村民经济行为的影响及旅游业本身具有经济和文化双重属性，本书用“经济-文化人”假设代替了“经济人”假设，突破了传统经济学的单向思维局限。

③运用计量经济学方法对民族村寨旅游的动态效应进行研究。本书在建立向量自回归模型的基础上，通过 Granger 因果检验、脉冲响应函数等方法来分析贵州民族村寨旅游的经济效应及扶贫效应，弥补了旅游效应静态研究的不足。

④在民族村寨旅游需求模型中纳入民族文化因素。民族村寨旅游需求的形成是多种复杂因素交互作用的结果，其中民族文化因素对民族村寨旅游需求的影响显得至关重要。本书在建立民族村寨旅游需求模型时，将民族文化因素纳入其中，凸显了民族村寨旅游需求的特点。

⑤运用索罗余值法解析民族村寨旅游系统的经济增长因素。本书在柯布-道格拉斯生产函数模型的基础上，运用索罗余值法分析民族村寨旅游系统经济增长过程中资本、人力资源、技术进步、制度等因素对旅游经济增长的贡献率，并分析各因素贡献率的动态变化规律，拓宽了民族村寨旅游的定量研究范围。

⑥运用 Logistic 曲线模型，结合旅游地生命周期理论研究民族村寨旅游系统的非线性动态演化规律。根据民族村寨的具体情况，划分不同的旅游发展阶段，运用 Logistic 曲线模型分段进行模拟研究，不仅拓展了的旅游地生命周期的内涵，而且增强了民族村寨游客量预测的准确性。

⑦从协同论视角出发，提出了民族村寨旅游发展新模式。本书在构建民族村寨旅游协同发展模型的基础上，通过不同序参量主导下民族村寨旅游发展案例的比较分析，提出生态环境-社会文化-旅游经济序参量协同主导的民族村寨旅游协同发展模式，突破了传统旅游开发管理模式研究的局限。

7.3 本书研究不足及展望

民族村寨旅游发展是一个复杂的动态过程，由于笔者水平有限，本书研究尚存在不足之处。

1）定量研究有待提高

①本书在写作过程中由于省际层面民族村寨旅游数据较难获取和鉴别，模型的运用大多都附加了限制条件，导致本书的定量研究受到较大限制。

②在田野调查过程中由于人力和物力有限，对民族村寨村民的调查只能做到抽样重点访谈，因而未能获取足够的数据资料，导致无法运用计量软件做进一步的深入分析。

鉴于此，对于涉及实证层面的研究，应当注意数据的收集和积累，获取尽可能多的、一手的资料，保证定量研究的准确性和精确度。

2）研究范围有待拓展

本书进行的民族村寨旅游系统研究，仅限于将单个民族村寨作为一个独立系统的研究。由于种种原因，本书未探讨特定区域内多个民族村寨在旅游发展过程中相互之间的竞争与合作，这是一个缺憾。

3）对文化的研究有待深入

本书的研究逻辑起点基于“经济-文化人”假设，文化对经济行为的影响是不可低估的，而作为文化要素的宗教、道德观、价值观等意识形态，均对经济行为发挥着重要作用。文中未能探讨宗教对经济行为的影响，对于价值观、道德观等对经济行为的影响，虽然有一些分析，也仅限于表层，欠缺一定的深度，今后要加强对此类问题的关注。

本书后续将从以下两点深入研究：①民族村寨旅游植根于不同的地域和民族文化背景，表现出不同的发展形态和演化规律，加强对民族村寨旅游的田野调查，将有助于形成对民族村寨旅游发展问题更多的研究共识。②引入多学科理论、跨学科研究的方法，是旅游研究的一种趋势，这些将在民族村寨旅游研究领域得到更广泛、更深入的应用。

参考文献

[1] 刘晓鹰．中国西部欠发达地区城镇化道路及小城镇发展研究．北京：民族出版社，2008：23.

[2] 郑长德．中国西部民族地区的经济发展．北京：科学出版社，2009：1.

[3] 国务院人口普查办公室，国家统计局人口和社会科技统计司．中国2000年人口普查资料．北京：中国统计出版社，2002.

[4] 刘永佶．中国少数民族经济学．北京：中国经济出版社，2008：68.

[5] 高发元．云南民族村寨调查．昆明：云南大学出版社，2001：8.

[6] 费孝通．乡土中国．北京：生活·读书·新知三联书店，1985：94.

[7] 费孝通．江村经济．南京：江苏人民出版社．1986：6.

[8] 熊锡元．民族特征论集．南宁：广西人民出版社，1987：25.

[9] 李伟．民族旅游地文化变迁与发展研究．北京：民族出版社，2005：122-124.

[10] 杨昇，王晓云，冯学钢．近十年国内外民族旅游研究综述．广西民族大学学报（哲学社会科学版），2008，(6)：27-32.

[11] 邓永进．民族旅游研究．天津：南开大学出版社，2009：6-15.

[12] 马彦琳．环境旅游与文化旅游紧密结合——贵州省乡村旅游发展的前景和方向．旅游学刊，2005，20（1）：63-67.

[13] 邹统钎．乡村旅游发展的围城效应与对策．旅游学刊，2006，21（3）：8-9.

[14] 申葆嘉．国外旅游研究进展．旅游学刊，1996，11（3）：48-54.

[15] Nunez T. Tourism，tradition，and acculturation：Weekendismo in a Mexican village. Southweatern Journal of Anthropology，1963，(21)：347-352.

[16] Smith V. Hosts and Guests：The Anthropology of Tourism. Philadelphia：University of Pennsylvania Press，1977.

[17] 吴其付．国外民族旅游研究进展．黑龙江民族丛刊，2007，(5)：163-170.

[18] MacCannell D. Staged Authenticity：Arrangements of social space in tourist settings. American Journal of Sociology，1973，79（3）：589-603.

[19] Graburn N. The anthropology of tourism. Annals of Tourism Research，1983，10（1）：9-34.

[20] Cohen E. A phenomenology of tourist experience. Sociology，1979，13（2）：179-201.

[21] 杨昇，王晓云，冯学钢．近十年国内外民族旅游研究综述．广西民族大学学报（哲学社会科学版），2008，(6)：27-32.

[22] Moscardo G，Pearce P L. Understanding ethnic tourists. Annals of Tourism Research，1999，26（2）：416-434.

[23] Huges G. The cultural constranits of sustainable tourism. Tourism Management，1995，(16)：49-60.

[24] Stebbins R S. Culture tourism as serious leisure. Annals of Tourism Research，1996，23（4）：948-950.

[25] MacCannell D. Staged authenticity：Arrangements of social space in tourist settings. American Journal of Sociology，1973，79（3）：589-603.

[26] Stevenson K. ‘Heiva’: Continuity and change of a Tahitian celebration. Contemporary Pacific, 1990, 2 (2): 255-278.

[27] Matheson C M. Festivity and sociability: A study of a Celtic music festival. Tourism Culture and Communication, 2005, 5 (3): 149-163.

[28] Connell J. The continuity of custom? Tourist perceptions of authenticity in Yakel Village, Tanna, Vanuatu. Journal of Tourism and Cultural Change, 2007, 5 (2): 71-86.

[29] van Den Berghe P L. The quest for other: Ethnic tourism in San Cristohal, Mexico. Washington DC: University of Washington Press, 1994.

[30] Anastasopoulos P G. Tourism and attitude change: Greek tourists visting turkey. Annals of Tourism Research, 1992, 19 (4): 629-642.

[31] Laxson J D. How “we” see” them” tourism and native Americans. Annals of tourism research, 1991, 18 (3): 365-391.

[32] Moseardo G, Pearce P L. Understanding ethnic tourists. Annals of Tourism Research, 1999, 26 (2): 416-434.

[33] Goldberg A. Identity and experience in Haitian voodoo shows. Annals of Tourism Research, 1983, 10 (4): 479-495.

[34] Kottak C. The Structure of Equality in a Brazilian Fishing Community. New York: Columbia University, 1966.

[35] Greenwood D. Culture by the Pound: An Anthropological Perspective on Tourism as Cultural Commoditization. Philadephia: University of Pennsylvania Press, 1977.

[36] Dyer P, Aberdeen L, Schuler S. Tourism impacts on an Australian indigenous community: A Djabugay case study. Tourism Management, 2003, 24 (1): 83-95.

[37] Jamison D. Tourism and Ethnicity the Brother Hood of Coconuts. Annals of Tourism Research, 1999, 26 (4): 944-967.

[38] Adams V. Tourism and Sherpas, Nepal: Reconstruction of reciprocity. Annals of Tourism Research, 1992, 19 (3): 534-554.

[39] 宗晓莲．西方旅游人类学研究述评．民族研究，2001，(3)：85-94.

[40] 瓦伦·L. 史密斯．东道主与游客：旅游人类学研究．张晓萍，等译．昆明：云南大学出版社，2007.

[41] Oppermann M. Rural tourism in Southern Germany. Annals of Tourism Research, 1996, 23 (1): 86-102.

[42] Lane B. What is rural tourism. Journal of Sustainable Tourism, 1994, 2 (1): 7-21.

[43] World Tourism Organization. Rural Tourism: A Solution for Employment, Local Development and Environment. Madrid: WTO, 1997.

[44] Woods M. Diversifying the rural economy: Tourism development. The Rural South: Preparing for the Challenges of the 21st Century, 2000, 10: 1-10.

[45] Treffe X, Bramwell B, Lane B. Is rural tourism a lever for economic and social development? Journal of Sustainable Tourism, 1994, 2 (1): 22-40.

[46] Hegarty C, Przezborska L. Rural and agri-tourism as a tool for reorganizing rural areas in old

and new member states: A comparison study of Ireland and Poland. International Journal of Tourism Research, 2005, 7 (2): 63-77.

[47] Dernoi L A. About rural and farm tourism. Tourism Recreation Research, 1991, 16 (1): 3-6.

[48] Unwin T. Tourist development in Estonia: Images, sustainability, and integrated rural development. Tourism Management, 1996, 17 (4): 265-276.

[49] Maude A J, Rest D J. The social and economic effects of farm tourism in the United Kingdom. Agicultural Administration, 1985, 20 (2): 85-99.

[50] Macdonald R, Jolliffe L. Cultural rural tourism: Evidence from Canada. Annals of Tourism Research, 2003, 30 (2): 307-322.

[51] Sueo K. Tourism, traditional culture and autonomy in a small island: Yap faces a new millennium. Kagoshima University Research Center for the Pacific Islands Occasional Paper, 2001, 34 (2): 15-24.

[52] Besculides A, Lee M, McCcormickp P J. Residents' perceptions of the cultural benefits of tourism. Annals of Tourism Research, 2002, 29 (2): 303-319.

[53] Brunt P, Courtney P. Host perceptions of socio- cultural impact. Annals of Tourism Research, 1999, 26 (3): 493-515.

[54] Perdue R R, Long P T, Kang Y S. Boomtown tourism and resident quality of life: The marketing of gaming to host community residents. Journal of Business Research, 1999, 44 (3): 165-177.

[55] Lawson R W, Williams J, Young T, et al. A comparison of residents attitudes towards tourism in 10 New Zealand destinations. Tourism Management, 1998, 19 (3): 247-256.

[56] Wall G. Perspectives on tourism in selected Balinese villages. Annals of Tourism Research, 1996, 23 (1): 123-137.

[57] Cole D N. Environmental impacts of outdoor recreation in wildlands//Manfredo M J, Vaske J J, Bruyere B L, et al. Society and Natural Resources: A Summary of Knowledge. Jefferson: Modern Litho, 2004: 107-116.

[58] Garcia-Ramon M D, Canoves G, Valdovinos N. Farm tourism, gender and the environment in Spain. Annals of Tourism Research, 1995, 22 (2): 267-282.

[59] Green H, Hunter C, Moor B. Applications of the delphi technique in tourism. Annals of Tourism Research, 1990, 17 (2): 270-279.

[60] Beunen R, Regnerus H D, Jaarsma C F. Gateways as a means of visitor management in national parks and protected areas. Tourism Management, 2008, 29 (1): 138-145.

[61] Vail D, Hultkrantz L. Property rights and sustainable nature tourism: Adaptation and mal-adaptation in Dalarna (Sweden) and Maine (USA) . Ecological Economics, 2000, (35): 223-242.

[62] Cano L M, Mysyk A. Cultural tourism, the state, and day of the dead. Annals of Tourism Research, 2004, 31 (4): 879-898.

[63] 何景明．国外乡村旅游研究述评．旅游学刊，2003，18（1）：76-80.

[64] Murphy P E. Tourism: A Community Approach. New York: Methuen, 1985, 155-176.

[65] Tosun C. Limits to community participation in the tourism development process in developing

countries. Tourism Management, 2000, 21 (6): 613-633.
[66] Horn C, Simmons D. Community adaptation to tourism: Comparisons between Rotorua and Kaikoura, New Zealand. Tourism Management, 2002, 23 (2): 133-143.
[67] Mbaiwa J E, Stronza A L. The effects of tourism development on rural livelihoods in the Okavango Delta, Botswana. Journal of Sustainable Tourism, 2010, 18 (5): 635-656.
[68] Campbell L M. Ecotourism in rural developing communities. Annals of Tourism Research, 1999, 26 (3): 534-553.
[69] Brohman J. New directions in tourism for third world development. Annals of Tourism Research, 1996, 23 (1): 48-70.
[70] Hunter C. Sustainable tourism as an adaptive paradigm. Annals of Tourism Research, 1997, 24 (4): 850-867.
[71] Grainger J. 'People are living in the park' linking biodiversity conservation to community development in the Middle East region: A case study from the Saint Katherine Protectorate, Southern Sinai. Journal of Arid Environments, 2003, 54 (1): 29-38.
[72] Sharpley R. Rural tourism and the challenge of tourism diversification: The case of Cyprus. Tourism Management, 2002, 23 (3): 233-244.
[73] Sharpley R. Rural Tourism and Sustainability-A Critique//Derek R H, Lesley R, Morag M. New Directions in Rural Tourism. Aldershot: Ashgate, 2003: 40.
[74] Turnock D. Prospects for sustainable rural cultural tourism in Maramures, Romania. Tourism Geographies, 2002, 4 (1): 62-94.
[75] Hall D. Rural tourism development in southeastern Europe: Transition and the search for sustainability. International Journal of Tourism Research, 2004, 6 (3): 165-176.
[76] 钟洁，陈飙，杨桂华．中国民族村寨旅游效应研究概述．贵州民族研究，2005，25 (5): 90-95.
[77] 卢宏．我国民族村寨旅游综述．贵州民族研究，2008，28 (1): 118-128.
[78] 肖琼．我国民族旅游村寨研究综述．西南民族大学学报（人文社科版），2009，30 (6): 209-212.
[79] 李瑞，殷红梅．近10年中国民族村寨旅游研究进展与展望．地理科学进展，2010，29 (4): 411-421.
[80] 高发元．云南民族村寨调查．昆明：云南大学出版社，2001: 8.
[81] 吴必虎，余青．中国民族文化旅游开发研究综述．民族研究，2000，(4): 85-94.
[82] 罗永常．民族村寨旅游发展问题与对策研究．贵州民族研究，2003，23 (2): 102-108.
[83] 杨昌儒，潘梦澜．贵州民族文化村寨旅游发展问题与对策研究．贵州民族学院学报（哲学社会科学版），2004，(5): 37-41.
[84] 金颖若．试论贵州民族文化村寨旅游．贵州民族研究，2002，22 (1): 61-66.
[85] 黄海珠．民族旅游村寨建设研究．北京：中央民族大学博士学位论文，2007.
[86] 薛群慧，邓永进．论民俗风情旅游消费需求的激发及其行为特征．贵州社会科学，1998，(5): 47-52.
[87] 李旭东，唐莉．真实性与少数民族文化旅游（游客的观点）——对四川羌族、藏族、摩

梭族村寨的调查．成都行政学院学报，2005，14（3）：67-68.
[88] 姚娟，陈飙，田世政．少数民族地区游客乡村旅游质量感知研究——以新疆昌吉州杜氏农庄为例．旅游学刊，2008，23（11）：75-81.
[89] 侯玉霞．民族村寨入境游客消费行为研究——以龙脊梯田景区为例．桂林：桂林理工大学硕士学位论文，2009.
[90] 沈莹，苏芹．民族村寨旅游游客分项满意度评价研究——以广西桂林龙胜县龙脊景区为例．重庆科技学院学报（社会科学版），2009，（5）：101-102.
[91] 罗永常．民族村寨旅游发展问题与对策研究．贵州民族研究，2003，23（2）：102-108.
[92] 罗永常．试论民族村寨旅游的特征与开发原则．黔东南民族师范高等专科学校学报，2005，23（6）：60-62.
[93] 罗永常．关于贵州民族村寨旅游开发的几个问题．贵州社会科学，2006，（3）：47-50.
[94] 罗永常．民族村寨旅游开发的政策选择．贵州民族研究，2006，26（4）：32-37.
[95] 王莹．从旅游体验的角度谈民族村寨的开发建设．内江师范学院学报，2007，22（3）：49-51.
[96] 黄海珠．民族旅游村寨建设研究．北京：中央民族大学博士学位论文，2007.
[97] 任婵娟．基于“舞台真实”理论的文化旅游资源开发——以原生型民族村寨为例．桂林旅游高等专科学校学报，2008，19（1）：129-132.
[98] 王汝辉，刘旺．民族村寨旅游开发的内生困境及治理路径——基于资源系统特殊性的深层次考察．旅游科学，2009，23（3）：1-5.
[99] 贺丹．民族文化村寨旅游开发建设对策探讨——以贵州省为例．广西民族研究，2009，（4）：187-191.
[100] 余青，吴必虎．生态博物馆：一种民族文化持续旅游发展模式．人文地理，2001，16（6）：40-44.
[101] 杨兴洪．浅析贵州乡村民族旅游开发——郎德、天龙、中洞模式比较．贵州民族研究，2005，（4）：56-59.
[102] 王雯雯．广西少数民族村寨旅游开发模式研究．桂林：桂林工学院硕士学位论文，2006.
[103] 黄亮，陆林，丁雨莲．少数民族村寨的旅游发展模式研究——以西双版纳傣族园为例．旅游学刊，2006，21（5）：53-56.
[104] 杨胜明．蹒跚的步履：贵州旅游的求索与实践．贵阳：贵州人民出版社，2007：487-494.
[105] 黄海珠．民族旅游村寨建设研究．北京：中央民族大学博士学位论文，2007.
[106] 费广玉，陈志永．民族村寨社区政府主导旅游开发模式研究——以西江千户苗寨为例．贵州教育学院学报（自然科学版），2009，20（6）：28-35.
[107] 王汝辉，幸岭．少数民族村寨旅游开发模式变迁：来自新制度经济学的阐释——以四川理县桃坪羌寨为例．云南师范大学学报（哲学社会科学版），2009，41（3）：128-133.
[108] 张文．旅游影响——理论与实践，北京：社会科学文献出版社，2007：44-45.
[109] 付保红，徐旌．曼春满村寨民族旅游中村民社会角色变化调查研究．云南地理环境研究，2002，14（1）：43-49.
[110] 唐雪琼，车震宇．哈尼村寨旅游开发的社会文化影响的初步研究——以元阳县箐口村为例．红河学院学报，2004，2（3）：79-82.

[111] 徐克帅．历史文化村落居民环境感知差异分析模式应用研究——以柿林、理坑和朗德上寨为例．上海：上海师范大学硕士学位论文，2008.
[112] 薛玉梅，向艳．少数民族旅游村寨经济价值观的变迁与解读——以贵州西江为例．贵州民族学院学报（哲学社会科学版），2009，(4)：125-128.
[113] 吴忠军，张瑾．旅游业发展对山地少数民族村寨文化遗产保护的影响——以广西龙脊梯田景区为例．经济地理，2008，28（5）：891-896.
[114] 邹烽．旅游对少数民族传统道德的影响研究——以湘西苗族村寨为例．长沙：湖南师范大学硕士学位论文，2008.
[115] 曹端波，刘希磊．民族村寨旅游开发存在的问题与发展模式的转型．经济问题探索，2008，(10)：128-132.
[116] 罗永常．民族村寨旅游发展问题与对策研究．贵州民族研究，2003，23（2）：102-108.
[117] 罗永常．民族村寨旅游开发的政策选择．贵州民族研究，2006，26（4）：32-37.
[118] 陈志永，梁玉华．民族村寨旅游地衰落研究：以贵阳市镇山村为例．云南社会科学，2007，(1)：99-101.
[119] 刘旺，孙璐，吴明星．少数民族村寨旅游开发中的“公地悲剧”及其对策研究：以丹巴县甲居藏寨为例．开发研究，2008，(1)：125-130.
[120] 肖琼．民族村寨旅游环境困境及路径选择．广西民族研究，2009，(4)：183-186.
[121] 贺能坤．民族村寨开发的基本要素研究．贵州民族研究，2010，30（1）：127-132.
[122] 罗永常．民族村寨旅游开发的政策选择．贵州民族研究，2006，26（4）：32-37.
[123] 范莉娜．从构建和谐旅游社区解析民族村寨旅游开发中的产权困境及其改善．商场现代化，2008，(8)：210-212.
[124] 王汝辉．巴泽尔产权模型在少数民族村寨资源开发中的应用研究——以四川理县桃坪羌寨为例．旅游学刊，2009，24（5）：31-35.
[125] 王汝辉．基于人力资本产权理论的民族村寨居民参与旅游的必要性研究．旅游论坛，2009，2（4）：559-562.
[126] 吴忠军，张瑾．民族旅游开发中东道主间关系的人类学研究．贵州民族研究，2008，28（6）：62-69.
[127] 张补宏，徐施．基于利益相关者理论的民族旅游研究．中央民族大学学报（哲学社会科学版），2008，35（6）：43-47.
[128] 何明．当下民族文化保护与开发的复调逻辑：基于少数民族村寨旅游与艺术展演实践的分析．云南师范大学学报（哲学社会科学版），2008，40（1）：58-64.
[129] 冉琼，苏智先，冉军．利益相关者理论在民族村寨生态旅游发展中的实践——以震前北川县青片乡羌、藏民族村寨为例．农村经济与科技，2009，20（11）：71-73.
[130] 何景明，边远贫困地区民族村寨旅游发展的省思——以贵州西江千户苗寨为中心的考察．旅游学刊，2010，25（2）：59-65.
[131] 王丹．民族村寨旅游开发总体效用最大化研究：以贵州西江苗寨为例．经营管理者，2009，(24)：131.
[132] 黄华．社区参与民族村寨旅游开发的初步研究．昆明：云南师范大学硕士学位论文，2004.

[133] 罗永常．乡村旅游社区参与研究——以黔东南苗族侗族自治州雷山县郎德村为例．贵州师范大学学报（自然科学版），2005，23（4）：108-111.
[134] 罗永常．民族村寨社区参与旅游开发的利益保障机制．旅游学刊，2006，21（10）：45-48.
[135] 李天翼．上郎德苗寨社区参与旅游模式成因分析．贵州民族学院学报（哲学社会科学版），2007，104（4）：72-75.
[136] 薛玉梅．从社会学和旅游管理体制双角度解析旅游中的社区参与——以贵州西江千户苗寨为例．贵州社会科学，2009，（6）：59-62.
[137] 刘韫．困境与选择：民族村寨旅游的社区参与研究．青海社会科学，2008，（2）：133-136.
[138] 保继刚，孙九霞．雨崩村社区旅游：社区参与方式及其增权意义．旅游论坛，2008，1（4）：58-65.
[139] 蒋丽芹．少数民族村寨旅游资源开发与可持续发展战略研究：以贵州省凯里市麻塘革家村寨为例．江南大学学报（人文社会科学版），2005，4（4）：66-69.
[140] 李伟．民族旅游地文化变迁与发展研究．北京：民族出版社，2005.
[141] 王雯雯．广西少数民族村寨旅游可持续发展对策研究．科技资讯，2006，（18）：186-187.
[142] 徐永志．民俗风情：民族村寨旅游可持续发展的着力点．旅游学刊，2006，21（3）：10.
[143] 梁玉华．少数民族村寨生态旅游开发与旅游可持续发展探讨：以贵阳花溪镇山村旅游开发为例．生态经济，2007，23（5）：113-118.
[144] 黄海珠．民族旅游村寨建设研究．北京：中央民族大学博士学位论文，2007.
[145] 叶春，陈志永．基于耗散结构理论的民族村寨旅游业可持续发展研究．安徽农业科学，2008，36（24）：10636-10639.
[146] 叶春，李渊妮，陈志永．社区参与视角下的民族村寨旅游可持续发展指标体系构建——以贵州省雷山县上郎德苗寨为例．贵州教育学院学报（自然科学），2009，20（3）：56-59.
[147] 贵州省地方志编纂委员会．贵州省志·民族志（上）．贵阳：贵州民族出版社，2002：1-2.
[148] 杨军昌．贵州民族自治地区的人口与可持续发展问题研究．贵阳：贵州人民出版社，2003：9.
[149] 刘住．旅游学学科体系框架与前沿领域．北京：中国旅游出版社，2008：15.
[150] Jafari J. Towards tourism mitigation：Recoginizing cultural forms and forces influencing freedom for traveliving. In The Freedom of Traveling in the Year 2000. AIEST Publication. St. Callen. 34：89-104.
[151] 杨博文．社会系统工程概论．北京：石油工业出版社，2008：16-18.
[152] 颜泽贤．复杂系统演化论．北京：人民出版社，1993：14.
[153] 霍绍周．系统论．北京：科学技术文献出版社，1988：20.
[154] 冯·贝塔朗菲．一般系统论——基础、发展和应用．林康义，魏宏森，译．北京：清华大学出版社，1987：34-35.
[155] 冯·贝塔朗菲．一般系统论——基础、发展和应用．林康义，魏宏森，译．北京：清华大学出版社，1987：51-52.

[156] 冯·贝塔朗菲．一般系统论——基础、发展和应用．秋同，袁嘉新，译．北京：社会科学文献出版社，1987：32.
[157] 吴义生．系统科学概论．北京：中共中央党校出版社，1998：49.
[158] 冯·贝塔朗菲．一般系统论——基础、发展和应用．秋同，袁嘉新，译．北京：社会科学文献出版社，1987：23.
[159] 湛垦华，沈小峰．普利高津与耗散结构理论．西安：陕西科学技术出版杜，1982：Ⅰ.
[160] 伊·普里戈金．从存在到演化——自然科学中的时间及复杂性．曾庆宏，等译．上海：上海科学技术出版社，1986：15-19.
[161] 伊·普里戈金，伊·斯唐热．从混沌到有序——人与自然的新对话．曾庆宏，译．上海：上海译文出版社，1987：349.
[162] 申维．耗散结构、自组织、突变理论与地球科学．北京：地质出版社，2008：3-5.
[163] 沈小峰．耗散结构论．上海：上海人民出版社，1987：90.
[164] 湛垦华，沈小峰．普利高津与耗散结构理论．西安：陕西科学技术出版杜，1982：95.
[165] 杨博文．社会系统工程概论．北京：石油工业出版社，2008：56-59.
[166] 湛垦华，沈小峰．普利高津与耗散结构理论．西安：陕西科学技术出版杜，1982：130.
[167] 赫尔曼·哈肯．高等协同学．郭治安，译．北京：科学出版社，1988：Ⅳ.
[168] 赫尔曼·哈肯．协同学．徐锡申，等译．北京：原子能出版社，1984：3.
[169] 赫尔曼·哈肯．协同学——自然成功的奥秘．戴鸣钟，译．上海：上海科学普及出版社，1988：233-234.
[170] 郭治安，沈小峰．协同论．太原：山西经济出版社，1991：Ⅰ.
[171] 赫尔曼·哈肯．信息与自组织：复杂系统的宏观方法．郭治安，等译．成都：四川教育出版社，1988：28-29.
[172] 杨博文．社会系统工程概论．北京：石油工业出版社，2008：62.
[173] 郭治安，沈小峰．协同论．太原：山西经济出版社，1991：143-149.
[174] 赫尔曼·哈肯．协同学讲座．宁存政，等译．西安：陕西科学技术出版社，1987：29-30.
[175] Gunn C A. Tourism Planning：Basics，Concepts，Cases. 4th. New York：Routledge，2002.
[176] 徐红罡．旅游系统分析．天津：南开大学出版社，2009：16-17.
[177] 吴必虎．旅游系统：对旅游活动与旅游科学的一种解释．旅游学刊，1998，13（1）：21-25.
[178] 徐红罡．旅游系统分析．天津：南开大学出版社，2009：18-19.
[179] Leiper N. Tourism Management. Collingwood，VIC：TAFE Publications，1995.
[180] 邹统钎，高中，钟林生．旅游学术思想流派．天津：南开大学出版社，2008：17-19.
[181] 王迪云．旅游耗散结构系统开发理论与实践．北京：中国市场出版社，2006：37-45.
[182] 世界环境与发展委员会．我们共同的未来．王之佳，等译．长春：吉林人民出版社，1997：6.
[183] 世界环境与发展委员会．我们共同的未来．王之佳，等译．长春：吉林人民出版社，1997：52.
[184] 大卫·皮尔斯，阿尼尔·马肯亚，爱德华·巴比尔．绿色经济的蓝图（1）．何晓军，

译. 北京：北京师范大学出版社，1996：150-159.
[185] 杰拉尔德·M. 梅尔，詹姆斯·E. 劳赫. 经济发展的前沿问题. 第7版. 黄仁伟，等译. 上海：上海人民出版社，2004：633-638.
[186] 国家旅游局计划统计司. 旅游业可持续发展——地方旅游规划指南. 北京：旅游教育出版社，1997：5.
[187] United Nations. Managing Sustainable Tourism Development. ESCAP Tourism Review，United Nations Publication，2001.
[188] 段雨澜. 经济人假设：反思·发展. 昆明：云南民族出版社，2008：1.
[189] 阿马蒂亚·森. 伦理学与经济学. 王宇，王文玉，译. 北京：商务印书馆，2000.
[190] 道格拉斯·C. 诺思. 制度、制度变迁与经济绩效. 杭行，译. 上海：格致出版社，2008.
[191] 庄万禄. 民族经济学. 成都：四川民族出版社，2003：93-95.
[192] 陈庆德. 民族经济学. 昆明：云南人民出版社，1994：57-58.
[193] 吴仕民. 中国民族理论新编. 北京：中央民族大学出版社，2006：30-36.
[194] 龙远蔚，吴兴旺，杜发春，等. 中国少数民族经济研究导论. 北京：民族出版社，2004：39-43.
[195] 庄万禄. 民族经济学. 成都：四川民族出版社，2003：93-95.
[196] 季玉群. 旅游业经济——文化协同运作及其运行模式探讨. 东南大学学报（哲学社会科学版），2007，9（5）：68-72.
[197] 于光远. 旅游与文化. 瞭望，1986，（14）：35-36.
[198] 刘晓鹰. 旅游经济学. 北京：科学出版社，2008：10-16.
[199] 杨胜明. 乡村旅游：促进人的全面发展. 贵阳：贵州人民出版社，2006：1-5.
[200] 龚晓宽. 贵州经济社会发展60年研究. 北京：中央文献出版社，2009：339.
[201] 杨军昌. 贵州民族自治地区的人口与可持续发展问题研究. 贵阳：贵州人民出版社，2003：9.
[202] 贵州省地方志编纂委员会. 贵州省志·民族志（上册）. 贵阳：贵州民族出版社，2002：1-2.
[203] 龚晓宽. 贵州经济社会发展60年研究. 北京：中央文献出版社，2009：703.
[204] 贵州省民族事务委员会. 贵州民族工作五十年. 贵阳：贵州民族出版社，1999：6-7.
[205] 庄万禄. 民族经济学. 成都：四川民族出版社，2003：84-85.
[206] 庄万禄. 民族经济学. 成都：四川民族出版社，2003：86.
[207] 贵州省旅游局. 贵州乡村旅游规划. 贵阳：贵州人民出版社，2007：7.
[208] 龚晓宽. 辉煌的探索：贵州农村改革三十年研究. 北京：中央文献出版社，2008：34.
[209] 龚晓宽. 辉煌的探索：贵州农村改革三十年研究. 北京：中央文献出版社，2008：34.
[210] 贵州省农业办公室. 调查与研究. 2007：221.
[211] 贵州省农业办公室. 调查与研究. 2007：211.
[212] 龚晓宽. 辉煌的探索：贵州农村改革三十年研究. 北京：中央文献出版社，2008：35，
[213] 龚晓宽. 贵州经济社会发展60年研究. 北京：中央文献出版社，2009：158，428.
[214] 贵州省地方志编纂委员会. 贵州省志·民族志（上册）. 贵阳：贵州民族出版社，

1999：11.
[215] 彭钢．贵州省志·旅游志．贵阳：贵州人民出版社，2009：96-106.
[216] 贵州省旅游局．贵州乡村旅游规划．贵阳：贵州人民出版社，2007：17.
[217] 索晓霞，敖以升，钟莉，等．贵州：永远的财富是文化．贵阳：贵州人民出版社，2009：148.
[218] 贵州省旅游局．贵州乡村旅游规划．贵阳：贵州人民出版社，2007：11-12.
[219] 李黔滨，杨庭硕，唐文元．贵州民族民俗概览．贵阳：贵州人民出版社，2006：89.
[220] 索晓霞，敖以升，钟莉，等．贵州：永远的财富是文化．贵阳：贵州人民出版社，2009：149-150.
[221] 葛全胜．西部开发旅游发展战略．北京：中国旅游出版社，2002：13-17.
[222] 陈煦，李左人．民族·旅游·文化变迁：在社会学的视野中．成都：四川人民出版社，2009：154-158.
[223] 龚晓宽．贵州经济社会发展60年研究．北京：中央文献出版社，2009：323-328.
[224] 刘秀鸾，苏丹．贵州业旅游“三十而立”．贵州日报，2008-07-15.
[225] 彭钢．贵州省志·旅游志．贵阳：贵州人民出版社，2009：473-475.
[226] 中华人民共和国国家旅游局．中国旅游统计年鉴2009. 北京：中国旅游出版社，2009：292-299.
[227] 谢彦君．基础旅游学．第2版．北京：中国旅游出版社，2004：141-142.
[228] 李周，操建华．旅游业对中国农村和农民的影响研究．北京：中国农业出版社，2004：43-66.
[229] 贵州省统计局，国家统计局贵州调查总队．贵州统计年鉴2010. 北京：中国统计出版社，2010.
[230] 杨建春．贵州省旅游业与经济增长关系的实证分析．贵州社会科学，2010，（5）：80-84.
[231] 中华人民共和国国家旅游局．中国旅游业发展“十一五”规划纲要专题篇．北京：中国旅游出版社，2008：57.
[232] 魏小安，韩健民．旅游强国之路：中国旅游产业政策体系研究．北京：中国旅游出版社，2003：37.
[233] 冯学刚，胡小纯．中国旅游就业理论与实证研究．合肥：安徽人民出版社，2008：6.
[234] 杨胜明．蹒跚的步履：贵州旅游的求索与实践．贵阳：贵州人民出版社，2007：455-465.
[235] 龚晓宽．贵州经济社会发展60年研究．北京：中央文献出版社，2009：131.
[236] 杨胜明．蹒跚的步履：贵州旅游的求索与实践．贵阳：贵州人民出版社，2007：408.
[237] 彭钢．贵州省志·旅游志．贵阳：贵州人民出版社，2009：458-463.
[238] 龚晓宽．贵州经济社会发展60年研究．北京：中央文献出版社，2009：130.
[239] 张文．旅游与文化．北京：旅游教育出版社，2001：1.
[240] 张河清．区域民族旅游开发导论．北京：中国旅游出版社，2005：141-142.
[241] 安虎森．区域经济学通论区域经济理论与政策．北京：经济科学出版社，2004：413-414.

[242] 申葆嘉．旅游学原理．上海：学林出版社，1999.
[243] 吴必虎．区域旅游规划原理．北京：中国旅游出版社，2001：325-328.
[244] 保继刚，楚义芳．旅游地理学．北京：高等教育出版社，1999：62-67.
[245] 杨建春．贵州省旅游业与经济增长关系的实证分析．贵州社会科学，2010，（5）：80-84.
[246] 詹姆斯·C. 斯科特．农民的道义经济学：东南亚的反叛与生存．程立显，译．北京：译林出版社，2001：1-15.
[247] 贵州省旅游局．贵州省乡村旅游典型村寨调研分析报告．2008：10-12.
[248] 冯·贝塔朗菲．一般系统论——基础、发展和应用．林康义，魏宏森，译．北京：清华大学出版社，1987：35.
[249] 史蒂芬·佩吉．现代旅游管理导论．刘劼莉，等译．北京：电子工业出版社，2004.
[250] 刘峰．旅游系统规划——一种旅游规划新思路．地理学与国土研究，1999，15（1）：56-60.
[251] 吴必虎．区域旅游规划原理．北京：中国旅游出版社，2001：35-39.
[252] 吴人韦．论旅游规划的性质．地理学与国土研究，1999，15（4）：50-54.
[253] 吴晋峰，段骅．旅游系统与旅游规划．人文地理，2001，5（16）：62-66.
[254] 袁国宏．旅游系统管理及其与旅游可持续发展的关系研究．广州：暨南大学博士学位论文，2008.
[255] 徐红罡．旅游系统分析．天津：南开大学出版社，2009：15-16.
[256] 吴必虎．区域旅游规划原理．北京：中国旅游出版社，2001：35-39.
[257] 钱学森．论系统工程．长沙：湖南科学技术出版社，1982：204.
[258] 陆林．旅游规划原理．北京：高等教育出版社，2005：55-56.
[259] 王迪云．旅游耗散结构系统开发理论与实践．北京：中国市场出版社，2006：49-57.
[260] 李悦铮．沿海地区旅游系统分析与开发布局：以辽宁沿海地区．北京：地质出版社，2002：2-5.
[261] 彭钢．贵州省志·旅游志．贵阳：贵州人民出版社，2009：382.
[262] 刘晓鹰．旅游经济学．北京：科学出版社，2008：64.
[263] 张辉．旅游经济论．北京：旅游教育出版社，2002：64.
[264] Bull A. The Economics of Travel and Tourism. 2nd. Melbourne：Longman Australia Pty Ltd，1995：45.
[265] 谢彦君．基础旅游学．第2版．北京：中国旅游出版社，2004：173.
[266] 查尔斯·R. 戈尔德耐．旅游业教程：旅游业原理、方法和实践．第8版．贾秀海，译．大连：大连理工大学出版社，2003：362.
[267] 李仲广．旅游经济学：模型与方法．北京：中国旅游出版社，2006：3-4.
[268] Cooper C. The technique of interpretation// Medlik S. Managing Tourism. Oxford：Butterworth-Heinemann Ltd.，1995：224-230.
[269] 亚伯拉罕·匹赞姆，优尔·曼斯菲尔德．旅游消费者行为研究．舒伯阳，等译．大连：东北财经大学出版社，2005：271-280.
[270] 张文．旅游与文化．北京：旅游教育出版社，2001：70-72.

[271] 李仲广. 旅游经济学：模型与方法. 北京：中国旅游出版社，2006：43-45.
[272] 卞显红，王苏洁. 交通系统在旅游目的地发展中的作用探析. 安徽大学学报（哲学社会科学版），2003，(6)：132-139.
[273] 亚伯拉罕·匹赞姆，优尔·曼斯菲尔德. 旅游消费者行为研究. 舒伯阳，等译. 大连：东北财经大学出版社，2005：160-170.
[274] 厉新建. 中国旅游经济发展与创新研究. 北京：旅游教育出版社，2009：44-49.
[275] 周春林，梁中，袁丁，等. 旅游管理信息系统. 北京：科学出版社，2006：1.
[276] 陈志辉，陈小春. 旅游信息学. 北京：中国旅游出版社，2003：12.
[277] 周春林，梁中，袁丁，等. 旅游信息管理系统. 北京：科学出版社，2006：9-13.
[278] 吴必虎. 区域旅游规划原理. 北京：中国旅游出版社，2001：38.
[279] 吴必虎. 旅游研究与旅游发展. 天津：南开大学出版社，2009：14-16.
[280] 赵黎明，杨其元. 旅游城市系统. 武汉：华中科技大学出版社，2007：1-2.
[281] 徐红罡. 旅游系统分析. 天津：南开大学出版社，2009：35.
[282] 谢彦君. 基础旅游学. 第2版. 北京：中国旅游出版社，2004：381-384.
[283] 崔凤军，刘家明，李巧玲. 旅游承载力指数及其应用研究. 旅游学刊，1998，13（3）：41-44.
[284] 保罗·A. 萨缪尔逊. 经济学. 高鸿业，等译. 北京：中国发展出版社，1992：851-854.
[285] 马勇，周霄. 旅游学概论. 北京：旅游教育出版社，2004：190-192.
[286] 杨军. 旅游公共管理. 天津：南开大学出版社，2008：112-115.
[287] 张培刚. 发展经济学教程. 北京：经济科学出版社，2001：152-180.
[288] 高舜礼. 中国旅游产业政策研究. 北京：中国旅游出版社，2006：113-120.
[289] 彭钢. 贵州省志·旅游志. 贵阳：贵州人民出版社，2009：562-573.
[290] 彭钢. 贵州省志·旅游志. 贵阳：贵州人民出版社，2009：573-600.
[291] 张培刚. 发展经济学教程. 北京：经济科学出版社，2001：152-180.
[292] 张培刚. 发展经济学教程. 北京：经济科学出版社，2001：379.
[293] 谭崇台. 发展经济学. 太原：山西经济出版社，2000：194-229.
[294] 车维汉. 发展经济学. 北京：清华大学出版社，2006：135.
[295] 刘思华. 理论生态经济学若干问题研究. 南宁：广西人民出版社，1989：342-344.
[296] 王迪云. 旅游耗散结构系统开发理论与实践. 北京：中国市场出版社，2006：65-67.
[297] 车维汉. 发展经济学. 北京：清华大学出版社，2006：144-150.
[298] 张培刚. 发展经济学教程. 北京：经济科学出版社，2001：389-391.
[299] 贵州省统计局，国家统计局贵州调查总队. 贵州六十年. 北京：中国统计出版社，2009.
[300] 唐晓云. 中国旅游经济增长因素的理论与实证研究. 天津：天津大学博士学位论文，2007.
[301] 朱姝. 中国乡村旅游发展研究. 北京：中国经济出版社，2009：171-178.
[302] 杰拉尔德·M. 梅尔，詹姆斯·E. 劳赫. 经济发展的前沿问题. 第7版. 黄仁伟，等译. 上海：上海人民出版社，2004.

[303] 刘晓鹰．旅游经济学．北京：科学出版社，2008：139-140.
[304] 朱姝．中国乡村旅游发展研究．北京：中国经济出版社，2009：180-181.
[305] 刘晓鹰．旅游经济学．北京：科学出版社，2008：140-141.
[306] 贵州省旅游局．贵州乡村旅游规划．贵阳：贵州人民出版社，2007：97-113.
[307] 李天翼．民族旅游社区参与的“工分制”．贵州民族学院学报（哲学社会科学版），2010，(2)：189-193.
[308] 叶坦．论民族文化的发展特性与动力兼及区域经济与民族振兴// 中国社会科学院学术交流委员会．中华民族文化精神的呼唤：中华民族文化精神的呼唤海峡两岸弘扬中华民族文化学术研讨会论文集．北京：经济管理出版社，2000：39.
[309] 石朝江．苗学通论．贵阳：贵州民族出版社，2008：57，649.
[310] 宋蜀华．中国民族概论．北京：中央民族大学出版社，2001：141.
[311] 曹征海．和合加速论：当代民族经济发展战略研究．北京：民族出版社，2005：329.
[312] 石朝江．苗学通论．贵阳：贵州民族出版社，2008：650-656.
[313] 李丽．郎德运用“工分制”经营乡村旅游对和谐乡村建设的启示．贵州师范大学学报(社会科学版)，2008，(2)：55-60.
[314] 石朝江．苗学通论．贵阳：贵州民族出版社，2008：662.
[315] 曼瑟尔·奥尔森．集体行动的逻辑．陈郁，等译．上海：三联书店，上海人民出版社，1995.
[316] 庄万禄．民族经济学．成都：四川民族出版社，2003：93-95.
[317] 杨正文．从村寨空间到村寨博物馆——贵州村寨博物馆的文化保护实践．中国农业大学学报（社会科学版），2008，25（3）：5-20.
[318] 邹统钎，高中，钟林生．旅游学术思想流派．天津：南开大学出版社，2008：132-135.
[319] 保继刚，楚义方．旅游地理学．北京：高等教育出版社，1999：106-108.
[320] 杨春宇．旅游地发展研究新论．北京：科学出版社，2010：46-47.
[321] Lundtorp S，Wanhill S. The resort lifecycle theory：Generating processes and estimation. Annals of Tourism Research，2001，28（4）：947-964.
[322] 查爱苹．旅游地生命周期理论的深入探讨．社会科学家，2003，(1)：31-35.
[323] 刘勇，赵艺学，孔富安．Logistic 模型在旅游业持续发展中的应用：以陕西省绵山风景区为案例．经济地理，2007，27（4）：686-689.
[324] 杨春宇．旅游地发展研究新论．北京：科学出版社，2010：125-132.
[325] 申维．耗散结构、自组织、突变理论与地球科学．北京：地质出版社，2008：3-5.
[326] Lundtorp S，Wanhill S. The resort lifecycle theory：Generating processes and estimation. Annals of Tourism Research，2001，28（4）：947-964.
[327] 杨春宇．旅游地发展研究新论．北京：科学出版社，2010：94-97.
[328] 张骁鸣，薛丹．旅游地生命周期的数学模型比较研究．旅游科学，2009，23（4）：6-12.
[329] 杨春宇．旅游地发展研究新论．北京：科学出版社，2010：120-125.
[330] 赫尔曼·哈肯．高等协同学．郭治安，译．北京：科学出版社，1988：Ⅳ.
[331] 叶峻．社会生态经济协同发展论：可持续发展的战略创新．合肥：安徽大学出版社，

1999：330-333.
[332] 魏宏森，曾国屏．系统论：系统科学哲学．北京：清华大学出版社，1995：96.
[333] 何景明．边远贫困地区民族村寨旅游发展的省思：以贵州西江千户苗寨为中心的考察．旅游学刊，2010，25（2）：59-65.
[334] 费广玉，陈志永．民族村寨社区政府主导旅游开发模式研究——以西江千户苗寨为例．贵州教育学院学报（自然科学版），2009，20（6）：28-35.
[335] 娄辰．贵州西江千户苗寨旅游逆势飘红．http：//news. xinhuanet. com/society/2009-06/20/content_ 11572961. htm[2016-05-24].
[336] 省政府调研组．旅发大会为贵州旅游业带来什么：对雷山县西江千户苗寨旅游发展的调查．当代贵州，2009，(3)：46-47.
[337] 陈志永．西江苗寨旅游业可持续发展现状调查与研究．贵州教育学院学报（自然科学版），2009，20（9）：27-32.
[338] 何景明．边远贫困地区民族村寨旅游发展的省思：以贵州西江千户苗寨为中心的考察．旅游学刊，2010，25（2）：59-65.
[339] 李锦．民族文化生态与经济协调发展：对泸沽湖周边及香格里拉的研究．北京：民族出版社，2008：20.
[340] 吴正光．保护民族村寨是弘扬民族文化的根本//贵州世居民族中心．贵州世居民族研究-第2卷．贵阳：贵州民族出版社，2005：140.
[341] Freeman R E. Strategic Management：A Stakeholder Approach. Cambridge：Cambridge University Press，1984.
[342] 周玲．旅游规划与管理中利益相关者研究进展．旅游学刊，2004，19（6）：53-59.
[343] 程励．生态旅游脆弱区利益相关者和谐发展研究．成都：四川大学出版社，2008：21-25.
[344] 徐红罡．旅游系统分析．天津：南开大学出版社，2009：152-156.
[345] 郭凌．重构与互动：乡村旅游发展背景下的乡村治理．四川师范大学学报（社会科学版），2008，35（3）：16-22.
[346] 刘晓鹰．旅游经济学．北京：科学出版社，2008：205-206.
[347] 胡芬．可持续旅游产业生态化发展论．北京：中国环境科学出版社，2009：61-62.
[348] 邵琪伟．发展乡村旅游促进新农村建设．求是，2007，(1)：42-44.
[349] Lynn W. Tourism in the people's interest. Community Development Journal，1992，27（4）：371-377.
[350] Murphy P E. Tourism：A Community Approach. New York：Methuen Inc，1985.
[351] 朱姝．中国乡村旅游发展研究．北京：中国经济出版社，2009：213-217.
[352] 徐红罡．旅游系统分析．天津：南开大学出版社，2009：289-290.
[353] 邹统钎．乡村旅游：理论·案例．天津：南开大学出版社，2008：25-30.
[354] 朱姝．中国乡村旅游发展研究．北京：中国经济出版社，2009：227-228.
[355] 邵琪伟．发展乡村旅游促进新农村建设．求是，2007，(1)：42-44.

后　记

本书是在本人博士论文基础上修改而成的，也是国家民族事务委员会民族问题研究项目（项目编号 2015-GM-076）及教育部人文社会科学研究规划基金项目（16YJAZH069）的阶段性成果。在本书的写作和修改过程中，本人吸收了评阅专家和答辩专家的意见，但其中的基础数据，由于时间关系，没有进行更新，望读者见谅。

岁月不居，时节如流。在本书完成之际，回顾博士求学艰辛的历程，感慨万千。对在求学过程中给予我关心、鼓励和帮助的所有老师、同学、朋友和亲人们充满无限感激之情。

首先要感谢敬爱的导师们对我的诸多关心、支持和鼓励：衷心感谢导师刘晓鹰教授对我的指导和教诲，特别是对本书全程的悉心指导，感谢导师吴建国教授、王康教授对我学习、生活的帮助。相处的三年时间虽不算长，但恩师们严谨的治学态度、乐观向上的进取心和博大的处世胸怀、独到的人格魅力，使我深深体味到“天行健，君子以自强不息，地势坤，君子以厚德载物”的中华文化精髓。

感谢在西南民族大学求学期间各位老师对我的启发和帮助，特别感谢庄万禄教授、郑长德教授、陈玉屏教授、杨正文教授、时光教授、刘俊哲教授等的指点和帮助。我将永远铭记和珍视各位老师的谆谆教导，以坚定的信念加上不懈的努力，不断前行。虽然路还很长，但我始终相信：长风破浪会有时，直挂云帆济沧海。

感谢我的师姐杨建翠在本书出版过程中的鼎力支持。同时感谢我的同窗田钊平、王礼刚、苏永杰、李欣华，感谢我的好友施若、潘选、潘洪波等，谢谢他们陪伴我超越一道道阻碍，蒙诸位垂爱，我幸甚。

感谢我在郎德上寨、镇山布衣村、西江苗寨及六枝梭嘎苗寨进行田野调查期间对我大力支持的村民们。感谢贵州省民委和贵州省旅游局各位领导对调研工作的大力支助。感谢我工作单位贵州财经大学的领导和同事对我工作学习的大力支持。

感谢家人的理解和支持，是你们的爱给了我信心和力量，没有你们的默默奉献，就没有我的今天，你们温暖的目光永远是我前进的动力。

感谢评审本书的教授和专家们，你们提出的宝贵意见让我受益匪浅。感谢科学出版社周爽老师和审校老师们等在本书出版过程中默默付出的辛苦工作。

本书的成稿过程中吸取了先学大量的研究成果，在此一并致谢。

由于笔者才疏学浅，加之民族村寨旅游的相关资料难以收集。因此，书中难免有疏漏乃至错谬之处，敬请专家和读者指正！

杨建春

2016 年 12 月于贵阳